《明本释》校注

〔宋〕刘 荀 著 陈广胜 校注

郑州大学出版社

图书在版编目（CIP）数据

《明本释》校注／（宋）刘荀著；陈广胜校注. --郑州：郑州大学出版社，2021.8（2024.6 重印）

ISBN 978-7-5645-8091-9

Ⅰ．①明…　Ⅱ．①刘…②陈…　Ⅲ．①儒学－中国－南宋　Ⅳ．①B222

中国版本图书馆 CIP 数据核字（2021）第 165321 号

《明本释》校注

《MINGBENSHI》JIAOZHU

策划编辑	李勇军		封面设计	王四朋
责任编辑	孙精精		版式设计	王四朋
责任校对	刘晓晓		责任监制	李瑞卿

出版发行	郑州大学出版社		地　址	郑州市大学路 40 号（450052）
出版人	孙保营		网　址	http://www.zzup.cn
经　销	全国新华书店		发行电话	0371-66966070
印　刷	廊坊市印艺阁数字科技有限公司			
开　本	710 mm×1 010 mm　1／16			
印　张	18.5		字　数	227 千字
版　次	2021 年 8 月第 1 版		印　次	2024 年 6 月第 2 次印刷

书　号	ISBN 978-7-5645-8091-9		定　价	88.00 元

前　言

　　《明本释》是一部南宋时期的儒学类著作,原名《明本》。书中从"以何为本"立论,因采用"正文举其要,子注尽其详"①,以先贤时人的言论和事迹解释正文的观点的编撰形式,故又称为《明本释》。

　　　　　　　　　　　　一

　　《明本释》的作者刘荀,宋代的史籍缺乏记述,《宋元学案》将其列入了以张九成为首的《衡麓学案》。据明嘉靖《江西通志》,"刘荀,字子卿,郓之须城人。丞相忠肃公挚之曾孙。绍兴初,父长福始居临江,生荀。弱冠,尝从胡公寅于新州,又从张公九成于南安。凡有得二公绪言,皆笔之,名曰《思问记》。淳熙中知余干县,未满,适周必大登相,以荀为首荐,改判德安,知盱眙军,后为黜商谤罢。"郓州须城在北宋时隶属东平府,是刘氏家族南渡前的籍贯。所以也有史籍称刘荀为东平人。刘荀的曾祖父刘挚,在北宋时历仕仁宗、英宗、神宗、哲宗四朝,官至尚书右仆射兼中书侍郎,是哲宗元祐时期朔党的领袖人物。刘挚有四个儿子,长子刘跂,字斯立,人称学易先生,有《学易集》传世,被认为是刘荀的祖父,而刘荀在《明本释》中则称刘跂是自己的伯祖父。刘荀的父亲刘长福,字曼容,曾师从二程的再传弟子、汉上学派创始人朱震学习易学。宋高宗绍兴初,刘长福徙居清江,与宋真宗朝宰相向敏中的五世孙向子諲的长女成婚,刘荀即生于清江,故史籍或称刘荀为清江人。

---

　　① 《明本释》卷下。

向子諲是宋室南渡后的著名词人,官至户部侍郎,因反对与金人讲和,得罪了秦桧,遂辞官隐居清江。当时的显宦名士,如胡安国及其子侄胡宏、胡寅,以及张九成、朱熹、周必大、赵蕃等,与向氏家族都有着密切的交往,刘荀从而得以交游其间,并师从胡寅和张九成。张九成是二程弟子杨时的学生,因反对秦桧主持和议,绍兴十三年(1143)五月被贬谪南安军。胡寅是理学家胡安国的侄子兼养子,也因得罪秦桧,绍兴二十年(1150)三月被责授果州团练副使,安置新州。秦桧死后,绍兴二十六年(1156)初,张九成官复秘阁修撰、知温州,胡寅也官复徽猷阁直学士致仕,但同年闰十月便卒于衡州。从嘉靖《江西通志》记载刘荀弱冠师从胡寅、张九成的时间推断,刘荀约生于绍兴元年(1131)至绍兴五年(1135)之间。在宋孝宗隆兴元年(1163)时,刘荀官为右迪功郎,后为江宁幕府。淳熙十年(1183)朱佺出任总领淮东财赋军马钱粮所的总领,刘荀作属吏,曾代表朱佺向朝廷提出赋税征收的相关建议。此后于淳熙十二年(1185)出知余干县。淳熙十四年(1187)二月,周必大从枢密使升为右丞相,在他的推荐下,刘荀入朝供职。宋光宗绍熙元年(1190)通判德安军,任内辑陈规南宋初防守德安事迹编为《建炎德安守御录》,四年(1193)知盱眙军,以境内风景名胜都梁山为名,著盱眙史上首部志书《都梁记问》。宋宁宗庆元元年(1195)三月,因遭论列,被罢官奉祠。后起复知沅州,约在嘉泰二年(1202)卒于知沅州任上。

二

　　《明本释》共有上、中、下 3 卷,除引言和总论外,共有 33 条。四库馆臣认为是刘荀的"讲学之语",但从刘荀的有关言论来看,称其为刘荀的论学之作当更为妥帖。刘荀在该书的序言中说:"学者进德修业,必先明乎本。夫事物莫不有本,知其本则所由之户不差,循序而进,然后德业可得而成矣。"①认为学者要提高道德修养,扩大功业建树,必须首先知道什么是进德修业的根本,然后循序而进,德业即可成就。而社会现实是,初学者往往不

---

① 《明本释》卷上。

明此理，"从事于末而昧乎本，鲜克有成"。有鉴于此，刘荀遂"作《明本》，书诸座右以自警"，并说："本末初无二致，明乎一贯之理，尚何先后云哉？然初学不先知其本则末必紊，《明本》盖有不得已而作也。非敢语成德而淑诸人，姑以自训，遗之子孙，若同志之士亦所不隐也。"[1] 可见刘荀创作《明本释》的动机和目的是在警省自己，同时为后世子孙和世人提供进德修业的参考。

南宋乾道、淳熙之际，是宋代理学传播的黄金时代，学者之间的学术交流空前活跃，理学名家辈出。其中朱熹、张栻、吕祖谦影响尤大，时称"东南三贤"。《明本释》撰成于淳熙十四年[2]，书中对朱熹、张栻、吕祖谦等的言论多有引用。尤其朱熹对《明本释》的最终成书影响巨大。刘荀著《明本释》时，曾将书稿寄给朱熹征求意见。朱熹认真审读，指出书稿中存在 28 个问题，主要涉及语病、材料援引不当、人物称呼不规范、史实错误、典章制度和人物评价失当等，并以书信形式向刘荀反馈了自己的意见。在书信中，朱熹尤其把二程和自己的思想，如对格物、穷理、穷经、致用的认识，对佛学的态度等问题，作为评判标准来审视书稿中的材料和观点取舍。如：对"格物"与"多识"，朱熹指出："多识而择之，乃所以格物，不当分格物、多识为二事，而反以格物为先、多识为后也。"对"穷理"，朱熹指出："穷理者，欲知事物之所以然与其所当然者而已。知其所以然，故志不惑；知其所当然，故行不谬，非谓取彼之理而归诸此也。"对"致用者，穷经之本"，朱熹指出："程子曰'穷经将以致用也'，则其本末先后固有在矣。今以致用为穷经之本，恐未安也。"对"当恻隐时体其仁"，朱熹指出："孟子论四端，只欲人扩而充之，则仁义礼智不可胜用，不言当此之时别起一念，以体其为何物也。无垢此言犹是禅学意思，只要想象认得此个精灵，而不求之践履之实。若曰一面充扩一面体认，则是一心而两用之，亦不胜其烦且扰矣。疑此不足引以为证。又云'一处通透，四处廓然'，此亦禅学意思，正前章所讥初学躐等之病，尤不当引以

① 《明本释》卷下。
② 关于《明本释》的成书及与朱熹的关系，参看本书附录《朱熹〈答或人〉书信考》和《晦庵先生朱文公文集》卷64《答或人》。

为证也。"对刘荀在书中称张九成为"张无垢",朱熹指出:"此书深辟佛氏,而所引之言以此为号,终不稳当,请更详之。"根据朱熹的意见,刘荀对书稿进行了增、删、补、改。如:改称张九成为"张横浦",并把朱熹评价张九成的言论"无垢此言犹是禅学意思,只要想象认得此个精灵,而不求之践履之实"直接引进书中,说:"朱元晦谓余曰:'释氏只要认得这个精灵,便休歇去,而不求诸践履之实也。'"朱熹的意见对《明本释》产生了极大影响,可以说《明本释》深深打上了朱熹的思想烙印。

《明本释》主要辑录前贤和时人的言论,除朱熹、吕祖谦和张栻的外,还有孙复、石介、范仲淹、周敦颐、张载、邵雍、程颢、程颐、王安石、司马光、范祖禹、刘挚、杨时、胡安国、胡宏、张九成等的言论和著述。虽然这些言论和著述多数今天还可以见到,但其中有些早已佚失不传。如郭忠孝、吕诲和侯仲良,目前已找不到有关他们的学术资料,而《明本释》中则罕见地保留了一些他们的言论。刘荀曾师从张九成和胡寅,书中所引二人的言论,或是刘荀亲闻,或是摘自二人著述,其中很多不见于他书。书中同时还论及两宋主要学派东学、洛学、关学、荆公新学、苏学、胡学等的源流和代表人物传略,阐释"王霸之别、释老之辨、诸学之源、末学之弊"①,这对研究宋代的学术思想无疑具有重要的参考价值。

《明本释》中引用的有些文献也是研究宋代社会政治、经济制度的重要历史资料。刘荀的曾祖刘挚是宋神宗和宋哲宗时期重要的政治人物,《明本释》中对他的言论和事迹多有援引,有些为该书所仅见,对研究刘挚的思想和当时士大夫的政治心态具有重要的参考价值。再如"节用者,理财之本"条关于"熙宁中,命徐全相视太行煤子税额,道出相台,谒韩魏公,因以事告。公再三祝曰:'小民借此为生,若一添税,与天地相终,无由废罢。'但言难于增税如何"②的记述,是仅见的宋代征收"煤子税"的文献,这对研究北宋的赋税制度,尤其是王安石变法时期的理财政策具有重要的史料价值。

---

① 《明本释》卷下《若夫统论道之大本曰中而已》。
② 《明本释》卷中《节用者理财之本》。

《明本释》的价值不止限于思想学术和史料方面,更重要的是它为后人提供了人生的借鉴和参考。刘荀引经据典,证之以史鉴,分类论列三十余条事物之本,间或发表已见,多是肺腑之言,内容不外乎"先儒接人之端、学者进德之门、治道为政之要、莅事行己之方",初心在于使其"子孙读经史之外,苟能玩味是书,穷则以之修身,达则以之从政,庶逃乎虚诞之讥、腐儒之诮也。若以类书观之,非予志也"①。正如刘荀所言,今人读是书,也不能将其简单视同于一般的类书读物,而当从进德修业的角度着实感悟体验,领会其精神价值所在,将会对人生大有裨益。

三

刘荀是一位著述宏富,善于以史鉴今、躬身力行的学者型官员。周必大在《终慕堂记》中称赞刘荀:"博学笃志,切问近思。平居隆师亲友,著书累数万言;从宦则考古证今,见诸行事。"②其所著书有十数种之多,除《明本释》外,还有《政规》40 卷、《座右记》3 卷、《文源》8 卷、《痴儿录》5 卷、《德安守御》3 卷、《都梁记问》8 卷、《边防指掌图》3 卷、《南北聘使录》3 卷、《乱华编》33 卷。上述书籍,在宋元时期的目录学著作中,仅有《建炎德安守御录》和《乱华编》见于陈振孙的《直斋书录解题》和马端临的《文献通考·经籍考》,《宋史·艺文志》也仅著录了《建炎德安守御录》,其他著作皆缺乏著录。而《明本释》,直到明代,有关目录学著作才有著录。成书于明正统六年(1441)的官方藏书目录《文渊阁书目》,在"性理类"书目中著录有"刘荀《明本》,一部三册",明代藏书家叶盛(1420—1474)在其私家藏书目录《菉竹堂书目》中著录有"刘荀《明本》,三册",焦竑(1540—1620)的《国史经籍志》则著录"《明本》三卷,刘荀"。明末清初藏书家、目录学家黄虞稷(1626—1692)在《千顷堂书目》中著录《明本释》时说:"刘荀《明本释》三卷。汉上人,因有子务本,林放问本之义而推广之。凡三十五则。引前人之论分列于下而释之。"黄虞稷所说的"三十五则"当是包括序言和总论在内。

---

① 《明本释》卷下《若夫统论道之大本日中而已》。
② 周必大《平园续稿》卷 19《终慕堂记》,《周必大全集》,四川大学出版社,2017 年。

《明本释》卷上"求实用者,穷经之本"录有一条朱熹告诉学者读书的方法,说"朱元晦语学者观书法云:'且当玩味大意,就自己分上着实体验,不须细碎计较一两字异同。学问之道无他,求之于心而已'"。核该条文献不见于《明本释》以前其他宋代载籍,当是刘荀的亲身闻见,而元初王恽撰于元世祖至元二十五年(1288)的《玉堂嘉话》中却有与此完全相同的文字,有可能是转录自刘荀的《明本释》。如果判断不误的话,《明本释》成书后,可能即以《明本》和《明本释》两个不同的书名流行于世,且迟至康熙年间,民间还流传有以《明本释》为名的版本,此后则可能失传了。到乾隆时期编修《四库全书》时,四库馆臣将其从《永乐大典》中录出,并有内府写本、文渊阁抄本(故宫博物院藏)、文溯阁抄本(甘肃省图书馆藏)、文津阁抄本(北京图书馆藏)、文澜阁抄本(浙江图书馆藏)等多个抄本,并选入武英殿聚珍版丛书刻印,《明本释》始又流布于世。

目前《明本释》流行的有四库全书本、武英殿聚珍版丛书本、畿辅丛书本、清芬堂丛书本和丛书集成初编本五大版本系统,版式皆为正文与子注混排,子注夹在正文之间。此次校注以文渊阁四库全书抄本为底本,并参校以上各本,主要做了以下工作:一是将原文子注从正文中析出,集中排列;二是校正文字讹误;三是注释原书所引先贤言行所依据的文献出处;四是对一些字词、典故、历史事件和人物进行注释;五是在文前增列了目录,目的是给大众读者提供一个较易阅读和理解的版本。在校注时遵循以下凡例:

(一)正文中析出子注处标注符号"[一][二]……",依序排列在"子注"之下;在需校注的正文和子注文字后统一标注符号"①②……",依序排列在"校注"之下。

(二)凡正文和子注援引典籍和先贤时人言论见于存世文献者,在校注中注明"见某某","又见某某";有节略者注明"文有节略";成书晚于《明本释》者,注明"见后出某某";不能判明文献来源者则不出注。

(三)除能明确判定文字错讹外,原则上不以现存文献改正、增补或删削原书文字。

（四）为保留《明本释》文字原貌，删去四库馆臣加注的案语，并在校注中予以说明。

（五）本书校注所引文献，首次出现时注明著者、典籍名称、篇章名称，后文重复者省略从简。

校注《明本释》，缘起于作者在辑录朱熹有关编辑出版的文献时，发现朱熹文集中一封名为《答或人》的书信是对刘荀《明本释》一书写的审读意见，在此基础上撰写了《朱熹〈答或人〉书信考》和《〈明本释〉作者刘荀家世仕履述考》两篇短文，《中国史研究》和《中国典籍与文化》分别予以刊发，后在家人的倡议下，遂有了对其进行校注的想法并付诸行动，方有本书的诞生。本书得以面世，得到了郑州大学出版社社长孙保营、人文(洛阳)分社社长李勇军及河南大学出版社社长于华龙的大力支持，同事范国东对书稿核校做了大量工作，王四朋亲自为本书设计版式和封面，在此一并表示感谢。

由于学识有限，本校注难免有不当之处，还望得到大家的批评指正。

目 录

卷　下

附　录

卷　上

　　予观《论语》记"林放问礼之本",孔子有"大哉问"之对①,有子论孝弟,而有"君子务本"之言②。始知学者进德修业,必先明乎本。夫事物莫不有本,知其本则所由之户不差,循序而进,然后德业可得而成矣。《大学》③曰:"物有本末,事有终始,知所先后,则近道矣。"④言知其序而进,则至于道近也。伊川程先生[一]⑤曰:"人之学,莫大于知本末始终。"⑥故孝弟,为仁之本;事亲,事之本;守身,守之本。国之本在家,家之本在身。河南尹和靖[二]⑦曰:"学者必自本而往。"⑧姑推其类而举其概,会于理,则岂有二哉?天下事物,理虽一而分则殊,莫不有本,犹道一而已。而得名之众,所主之不同也[三]。姑举其关于大体、切于日用者,凡三十三条。若云明于一本而万本皆明,似非始学者之事[四]。武夷胡文定公[五]⑨曰:"一以贯之,知之至也,非上智不与焉。"⑩横渠张先生[六]⑪曰:"天下之事,各各有理。如何便道得了,到极致,则须是归一。其始极有分辨。"或问:"格物[七]须物物格之,还只格一物而万理皆知否?"伊川云:"怎得便会通贯?若只格一物便通众理,虽颜子⑫亦不敢如此道。"[八]⑬又问孝弟为仁之本,曰:"谓行仁自孝弟始"⑭。明本盖窃取其义也。然则所谓大本者何?详是书,则一贯之理亦可以默识矣[九]。

子　注

[一] 名颐,字正叔,学者称伊川先生。与兄明道先生⑮,名颢,字伯淳,倡道学于洛中,世谓之洛学。此书所记谢良佐⑯、游酢⑰、杨时⑱、尹焞、侯仲良⑲、朱光庭⑳、郭忠孝㉑、张绎㉒、刘安礼㉓、李吁㉔、刘绚㉕,皆门人也。司马温公㉖、吕申公㉗荐先生"力学好古,安贫守节,言必忠信,动遵礼法,实儒者之高蹈㉘,圣世之逸民㉙",乞加召用㉚。胡文定谓:"孔孟之道不传久矣,自先生兄弟始发明之,而后其道可学而至也。于《易》,则因理以明象,而知体用之一源;于《春秋》,则见诸行事,而知圣人之大用;于诸经、《语》《孟》则发其微旨,而知求仁之方、入德之序。其行己接物,则忠诚动于州里;其事亲从兄,则孝弟显于家庭;其辞受取舍,非其道义,则一介㉛不以取与诸人。以道学德行名于当世,公卿大夫之所钦慕而师尊之。"又云:"绍兴㉜以来,朝廷崇尚其学,而志于利禄者,托其说以自售,传者既失之,而诐淫邪遁㉝,纷然淆乱,莫能别其真伪,河南之道几绝矣。"见公文集云㉞。大观元年㉟卒。

[二] 名焞,字彦明。靖康㊱中诏授㊲和靖处士。

[三] 周濂溪㊳云:"德爱曰仁,宜曰义,理曰礼,通曰智,守曰信。"㊴伊川云:"五常㊵,人谁不知是一个道理,既谓之五常,安可混而为一也。"㊶

[四] 初学之患,政㊷在此。吕与叔㊸曰:"小学㊹之学,艺也,行也。大学

之学⑮，道也，德也。礼、乐、射、御、书、数，艺也。孝、友、睦、姻⑯、任、恤，行也。自致知至于修身，德也。所以治天下国家，道也。古之教者，学不躐等，必由小学进于大学。自学者言之，不至于大学所止则不进。自成德言之，不尽乎小学之事则不成。"⑰昔杨龟山与胡文定公书云："性命一说，虽扬雄⑱犹未能造其藩，况余人乎？而世人易言之，多见其妄也。孔子曰：'五十而知天命。'以孔子之圣，犹待五十而后知，则所知盖有未易言者，非止如世儒之说也。"⑲又曰："知性而后可与言命，中人以上乃可以与此，故子罕言也。"⑳。明道令学者须守下学上达㉑之语，乃学之要㉒。张思叔请问或太高，伊川不答，良久曰："累高必自下。"㉓游定夫问"阴阳不测之谓神"，伊川曰："贤是疑了问，是拣难底问。"㉔谢显道言"天下何思何虑"，伊川云："是则是有此理，贤却发得太早在。"㉕明道与伊川受太极图㉖于濂溪，卒未尝以图示人，是知程门初不令学者躐等也。濂溪曰："圣希天，贤希圣，士希贤。"㉗岂有弊哉！

[五] 名安国，字康侯，谥文定。自云："吾学《麟经》㉘于伊川，不及亲见。"

[六] 名载，字子厚。居凤翔郿县之横渠镇，学者称"横渠先生"。倡道学于关中，世谓之关学。此书所记吕大临、苏昞㉙、范育㉚，皆其门人也。吕正献公荐其学术操守，日益充实，沈深有谋，谙练世务，诚国家之宝臣也。吕与叔谓："先生志道精思，未始须臾息，亦未尝须臾忘。学者有问，多告以智礼成性、变化气质之道，学必如圣人而后已。先生气质刚毅，德盛貌严，然与人居，久而日亲。其治家接物，大要正己感人，人未之信，反躬自治，不以语人，虽有未喻，安行而无悔，故识与不识，闻风而畏，非其义也，不敢以一毫及之。"㉛先生乃二程中表㉜也，尝告伊川曰："它日道行见用，须戒自处太重，无以复来天下之善。"㉝今日之患，正在此尔。或问："横渠立言，有迫切处否？"伊川云："子厚谨严。才谨严，便有迫切气象。"㉞又云："《西铭》㉟之书，推理以存义，扩前圣所未发，与孟子性善养气之论同

功。"⑥明道云："《西铭》，横渠文之粹者也。极纯无杂，秦汉学者所未到。"⑥范育谓《正蒙》之书"有六经之所未载，圣人之所不言"⑥。熙宁⑥十年卒。

［　七　］即穷理也，详见穷理条。

［　八　］又曰："自修身可以至于尽性至命，然其间有多少般数，其所以至之之道当如何？荀子⑦曰：'始乎为士，终乎为圣人。'今学者须读书，才读书便望为圣贤，然中间至之之方，便有多少？"⑦

［　九　］伊川谓学者"不知所以入德，未见其能进也"⑦。先儒诲人之方或曰"敬"、或曰"勤"、或曰"礼"、或曰"寡欲"、或曰"不欺"、或曰"忠恕"之类，此书具载者，以见诸家设教不同，其理则未始不贯，是皆入德之门，难拘一说以略之。夫人气禀不一，要在因先儒之训，度己才而进焉，尊所闻而行焉，其至则一也。伊川曰："孔子之教人，各因其才，有以文学入者，有以政事入者，有以德行入者。"⑦又以见圣门之广大也。

校　注

① 见《论语·八佾》："林放问礼之本，子曰：'大哉问！礼，与其奢也，宁俭。丧，与其易也，宁戚。'"林放（前552—前480），字子丘，春秋末鲁国人（今属山东）。约与孔子同时代，以知礼著称，曾向孔子问礼，后世尊为先贤。

② 见《论语·学而》："有子曰：'其为人也孝弟，而好犯上者，鲜矣。不好犯上，而好作乱者，未之有也。君子务本，本立而道生。孝弟也者，其仁之本与！'"有子，即有若。有氏，名若，字子有，一说字子若，世称"有子"。比孔子小33岁（一说小43岁），卒于鲁悼公（前466—前429年在位）在位期间。孔子弟子，孔门七十二贤之一。强识好古，重礼乐，提出"礼之用，和为贵"等学说，被尊为儒学圣贤。

孝弟:孝顺父母,敬爱兄长。"弟"通"悌",敬爱兄长。

③《大学》:《小戴礼记》中的一篇。旧说为孔子弟子曾参所作。北宋时程颢、程颐竭力尊崇,南宋朱熹将其析出,加以改造,作《大学章句》,单独成篇,与《论语》《孟子》《中庸》合称为"四书",成为儒家重要著作。

④ 见《礼记·大学》。又见朱熹《四书章句集注·大学章句》。

⑤ 伊川程先生:即程颐(1033—1107)。字正叔,世称伊川先生。北宋河南府洛阳(今河南洛阳)人。曾任西京国子监教授、秘书省校书郎、崇政殿说书等职。与兄程颢同学于周敦颐,共创"洛学",同为北宋理学奠基人,世称"二程"。《宋史》卷427有传。

⑥ 见程颢、程颐《二程遗书·畅潜道录》。

⑦ 河南尹和靖:即尹焞(1071—1142)。字彦明,一字德充,号和靖处士,人称"和靖先生"。河南府洛阳(今河南洛阳)人。少师事程颐,官至直徽阁待制。《宋史》卷428有传。

⑧ 见朱熹《论孟精义·孟子精义·离娄章句下》。

⑨ 武夷胡文定公:即胡安国(1074—1138)。字康侯,号青山,学者称"武夷先生",后世称胡文定公。建宁崇安(今福建武夷山市)人。从杨时、游酢、谢良佐游。绍圣四年(1097)进士,官至徽猷阁待制。后迁居衡阳南岳从事学术研究,与子胡寅、胡宏创立湖湘学派。卒,谥文定。《宋史》卷435有传。

⑩ 见后出卫湜《礼记集说·大学第四十二》。按胡寅《斐然集·先公行状》所引缺后句,谓是胡安国《答赣川曾几书》中语。

⑪ 横渠张先生:即张载(1020—1077)。字子厚,二程表叔。北宋开封府(今河南开封)人,后徙居凤翔府郿县(今陕西眉县)横渠镇,世称"横渠先生"。嘉祐二年(1057)进士,官至知太常礼院。因长期在关中讲学,其学派被称为"关学"。著有《正蒙》《经学理窟》《易说》等。《宋史》卷427有传。

⑫ 颜子：即颜回（前521—前490）。字子渊，又称"颜渊"。春秋时鲁国（今山东曲阜）人。孔子著名弟子，以德行著称。安贫乐道，学识渊博，被后儒尊为"复圣"，与孔子合称"孔颜"。

⑬ 见朱熹、吕祖谦《近思录·致知》。又见《二程遗书·刘元承手编》。"万里知否"，两书皆无"否"字。

⑭ 见《二程遗书·刘元承手编》，原文为："问：'孝弟为仁之本，此是由孝弟可以至仁否？'曰：'非也。谓行仁自孝弟始。'"

⑮ 明道先生：即程颢（1032—1085）。字伯淳，程颐兄，私谥明道，学者称"明道先生"。嘉祐进士，累官至太子中允、监察御史里行、京西路提点刑狱。哲宗即位，司马光荐为崇正寺丞，未赴而卒。与程颐俱学于周敦颐，同为北宋理学奠基人，世称"二程"。《宋史》卷427有传。

⑯ 谢良佐（1050—1103）：字显道，北宋蔡州上蔡（今河南上蔡）人，学者称"上蔡先生"。元丰八年（1085）进士，历任秦州教授、知应城县等职。师事程颢、程颐，为程门高足，与游酢、杨时、吕大临号称"程门四大弟子"。《宋史》卷428有传。

⑰ 游酢（1053—1123）：字子通，后改字定夫，学者称"廌山先生"。建州建阳（今福建建阳）人。程门四大弟子之一。元丰五年（1082）进士，历官太学博士、监察御史、知汉阳军等。《宋史》卷428有传。

⑱ 杨时（1053—1135）：字中立，号龟山，学者称为"龟山先生"。福建南剑州（今福建明溪）人。程门四大弟子之一，东南学者推为"程学正宗"。神宗熙宁九年（1076）进士，官至龙图阁直学士。卒，谥文靖。《宋史》卷428有传。

⑲ 侯仲良：生卒年不详。字师圣，程颢、程颐的舅表侄，自幼随二程生活，先后拜周敦颐、二程为师。游荆门，为胡安国器重，胡宏、胡寅皆从其学，为二程理学过渡到南宋的传承者。著有《论语说》和《雅言》等。

⑳ 朱光庭（1037—1094）：字公掞，北宋缑氏（今河南偃师）人。先从学于孙复、胡瑗，后师事程颐。嘉祐二年（1057）进士，历官至集贤院学士。哲宗元祐党争时为洛党领袖。《东都事略》卷94有传。

㉑ 郭忠孝（？—1127）：字立之，学者称"兼山先生"。河南府洛阳（今河南洛阳）人，曾师从程颐十余年，专治《易》《中庸》之学。少以荫补右班殿值，后登进士第。曾任河东路提举、永兴军路提点刑狱，金兵犯永兴时守城战死。著有《兼山易解》《四学渊源论》《兼山遗学》等。

㉒ 张绎（1071—1108）：字思叔，河南府寿安（今河南宜阳）人。年三十与尹焞同学于程颐，以颖悟高识，得程颐器重，以族女妻之。未及仕而卒。《宋史》卷428有传。

㉓ 刘安礼（1094—1124）：字元素，温州永嘉（治今浙江温州）人。随兄刘安节（1608—1116）学于程颐。宣和（1119—1125）中，方腊暴动，从教授刘士英聚众守城。与鲍敬亭、朱震友善。鲍敬亭病于京师，刘安礼前往探视，因得寒疾，病卒。

㉔ 李吁（？—1088）：字端伯，北宋缑氏（今河南偃师）人。熙宁九年（1076）进士，官至秘书省校书郎。二程门人，先二程卒，程颐祭以文曰："自予兄弟倡明道学，能使学者视仿而信从者，吁与刘绚有焉。"《宋史》卷428有传。

㉕ 刘绚（1045—1087）：字质夫，北宋河南府（今河南洛阳）人，学者称"河南先生"。与李吁为表亲。以祖荫为寿安县主簿，后官至京兆府教授、太学博士。少时受学二程，死后程颐曾说："游吾门者众矣，而信之笃，得之多，行之果，守之固，若子者几希。"《宋史》卷428有传。

㉖ 司马温公：即司马光（1019—1086）。字君实，陕州夏县（今属山西）涑水乡人，世称"涑水先生"。宝元初进士，哲宗时官至尚书左仆射兼门下侍郎。卒，赠太师、温国公，谥文正。著有《资治通鉴》等。《宋史》卷336有传。

㉗ 吕申公:即吕公著(1018—1089)。字晦叔,寿州(今安徽凤台)人。北宋初宰相吕夷简之子,庆历进士。仕仁宗、英宗、神宗、哲宗四朝,官至尚书右仆射兼中书侍郎、同平章军国事。卒,赠太师、申国公,谥正献。《宋史》卷336有传。

㉘ 高蹈:隐士。

㉙ 逸民:超逸不俗、遁世隐居的人。

㉚ 司马光、吕公著荐书见司马光《温国文正公文集·与晦叔同举程颐》,文有节略。"实儒者之高蹈","实"作"真"。

㉛ 一介:一丁点儿,微小。

㉜ 绍兴:南宋高宗赵构的第二个年号(1131—1162)。

㉝ 诐淫邪遁:言词诡谲不正。诐,偏颇,邪僻;淫,过度,不得当;邪,不正,邪曲;遁,隐匿,欺骗。

㉞ 见公文集云:按王蘋《王著作集·雝国虞先生跋》:"绍兴六年,赵忠简免相,陈公辅上疏乞禁伊川学,朱内翰在经筵不敢谏,胡文定奉祠居衡岳,独上疏封爵邵、张、二程先生。"胡氏文集今不传。其语见于王霆震《古文集成·乞封爵邵张二程列从祀札》、李心传《道命录·胡文定公乞封爵邵张二程先生列于从祀》、朱熹《伊洛渊源录》《二程遗书》和胡寅《斐然集·先公行状》皆有节录,文有节略。"河南之道",上述诸书皆作"河洛之学"。

㉟ 大观元年:公元1107年。大观为北宋徽宗赵佶的第三个年号(1107—1110)。

㊱ 靖康:北宋钦宗赵桓年号(1126—1127)。

㊲ 诰授:朝廷用诰命授予封号。诰,帝王命令或封赠的文书。

㊳ 周濂溪:即周敦颐(1017—1073)。原名敦实,字茂叔,道州营道(今湖南道县)人。因晚年曾在莲花峰下开设濂溪书院,自号濂溪,世称"濂溪先生"。以舅父郑向恩荫出仕,官至广东转运判官、提点刑狱。宋明理学开山鼻祖,与张载、程颢、程颐、邵雍并称"北宋五子"。卒,

谥元公。《宋史》卷427有传。

㊴ 见周敦颐《周元公集·通书·诚几德第三》。又同书《诸儒通书类说·勉斋问答》:"德爱曰仁,宜曰义,理曰礼,通曰智,守曰信。所发之善而为爱,则谓之仁;所发之善而事得其宜,则谓之义;所发之善而各得其理,则谓之礼;所发之善而无所不通,则谓之智;所发之善而知所执守,则谓之信,即是修道之谓教。"

㊵ 五常:五种永恒的精神价值或美德,为儒家伦理核心思想仁、义、礼、智、信的特定称谓。词出董仲舒《天人三策》:"仁、义、礼、智、信五常之道,王者所当修饬也。"

㊶ 见方闻一《大易粹言·系辞上四》、《二程遗书·刘元承手编》。"人谁"作"谁";"道理"作"道";"安可"作"安得"。

㊷ 政:通"正",恰好。

㊸ 吕与叔:即吕大临(1040—1092)。字与叔,自号芸阁。蓝田(今属陕西)人。初学于张载,继师事二程,为程门四大弟子之一。以祖荫入官,历官太学博士、秘书省正字,范祖禹荐充讲官,未及用,卒。著有《考古图》等。

㊹ 小学:周代学制,太子8岁、贵族子弟13岁入小学学习礼、乐、射、御、书、数六艺,即礼仪、乐舞、射箭、驾车、语文、算术等必备的知识素养和技能,因与太子15岁、贵族子弟20岁入大学学习修己治人之道的"大学"相别,故称"小学"。

㊺ 大学:周代学制,太子15岁、贵族子弟20岁开始学习道德修养及齐家治国平天下之道,称为"大学"。

㊻ 姻:亲于外亲。《周礼·地官·司徒》:大司徒"以乡三物教万民而宾兴之。一曰六德:知、仁、圣、义、忠、和。二曰六行:孝、友、睦、姻、任、恤。三曰六艺:礼、乐、射、御、书、数"。郑玄注:"善于父母为孝;善于兄弟为友;睦,亲于九族;姻,亲于外亲;任,信于友道;恤,振忧贫者。"

㊼ 见《礼记集说·大学第四十二》。"自成德言之"作"自成德者言之"。

㊽ 扬雄(前53—18):字子云,蜀郡成都(今四川成都)人。西汉著名思想家、文学家。中年至京师向成帝呈献《甘泉》《羽猎》等赋,被任为郎,给事黄门。新莽时为大中大夫,校书天禄阁。著有《法言》《太玄》等。

㊾ 见杨时《龟山集·答胡康侯·其四》。"一说"作"之说";"藩"作"藩篱";"余人"作"他人";"世人"作"世儒";"则所"作"其所"。

㊿ 见《论孟精义·论语精义·子罕第九》引杨时语,文有节略。

51 下学上达:下学人事而上知天理。语出《论语·宪问》:"不怨天,不尤人,下学而上达。"程颐云:"凡下学人事,便是上达天理。"(《二程外书·朱公掞问学拾遗》)

52 见《二程遗书·元丰己未吕与叔东见二先生语》:"伯淳言:学者须守下学上达之语,乃学之要。"

53 见程颢、程颐《二程外书·时氏本拾遗》:"张思叔请问,其论或太高,伊川不答,良久曰:'累高必自下。'"

54 见《二程外书·晁氏客语》。

55 见谢良佐《上蔡语录》卷1、《二程外书·上蔡语录》、《近思录·为学》、《大易粹言·系辞下一》:"伊川曰:'近日事如何?'某对曰:'天下何思何虑。'伊川曰:'是则是有此理,贤却发得太早在。'"

56 太极图:我国古代重要易图之一。创自北宋易学家周敦颐。其图自上而下,分为五位。第一位为一圆圈,以象太极。第二位由中央一圆与左右黑白相对三圈组成,以象阴阳。第三位分列水、火、木、金、土,配置于四维及中央,以象五行。第四位复列一圆圈,喻示"乾道成男,坤道成女",以象八卦。第五位仍为一圆圈,以象万物化生。此图源出陈抟的无极图。陈抟作无极图,序为"自下而上,逆以成仙",意在示丹道内炼秘诀。周敦颐得陈抟所传,颠倒其序,改成"自上而下,顺以生人",以演述儒家易理,遂开北宋儒家新易学之先河。

⑤⑦ 见《周元公集·通书·志学第十》、《近思录·为学》、张镃《仕学规范·为学》。希:仰慕。

⑤⑧ 麟经:即《春秋》。鲁国国史。孔子尊崇周礼,对《春秋》进行删订。鲁哀公十四年(前481),哀公西山狩猎,得一奇兽,孔子发现是只有在太平盛世才会出现的仁兽麟,而此时世道衰微,孔子十分伤感,不再删修《春秋》,止笔于西狩获麟,后人遂以《麟经》代指《春秋》。

⑤⑨ 苏昞:生卒年月不详。字季明,武功(今属陕西)人。早师事张载,张载卒后转师二程。强学笃志,不事举业。经吕大忠荐入仕,官至太常博士。坐元符上书入邪籍,编管饶州,卒。《宋史》卷428有传。

⑥⓪ 范育(?—1095):字巽之,邠州三水(今陕西旬邑)人。仁宗时进士及第,授泾阳令,中奉亲还乡,从张载学。后复仕,官至宝文阁待制、户部侍郎。

⑥① 见张载《张子全书·横渠先生行状》。又见《近思录·圣贤气象》《伊洛渊源录·横渠先生·行状》,文有节略。

⑥② 中表:亲属名称之一。古代称父亲姐妹之子为外兄弟,称母亲兄弟姐妹之子为内兄弟。外为表,内为中,互称"中表兄弟"。后称与姑、舅、姨的子女之间的亲戚关系为"中表"。

⑥③ 现存张载和二程著述均无此语。朱熹《晦庵先生朱文公文集·与刘共父》,程颢、程颐《二程文集·附录·晦庵辩论胡本错误书》中有"程子尝言:'人之为学,其失在于自主张太过。横渠犹戒以自处太重,无复以来天下之善'"之语。

⑥④ 见《二程遗书·刘元承手编》、张载《张子语录·后录》、《论孟精义·论孟精义纲领》、《伊洛渊源录·横渠先生·遗事》。"横渠立言"诸书皆作"横渠之书"。

⑥⑤ 《西铭》:原名《订顽》,为《正蒙·乾称篇》之一部。张载曾题其于学堂双牖右侧,名《订顽》,后程颐改称《西铭》,始有此独立篇名。

(66) 见《二程文集·答杨时论西铭书》、《龟山集·伊川答论西铭》、尹焞《和靖集·跋西铭》、《伊洛渊源录·横渠先生·遗事》。“《西铭》之书”,诸书皆作“《西铭》之为书”。

(67) 按:明道此语分见两处。“《西铭》,横渠文之粹者也”见《二程遗书·刘元承手编》:“问:‘西铭何如?’曰:‘此横渠文之粹者也’”;“极纯无杂,秦汉学者所未到”见《二程遗书·元丰己未吕与叔东见二先生语》:“《订顽》之言,极纯无杂,秦汉以来学者所未到。”

(68) 见《张子全书·正蒙·范育序》。又见吕祖谦《宋文鉴·正蒙序》。

(69) 熙宁:北宋神宗赵顼的第一个年号(1068—1077)。

(70) 荀子(约前313—前238):名况,字卿。战国末期赵国人,著名思想家、政治家,时人尊称为“荀卿”。汉人避汉宣帝刘询讳,称之“孙卿”。曾任齐国稷下学宫祭酒、楚兰陵令。后居家讲学著书,有《荀子》32篇。

(71) 见石墪编、朱熹删定《中庸辑略·第一章第二节》、《二程遗书·刘元承手编》。“便有多少”,“便”诸书皆作“更”。

(72) 见《二程外书·胡氏本拾遗》《论孟精义·孟子精义·离娄章句上》。

(73) 见《论孟精义·论语精义·先进第十一》、杨时《二程粹言·圣贤篇》,文有节略,“有以德行入者”前有“有以言语入者”。

一

明四端察五典者穷理之本

　　《大学》以致知格物为先^[一]①，四端②、五典③，其致知格物之先务欤？四端者何？孟子曰：恻隐之心，仁之端；羞恶之心，义之端；辞让之心，礼之端；是非之心，智之端。今人乍见孺子④将入于井，皆有怵惕⑤恻隐之心者，其心岂自外来，乃自然发见⑥，非思勉而得，即所谓良心也，秉彝⑦也^[二]，天理也^[三]。是知仁、义、礼、智，非人能强名，皆我所固有。其端常见于日用之间，要在知皆扩而充之尔。故孟子谓："苟能充之，足以保四海；苟不充之，不足以事父母。"⑧充与不充，在我而已^[四]。胡文定公曰："人皆有是心，尧舜能充尔。如充恻隐之心，至其仁如天⑨，充羞恶之心，至以⑩，充辞让之心，至以天下让⑪，充是非之心，至以嗣子为囂讼"⑫。伊川曰："桀⑬、跖⑭不能无是以生，但牯贼之以灭天尔。"^[五]⑮五典者何？《中庸》谓父子、君臣、夫妇、长幼、朋友，五者天下之达道。⑯孟子曰："父子有亲，君臣有义，夫妇有别，长幼有序，朋友有信。"^[六]⑰横渠以谓"其生民之大经乎"⑱，乃自然之定理，岂人强能秩序哉？即所谓彝伦⑲也，天叙⑳也。延平杨龟

山^[七]曰："五品，人之大伦，天之性也，不可须臾离焉。"㉑
又曰："五品之叙，天也。先王惇㉒五典、敷㉓五教以迪之，
所以事天也^[八]。盖天下之为天下，惟是五者而已。离此
以为道，非通道也。行之天下，人伦绝而天理灭矣。圣人
所以为圣，亦岂有他哉！人伦之至而已。"舜㉔之忧民逸
居而无教则近于禽兽，使契㉕为司徒㉖，不过教以人伦。
孟子曰："学则三代共之，皆所以明人伦也。"^[九]㉗徂徕石
先生^[一〇]㉘曰："天下不可一日无君臣，不可一日无父子，
不可一日无夫妇，不可一日无朋友，不可一日无长幼。万
世可以常行，一日不可废者，孔子之道也。"^[一一]㉙尹和靖
曰："伊川教人学，先于君臣、父子、夫妇、长幼、朋友上求
乐处便是。"^[一二]㉚胡文定公谓："四端五典在人则一心
也，在物则一理也，充四端可以成性，惇五典可以尽伦。
性成而伦尽，斯不二矣。"㉛吕与叔^[一三]谓："四端之在我
者，人伦之在彼者，皆吾性命之理^[一四]。受乎天地之中，
立人之道不可须臾离也。"^[一五]㉜昔尝问学于胡衡
麓^[一六]㉝、张横浦^[一七]㉞二侍郎，莫不举四端五典以示诲，
诚修身、齐家、治国、平天下之大原，致知格物之先务也。
故冠于篇首云^[一八]。

子　注

[一] 伊川曰："知者吾之所固有，然不致则不能得之。而致知在格物。"㉟
　　　胡衡麓曰："致知，然后知。"㊱

［二］秉，执也；彝，常也。广汉张敬夫③⑦谓："本然之常性，人皆均有。故好是懿德③⑧，以其秉彝故也。而不知好者，是必有以乱其常故尔。"③⑨敬夫名栻，受学于胡文定公季子宏仁仲④⓪。

［三］邵康节④①谓："自然者，天也。"④②又诗云："自然之外更无天。"④③伊川曰："天者，自然之理也。"④④谢上蔡谓："格物须识天理始得。所谓天理者，自然底道理。孺子将入井，乍见时其心怵惕，所谓天理也。要誉④⑤于乡党，内交于孺子之父母，恶其声而然，即人欲尔。天理与人欲相对，人欲才肆，天理灭矣。"④⑥明道令学者必先知仁，其义一也。谢子之说本诸《乐记》"灭天理而穷人欲"④⑦之义。

［四］吾儒则推此良心而达于天下，以立万世之大经。释氏则以死心为宗，唯恐寂灭之不至。儒释之异，大要在此。彼三纲五常之道，自然而废也，所以自谓出世间法尔。然世间岂得而出哉？张子韶《少仪论》曰："释氏乍脱人欲之营营④⑧，其乐无涯，遂认廓然无物者为极致，是故以尧、舜、禹、汤、文、武之功业为尘垢，以父子、君臣、夫妇、长幼为赘疣④⑨，以天地日月、春夏秋冬为梦幻，离天人，绝本末，决内外，茕茕无耦⑤⓪，其视臣弑君、子弑父、兵革扰扰、岁时荒歉皆门外事，殆将灭五常绝三纲，有孤高之绝体，无敷荣⑤①之大用，此其所以得罪于圣人。"⑤②

［五］问："四端不及信，何也？"伊川曰："性中只有四端，却无信。为不信，故有信字。今东者自东，西者自西，何用信字？"⑤③

［六］伊川谓此为五典⑤④。

［七］名时，字中立，自号龟山云。

［八］自万世当行之法言之谓之五典，自设而为教言之谓之五教，其实一也。林少颖云⑤⑤。

［九］侯师圣曰："君君、臣臣、父父、子子，先王之政达此以保天下。"⑤⑥谢上蔡曰："不然，人类几何其不相噬啮也。"⑤⑦

［一〇］名介，字守道，兖州奉符人，师泰山孙明复⑤⑧，躬耕徂徕山下，学者称

"徂徕先生"，世谓之"东学"。杜祁公⑤⑨、韩魏公⑥⑩力荐于朝。欧阳文忠公⑥①谓："先生笃学而志大，虽在畎亩⑥②，不忘天下之忧，常以经术教授，在太学盖以师道自居，门人弟子从之者甚众。大学之兴自先生始。其言曰：'学者学为仁义，惟忠能忘其身。笃于自信，乃可以力行也。'以是行于己，亦以是教于人。"⑥③庆历⑥④五年卒。

[一一] 周公⑥⑤所以示成王⑥⑥，亦不过令知此道尔。

[一二] 因悟今之学者失所先后亦多矣。

[一三] 名大临，蓝田人。

[一四] 伊川谓："饮食男女之事，喜怒哀乐之变，皆性之自然。释氏必尽绝是然后得天真，吾见其丧天真矣。"⑥⑦邵康节亦云："释氏弃君臣、父子、夫妇之道，岂自然之理哉。"⑥⑧

[一五] 邵康节语秦玠曰："道满天下，何物不有之？"⑥⑨明道曰："道之外无物，物之外无道，是天地之间无适而非道也。即父子而父子在所亲，即君臣而君臣在所敬，以至为夫妇、为长幼、为朋友，无所为而非道。此道所以不可须臾离也。"⑦⑩又曰："言天之自然者，谓之天道。言天之付与万物者，谓之天命。"⑦①康节云："我性即天天即性。"⑦②横渠亦曰："性即天。"⑦③龟山曰："性，天命也，天理也。道则性命之理而已。"⑦④伊川曰："自性而行，皆善也。圣人因其善也，则为仁义礼智信以名之；以其施之之不同也，故为五者以别之。合而言之道也，离而言之亦皆道也。舍此而行，是悖其性也，是悖其道也。而世人皆言性也，道也，与五者异，其亦弗学欤！其亦未体其性也欤！其亦不知道之所存也欤！"⑦⑤吕与叔曰："不明人伦，则性命之旨无所措；不本性命，则理义之文无所出。孔子之言性与天道，合天人，兼本末，妙道精义常存乎君臣、父子、夫妇、朋友之间，不远乎交际、酬酢、洒埽、应对之末，非如异端之学，绝伦离类，造乎难行难知之域。"⑦⑥或问《明道行状》有"尽性至命必本于孝弟"之说，伊川曰："性命孝弟，只是一统底事。彼后来人言性命者，别作一般高远说，故举孝弟于

人切近者言之。"⑦又曰:"只说道,便不是道也。有道者之言,只作寻常本分说了。孟子言尧舜性之,舜由仁义行,岂不是寻常话?至于《易》,只道个'立人之道曰仁与义',则性字也不消道,自已分明。"⑧窃谓世之谈虚说妙以为道学,宜味斯言也。

[一六] 名寅,字明仲,自号衡麓居士,学者称"致堂先生",文定公长子。

[一七] 名九成,字子韶,杭州盐官⑦人,受学于杨龟山,谪南安⑧,学者称"横浦先生"。

[一八] 横浦又云:"虽然有是四端,而不知学问,则行于所不当行,故有不爱其亲而爱他人者,不恶小人而恶君子者,有逊位于子之而召乱者㉛,有非君子而是小人者,此所以不可不学也。"㉜何谓学?《中庸》所谓博学、审问、慎思、明辨、笃行,伊川所谓五者废其一则非学㉝。绎横浦之说,本《中庸》修道谓教之义,言非学不能品节之,则亲亲、仁民、爱物之分差矣。游定夫云:"为我至于无君,兼爱至于无父,则非教矣。"㉞始悟圣人为"六言六蔽"㉟之训也。

校　注

① 《大学》以致知格物为先:按《礼记·大学第四十二》:"大学之道在明明德……古之欲明明德于天下者,先治其国,欲治其国者,先齐其家,欲齐其家者,先修其身,欲修其身者,先正其心,欲正其心者,先诚其意,欲诚其意者,先致其知,致知在格物。格而后知至,知至而后意诚,意诚而后心正,心正而后身修,身修而后家齐,家齐而后国治,国治而后天下平。"

② 四端:儒家特指人应具有的四种德行的开端。语出《孟子·公孙丑上》:"今人乍见孺子将入于井,皆有怵惕恻隐之心,非所以内交于孺子之父母也,非所以要誉于乡党朋友也,非恶其声而然也。由是观之,无恻隐之心非人也,无羞恶之心非人也,无辞让之心非人也,无

是非之心非人也。恻隐之心仁之端也,羞恶之心义之端也,辞让之心礼之端也,是非之心智之端也。有是四端也,犹其有四体也。"

③ 五典:儒家指五种人伦行为规则,又称五常。语出《尚书·舜典》:"慎徽五典,五典克从。"唐孔颖达云:"五典,五常之教:父义,母慈,兄友,弟恭,子孝。"又传说中的五帝少昊、颛顼、高辛、唐尧、虞舜之书,亦谓五典。孔安国《尚书序》:"少昊、颛顼、高辛、唐、虞之书谓之《五典》,言常道也。"

④ 孺子:儿童,幼儿。

⑤ 怵惕:恐惧;担心。

⑥ 见:同"现"。被看见。

⑦ 秉彝:持执常道。

⑧ 见《孟子·公孙丑章句上》。

⑨ 其仁如天:见《大戴礼记·武帝德》:"宰我曰:'请问帝尧。'孔子曰:'高辛之子也,曰放勋。其仁如天,其知如神。'"又《史记·五帝本纪》:"帝尧者,放勋。其仁如天,其知如神。"胡宏《皇王大纪·禹灭三苗》:"黎苗之人反复为乱,经涉皇帝之世,圣人屡迁之而教扰之,而不艾杀之,其仁如天,何可及也!"

⑩ 至以:按下有缺文,后原有四库馆臣所注"阙"字,今删。

⑪ 以天下让:见《庄子·逍遥游》:"尧让天下于许由,曰:'日月出矣,而爝火不息,其于光也,不亦难乎!时雨降矣,而犹浸灌,其于泽也,不亦劳乎!夫子立而天下治,而我犹尸之,吾自视缺然。请致天下。'"

⑫ 以嗣子为嚚讼:见《尚书·尧典》:"帝曰:'畴咨若时登庸。'放齐曰:'胤子朱启明。'帝曰:'吁,嚚讼可乎!'"尧让放齐推荐善治四时之人拟以重用,放齐推荐尧的儿子丹朱,尧认为丹朱奸诈好讼,不可用。嚚(yín)讼,奸诈而好讼;嚚,言不忠信,奸诈。

⑬ 桀:即夏桀。又名癸、履癸。夏朝第十七代君主,也是亡国之君。在

位54年(前1653—前1600),文武双全,但荒淫暴虐,是历史上著名的暴君。夏亡,据传被放逐而死。桀是商汤给他的谥号,意为"凶猛"。

⑭ 跖:春秋时期人,展氏,名跖,一作蹠。传说为著名大盗,人称盗跖。《庄子·盗跖篇》说他是鲁国大夫柳下惠的弟弟,"从卒九千人,横行天下,侵暴诸侯,穴室枢户,驱人牛马,取人妇女,贪得忘亲,不顾父母兄弟,不祭先祖"。

⑮ 见《二程遗书·附师说后》《论孟精义·孟子精义·公孙丑章句上》。

⑯ 见《礼记·中庸第三十一》:"天下之达道五,所以行之者三。曰君臣也,父子也,夫妇也,昆弟也,朋友之交也。五者,天下之达道也。"

⑰ 见《孟子·滕文公章句上》。

⑱ 见《张子全书·正蒙·至当篇第九》:"天下达道五,其生民之大经乎?"

⑲ 彝伦:常理。蔡沉《书集传》:"彝,常也;伦,理也。"

⑳ 天叙:天然的等级秩序。

㉑ 杨时此语及下文"又曰",不见于杨时文集。卫湜《礼记集说》卷130引有"延平杨氏曰:'五品,人之大伦,天之性也,不可须臾离焉,故谓之达道……夫五品之叙,天也。先王惇五典、敷五教以迪之,所以事天也。盖天下之为天下,唯是五者而已。离此以为道,则冒险阻犯荆棘,非通道也。行之天下,人伦绝而天理灭矣。圣人之所以为圣,亦岂有他乎哉,人伦之至而已'"之语。

㉒ 惇:推崇。

㉓ 敷:传布,宣扬。

㉔ 舜:古帝名。姚姓,有虞氏,又称虞舜,名重华。相传唐尧时摄政三十年,天下大治。受尧禅位,都于蒲坂(今山西永济),在位48年,死于巡历途中。下文所叙其事见《孟子·滕文公章句上》:"人之有道也,饱食暖衣,逸居而无教,则近于禽兽。圣人有忧之,使契为司徒,

教以人伦。"

㉕ 契:传说为商族始祖。帝喾之子,帝舜之臣。舜时助禹治水有功,任为司徒,赐姓子氏,封于商。其事见《史记·殷本纪》。

㉖ 司徒:官名。掌管国家土地和人民的教化。相传少昊时始置,唐虞因之,周时为六卿之一。汉哀帝时改丞相为大司徒,与大司马、大司空并列三公。东汉时改称司徒。明废。后别称户部尚书为大司徒。

㉗ 见《孟子·滕文公章句上》。

㉘ 徂徕石先生:即石介(1005—1045)。字守道,兖州奉符(今山东泰安东南)人。天圣八年(1030)进士,授将仕郎,历任国子监直讲、直集贤院等。出判濮州,未赴,卒。《宋史》卷432有传。

㉙ 见石介《徂徕石先生文集·辨私》。"万世可以常行","行"字原缺,《徂徕石先生文集》有"行"字,据补。

㉚ 见《二程遗书·刘元承手编》:"或曰:'人问某以学者当先识道之大本,道之大本如何求,某告之以君臣、父子、夫妇、兄弟、朋友,于此五者上行乐处便是。'""长幼"作"兄弟"。

㉛ 见《斐然集·先公行状》,文有节略。

㉜ 见《中庸辑略·第一章第二节》。

㉝ 胡衡麓:即胡寅(1098—1156)。字明仲,自号衡麓居士,人称"致堂先生"。建宁崇安(今福建武夷山市)人。杨时门人。宋徽宗宣和三年(1121)进士,累官至礼部侍郎兼侍讲、直学士院。著有《斐然集》《论语详说》《致堂读史管见》《崇正辩》。《宋史》卷435有传。

㉞ 张横浦:即张九成(1092—1159)。字子韶,号无垢,亦称"无垢居士"。杨时门人。绍兴二年(1132)进士,官至礼部侍郎兼侍讲、兼权刑部侍郎。刘荀曾从其问学。《宋史》卷374有传。

㉟ 见《二程遗书·畅潜道录》,文有节略。

㊱ 胡寅此语不见于《斐然集》《致堂读史管见》和其他载籍,疑是刘荀亲闻语。

㊲ 广汉张敬夫:即张栻(1133—1180)。字敬夫,又字钦夫,号南轩,学者称"南轩先生"。汉州绵竹(今四川绵竹)人,徙居衡阳,从胡宏学。以荫补官,官至右文殿修撰。与朱熹、吕祖谦为友,并称"东南三贤"。卒,谥宣。《宋史》卷429有传。

㊳ 懿德:美德。

㊴ 见张栻《南轩先生孟子说·告子上》。

㊵ 胡文定公季子宏仁仲:即胡宏(1106—1162)。字仁仲,胡安国第三子,学者称"五峰先生"。曾师从杨时、侯仲良,创立湖湘学派。著有《五峰集》《知言》《皇王大纪》等。《宋史》卷435有传。

㊶ 邵康节:即邵雍(1011—1077)。字尧夫,先祖为范阳(今河北涿州)人。少时随父迁居共城(今河南辉县)苏门山百源,中年时隐居伊川(今属河南),晚年居洛阳安乐窝,自署"安乐先生",别号"伊川丈人",又称"百源先生"。曾从李之才习《周易》象数学,"北宋五子"之一。卒,赠秘书省著作郎,谥康节。著有《皇极经世书》《古周易》《先天图》《渔樵问答》《伊川击壤集》等。《宋史》卷427有传。

㊷ 见邵雍《皇极经世书·观物外篇下》,文有节略。原文为:"自然而然者天也,唯圣人能索之。"

㊸ 见邵雍《伊川击壤集·天意吟》:"天意无他只自然,自然之外更无天。不欺谁怕居暗室,绝利须求在一源。未吃力时犹有说,到收功处更何言。圣人能事人难继,无价明珠正在渊。"

㊹ 见《二程遗书·邹德久本》《论孟精义·孟子精义·告子章句上》《中庸辑略·第一章第一节》。又《二程粹言·天地篇》:"其所以名之曰天,盖自然之理也。"

㊺ 要誉:猎取荣誉。要,设法获得。

㊻ 见谢良佐《上蔡语录》卷1,文有节略。

㊼ 见《礼记·乐记第十九》:"人生而静,天之性也;感于物而动,性之欲也。物至知知,然后好恶形焉。好恶无节于内,知诱于外,不能反

躬,天理灭矣。夫物之感人无穷,而人之好恶无节,则是物至而人化物也。人化物也者,灭天理而穷人欲者也。"

㊽ 营营:劳而不知休息,忙碌。引申为对欲望的钻营追逐。

㊾ 赘疣:附生于体外的肉瘤,比喻为多余无用之物。

㊿ 茕茕无耦:独此一家,别无二者。茕茕,孤独貌;耦,双,对。

51 敷荣:繁荣。

52 见张九成《横浦集·少仪论》,文有节略。

53 见《二程遗书·刘元承手编》。又见《论孟精义·孟子精义·公孙丑章句上》。

54 见程颐《程氏经说·舜典》:"五典谓父子有亲,君臣有义,夫妇有别,长幼有序,朋友有信。五者,人伦也。"

55 见林之奇《尚书全解·舜典》:"五品、五典之教皆言人伦也。自其可以为万世常行之法而言之,谓之五品,自其设而为教言之则谓之五教,其实一也。"林少颖:即林之奇(1112—1176)。字少颖,号拙斋。福州侯官(今福建福州)人。师从吕本中,讲学于福州,学者称"三山先生"。吕祖谦曾从其学。宋高宗绍兴二十一年(1151)进士,累官至宗正丞。卒,谥文昭。著有《尚书全解》《周礼全解》《观澜集》《拙斋集》等。《宋史》卷433有传。

56 见《论孟精义·论语精义·颜渊第十二》:"侯曰:'君君、臣臣、父父、子子,所谓达道也。先王之政,达此道以保天下而已。'"

57 见《论孟精义·论语精义·颜渊第十二》:"谢曰:君君、臣臣、父父、子子,亲亲而尊尊,所谓民彝也。为政之道,保民而已,不然人类几何其不相噬啮也。"噬啮:咬,引喻迫害。

58 孙明复:即孙复(992—1057)。字明复,晋州平阳(今山西临汾)人。举进士不第,隐居泰山,世称"泰山先生"。以范仲淹等荐,授秘书省校书郎,官至殿中丞。与胡瑗、石介并称"宋初三先生"。《宋史》卷432有传。

(59) 杜祁公：即杜衍（978—1057）。字世昌，山阴（今浙江绍兴）人。大中祥符元年进士，历官枢密使、同平章事等，官至集贤殿大学士、太子太傅。以少师致仕，封祁国公。卒，谥正献。《宋史》卷310有传。

(60) 韩魏公：即韩琦（1008—1075）。字稚圭，自号赣叟。相州安阳（今属河南）人。天圣五年（1027）进士，官至枢密使、同中书门下平章事。神宗即位，因反对王安石新法，以司徒兼侍中出判永兴军、相州、大名等州府。封魏国公，卒，谥忠献。《宋史》卷312有传。

(61) 欧阳文忠公：即欧阳修（1007—1072）。字永叔，号醉翁，晚年又号“六一居士”。吉州庐陵（今江西吉安）人。宋仁宗天圣八年（1030）进士，历任知开封府、翰林侍读学士、枢密副使、参知政事等，以太子少师致仕。卒，赠太子太师。谥文忠。《宋史》卷319有传。

(62) 畎亩：田间，田野。

(63) 见欧阳修《欧阳文忠公集·居士集·徂徕石先生墓志铭》，文有节略。

(64) 庆历：北宋仁宗赵祯的第六个年号（1041—1048）。

(65) 周公：即周公旦（？—约前1033）。姬姓，名旦，亦名叔旦。周文王第四子，因采邑在周（今陕西岐山北），史称周公，亦称周公旦。早年辅助周武王伐纣灭商。武王死，摄政辅助成王，平定管叔、蔡叔、霍叔联合商人残存势力武庚及东夷发动的叛乱，建东都于洛阳，分封七十国诸侯。相传曾“制礼作乐”，被儒家尊称为“元圣”。

(66) 成王：即周成王（前1055—前1021）。姬姓，名诵，周武王子。幼年继位，由叔父周公旦摄政，平定管叔、蔡叔和武庚的叛乱。亲政后营造新都洛邑，大封诸侯，编写礼乐，加强了西周王朝的统治，社会安定，人民和睦，与其子康王统治时期合称“成康之治”。

(67) 见《二程粹言·论道篇》。原文为：“佛之所谓世网者，圣人所谓秉彝也。尽去其秉彝，然后为道，佛之所谓至教也，而秉彝终不可得而去也。耳闻目见，饮食男女之欲，喜怒哀乐之变，皆其性之自然。今其言曰:'必尽绝是,然后得天真。'吾多见其丧天真矣。"天真:事物的天然本性。

⑱ 见《皇极经世书·观物外篇上》。

⑲ 见邵伯温《易学辨惑》:"秦玠,字伯镇,未详何处人。后居亳社,有吏才,善书翰,亦好学问,尝以屯田员外郎知怀州,长先君一岁,亦称门人。在河南日,欲从先君学,先君以其人颇好任数,未之许也。尝有书与先君,云'先生键道弥固',意谓先君靳其学,不以告。先君答书,其略曰:'道满天下,何物不有之? 岂容人关键耶?'"

⑳ 见《中庸辑略·第一章第二节》。又见《近思录·辨异端》、《二程遗书·游定夫所录》、游酢《游鷹山集·师语一》。"在所敬","敬"诸书皆作"严"。

㉑ 见《二程遗书·师训》《中庸辑略·第一章第一节》。又见《晦庵先生朱文公文集·元亨利贞说》。

㉒ 见黄伦《尚书精义·康诰》:"邵尧夫作《尽心知性赞》曰:'廓然心境无大伦,尽此规模有几人。我性即天天即性,皆于微处起经纶。'至矣哉,斯言。夫心即性,性即天,心体甚大,尽之者少耳。"按此诗不见于其他载籍,朱熹认为是朱震所作。《朱子语类·邵子之书》:"康节诗尽好看。道夫问:'旧无垢引《心赞》云:"廓然心境大无伦,尽此规模有几人。我性即天天即性,莫于微处起经纶。"不知如何?'曰:'是殆非康节之诗也。林少颖云朱内翰作,次第是子发也。'问:'何以辨?'曰:'若是真实见得,必不恁地张皇。'道夫曰:'旧看此意,似与"性为万物之一原,而心不可以为限量"同。'曰:'固是。但只是摸空说,无实处。如康节云:"天向一中分造化,人从心上起经纶。"多少平易! 实见得者自别。'"

㉓ 见《张子语录》上:"性又大于心,方知得性便未说尽性,须有次叙,便去知得性,性即天也。"

㉔ 见《中庸辑略·第一章第一节》。

⑦⑤ 见《二程遗书·畅潜道录》《论孟精义·孟子精义·告子章句上》。"离而言之",皆作"别而言之";"合而言之道也",皆作"合而言之皆道"。

⑦⑥ 见《中庸辑略·第十三章》。"君臣、父子"原作"父子、君臣",据《中庸辑略·第十三章》《礼记集说》乙正。洒埽:"埽"通"扫",扫除。

⑦⑦ "或问"至"切近者言之":见《二程遗书·刘元承手编》,文有节略。又见《近思录·家道》《大易粹言·说卦》。

⑦⑧ 见《二程遗书·端伯传师说》。原文为:"介甫只是说道,云我知有个道,如此如此。只佗说道时,已与道离。佗不知道,只说道时,便不是道也。有道者亦(一作"言")自分明,只作寻常本分事说了。孟子言尧舜性之,舜由仁义行,岂不是寻常说话?至于《易》,只道个'立人之道曰仁与义',则和性字由字,也不消道,自已分明。阴阳、刚柔、仁义,只是此一个道理。"又见《论孟精义·孟子精义·离娄章句下》。

⑦⑨ 盐官:今浙江海宁。

⑧⓪ 南安:今江西大庾。

⑧① 有逊位于子之而召乱者:事见《史记·燕召公世家》。燕王哙(?—前314)慕尧舜禅让故事,在大臣鹿毛寿等鼓动下,废太子姬平,让位于国相子之,自己反北面称臣,引起国内动乱。燕王哙七年(前314)将军市被、太子姬平等领兵围攻子之,兵败身死,齐宣王打着讨伐子之匡扶正义的旗号,发兵攻占燕国都城,燕王哙自缢身亡,子之被处以醢刑。中山国也乘机攻占了燕国数十座城池,燕几乎亡国。燕国的这场动乱,史称"子之之乱"。

⑧② 见《横浦集·四端论》。原文为:"虽然有是四端,而不知学问,不能辨识者,则其心无所节,行恻隐于所不当行,故有不爱其亲而爱他人者;行羞恶于所不当行,故有不恶小人而恶君子者;行辞逊于所不当行,故有逊位于子之而召乱者;行是非于所不当行,故有非君子而是

小人者。此其所以不可不学也。"

㊳ 伊川所谓五者废其一则非学:见《二程外书·罗氏本拾遗》:"学而不思则无得,故罔;思而不学则不进,故殆。博学之,审问之,慎思之,明辩之,笃行之,五者废其一,非学也。"

㊴ 见《游廌山集·中庸义》。

㊸ 六言六蔽:语出《论语·阳货第十七》:"子曰:'由也,汝闻六言六蔽矣乎?'对曰:'未也。''居,吾语汝。好仁不好学,其蔽也愚;好知不好学,其蔽也荡;好信不好学,其蔽也贼;好直不好学,其蔽也绞;好勇不好学,其蔽也乱;好刚不好学,其蔽也狂。'"

二

穷理者进学之本

《大学》谓致知在格物[一]，先儒以谓格物即穷理也。明道[二]曰："物即事也，凡事上穷极其理，则无不通。"[三]① 伊川谓："凡一物上有一理，须是穷致其理。穷理亦多端：或读书，讲明义理；或论古今人物，别其是非；或应接事物而处其当，皆穷理也。"② 又曰："读史须见圣贤所存治乱之机，贤人君子出处进退，便是格物。"③ 又曰："如火之所以热，水之所以寒，至于父子君臣间皆是理。"④ 又曰："穷理非是尽要穷天下万物之理，且于一事上穷尽，其他可以类推。至于言孝，则当求其所以为孝者如何。若一事上穷不得，且别穷一事，或先其易者，或先其难者，各随人浅深。譬如千蹊万径，皆可以适国，但一道入得便可，只为万物皆是一理。"⑤ 又云："随事观理，而天下之理得矣。"⑥ 又云："物不必谓事物然后谓之物也。自一身之中，至万物之理，理会得多，相次⑦自然豁然有觉处。"⑧ 又曰："不致知格物，而先欲意诚心正身修者，未有能中于理者也。"⑨ 谢上蔡曰："学须先从理学，尽人之理，斯尽天之理，学斯达矣。下学而上达，其意如此。"[四]⑩胡文定公曰:"物物而察则智益明,心益广,道可近矣。又岂逐物而不自反哉?又岂以己与物为二哉?察于天行以自强⑪也,察于地势以厚德⑫也,察于云雷以经纶⑬也,察于山泉以果行⑭也,察于尺蠖明屈信⑮也。远察诸物,其略如此。察于辞气颜色尊德性也,察于洒埽应对兼本末也,察于心性四辞⑯养浩然之气也[五]。近察诸身,其要如此。"[六]⑰元城刘器之[七]⑱曰:"智足以穷万物之理,则事至而不惑。"[八]邵康节[九]曰:"天下之物莫不有理,穷之而后可知也。"⑲又曰:"物理之学或有所不通,不可强通。强通则有我,有我则失理而入于术矣。"[一〇]⑳

子　注

[一]　"在"字宜玩味。

[二]　伊川兄也。吕正献公荐先生道术精奥,颇能推行,凡所临莅,皆有异绩。又举充台官,云"才行兼备,忠义不群"。伊川谓:"先生行己,内主于敬,而行之以恕,见善若出诸己,不欲弗施于人。为学,知尽性至命,必本于孝弟,穷神知化,由通于礼乐。辨异端似是之非,开百代未明之惑。谓孟子没而圣学不传,以兴起斯文为己任。其言曰:'道之不明,异端害之也。昔之害近而易知,今之害深而难辨。昔之惑人也,乘其迷暗;今之惑人也,因其高明。辟之而后可以入道。'教人自致知至于知至,诚意至于平天下,洒埽应对至于穷理尽性,循循有序。病世之学者舍近而求远,处下而窥高,所以轻自大而卒无得也。"㉑尝曰:"吾学虽有所受,至于体天理而言之,则非得于人也。"㉒又谓伊川曰:"异日能使人尊严师道者,吾弟也。若接引后

学,随人材而成就之,则予不得让焉。"㉓朱公掞见先生于汝,归谓人曰:"光庭在春风中坐了一个月。"㉔刘安礼㉕云:"从先生三十年,未尝见其忿厉之容。"㉖谢显道谓:"先生平和简易,坐则凝然不动,如木偶人。及其动容貌,出辞气,则薰然粹和㉗,如春风之被万物。"又云:"吾师先使学者致知以识别之,而后持敬以涵养之,所成就众矣。"或问"何先乎知识",谢上蔡曰:"穷理之谓也。夫黄金,天下之宝也,有未尝识者,人以输㉘与之,必以为金而不能辨矣。不能辨则疑,疑则安能定其所执乎?"㉙既没㉚,太师文潞公㉛合学者之议,题其墓曰"明道先生"㉜云。元丰八年㉝卒。

[三] 新安朱元晦㉞谓:"物者,理之所在,不即此而极之,则事不该㉟理,理不该事,而知有所不精,故致知在格物。格者,极至之谓。言即事即物而格至其理也。"

[四] 窃谓宜于切日用处先致其力,庶实得受用,易以类推也。

[五] 四辞者,诐、淫、邪、遁也。

[六] 伊川曰:"物我一理,才明彼即晓此,盖言合内外之道。"㊱其理如此。文定之论,正为未明彼者设,俾初学知用力之方,亦近思之义尔。若于理既明且晓,则不待教之,因物而反求也。

[七] 名安世,师温公。

[八] 释氏以理为障而灭之,此与吾儒之学不同也。

[九] 名雍,字尧夫,卫州共城人,后居伊川,师青社李之才㊲。其学自陈抟㊳、种放㊴、穆修㊵来。先生有云:"世人视穆伯长、李挺之常人尔,不谓有如此学问。"明道谓:"先生少时,自雄其才,忼慨有大志。既学,力慕高远,谓先王之事为可必致。及其学益老,德益劭㊶,玩心高明㊷,观天地之运化,阴阳之消长,以达乎万物之变,然后颓然㊸其顺,浩然其归。德气晬然㊹,望之可知其贤,不事表暴㊺,不设防畛㊻,正而不谅㊼,通而不污㊽,清明坦夷㊾,洞彻㊿中外。讲学于家,未尝强以语人,而就问者日众。乡里化之,远近尊之。其与人

言,必依于孝弟忠信,乐道人之善,而未尝及其恶,故贤者悦其德,不贤者服其化,所以厚风俗成人材者,先生之功多矣。"[51]伊川谓先生"胸怀放旷[52],犹空中楼阁,四通八达也"[53]。"临终时,只是谐谑[54],须臾而去。以圣人观之,则亦未是,比之常人,甚悬绝矣。"[55]将终,语伊川曰:"面前路径,须常令宽。路径窄时,自无著身,况能使人行耶?"[56]常言:"凡人为学,失于自主张太过。"[57]又云:"为治之道必通其变,不可以胶柱[58],犹春之时不可行冬之令也。"[59]谢上蔡谓:"先生才气豪迈,在风尘[60]时,割据山河手也。彼见天地进退、阴阳消长、万物出入生死之理,如指诸掌,遂自安其所至,下学之事,不复致功,兹其异乎人也。其考事物之成败始终,人之祸福修夭[61],无毫厘之差。"[62]熙宁十年卒,赐谥康节。

[一〇] 言用知数揣度。

校 注

① 见《二程遗书·入关语录》。

② 见《二程遗书·刘元承手编》。又见《近思录·致知》《大易粹言·说卦》。

③ 见《二程遗书·杨遵道录》《近思录·致知》。

④ 见《二程遗书·杨遵道录》《大易粹言·说卦》。"父子君臣"皆作"君臣父子"。

⑤ 见《二程遗书·入关语录》《大易粹言·说卦》,文略有异。原文为:"格物穷理,非是要尽穷天下之物,但于一事上穷尽,其他可以类推。至如言孝,其所以为孝者如何。穷理一无此二字如一事上穷不得,且别穷一事,或先其易者,或先其难者,各随人深浅,如千蹊万径,皆可适国,但得一道入得便可。所以能穷者,只为万物皆是一理,至如一物一事,虽小,皆有是理。"

⑥ 见《二程遗书·畅潜道录》。

⑦ 相次:"相次"下原有四库馆臣按语:"案:'相次'二字未详,疑'相'字衍文。"按《二程遗书·伊川先生语三》原即作"相次自然豁然有觉处",知非衍文,馆臣误,今删。相次,此处意为次第、接下来。

⑧ 见《二程遗书·伊川先生语三》。

⑨ 见《二程遗书·畅潜道录》。又见《二程粹言·论学篇》。

⑩ 见《上蔡语录》《论孟精义·论语精义·宪问第十四》。"学斯达矣","达"原作"远",据上两书改。"从理学"作"从理上学"。

⑪ 察于天行以自强:语出《周易·乾卦》:"象曰:天行健,君子以自强不息。"邢昺《疏》云:"天行健者,谓天体之行,昼夜不息,周而复始,无时亏退,故云'天行健'。此谓天之自然之象,君子以自强不息。此以人事法天所行,言君子之人用此卦象自强勉力,不有止息。"《乾》卦上下皆"乾",乾为"天"之象,天道刚健,运行不已。君子应效法天道,立身行事始终奋发图强,自强不息。

⑫ 察于地势以厚德:语出《周易·坤卦》:"象曰:地势坤,君子以厚德载物。"邢昺《疏》云:"地势方直是不顺也,其势承天是其顺也。""君子用此地之厚德,容载万物。"《坤》卦上下皆"坤",坤为"地"之象,地道柔顺厚实,君子应效法地道,以宽厚之德容载万物。

⑬ 察于云雷以经纶:语出《周易·屯卦》:"象曰:云雷屯,君子以经纶。"邢昺《疏》云:"经谓经纬,纶谓绳纶。言君子法此《屯》象,有为之时以经纶天下,约束于物,故云'君子以经纶也'。"《屯》卦上是坎,坎为水,在上为云;下是震,震为雷。《屯》的卦象,云行于上,雷动于下,象征着天地草创万物初始生命的艰难时刻。君子观察此象,当以天下为己任,以筹划管理事务。

⑭ 察于山泉以果行:语出《周易·蒙卦》:"象曰:山下出泉,蒙,君子以果行育德。"《蒙》卦上是艮,艮为山,下是坎,坎为水泉。高山下涌出泉水,遇险阻仍奔流向前,是《蒙》卦的象征。君子观察《蒙》象,

以培养行为果断的品德。

⑮ 察于尺蠖明屈信:意为考察小虫的屈伸行进之道,以明屈伸进退之理。语出《周易·系辞下》:"尺蠖之屈以求信也。"尺蠖:昆虫名,其靠伸缩前行。许慎《说文》:"蠖,尺蠖,屈申虫也。"郝懿行《尔雅义疏·释虫》:"其行先屈后申,如人布手知尺之状,故名尺蠖。"屈:收缩,弯曲。信,通"伸",伸长,延展。尺蠖爬行,一屈一伸,一退一进;屈是为伸,退是为进。

⑯ 四辞:诐、淫、邪、遁四种言辞。朱熹《朱子语类·问夫子加齐之卿相章》云:"诐是偏诐,说得来一边长一边短,其辞如此,则知其心有所蔽矣。淫是放荡,既有所蔽,说得来渐次夸张,其辞如此,则知其心有所陷矣。邪辞是既陷后,一向邪僻离叛将去。遁词是既离后走脚底话。"又云:"诐是险诐不可行,故蔽塞;淫是说得虚大,故有陷溺;邪则离正道;遁则穷,惟穷故遁。"

⑰ 胡安国此语见于《礼记集说·大学第四十二》,文有节略。"辞气"作"辞貌"。

⑱ 元城刘器之:即刘安世(1048—1125)。字器之,北宋大名府(今河北大名)人,学者称"元城先生"。熙宁六年(1073)进士。从司马光学,光入相,荐为秘书省正字,后官至宝文阁待制、枢密都承旨。《宋史》卷345有传。

⑲ 见《皇极经世书·观物篇五十七》,文有节略。

⑳ 见《皇极经世书·观物外篇下》。

㉑ "伊川谓"至"卒无得也":见《二程文集·明道先生行状》《伊洛渊源录·明道先生·行状》《宋文鉴·程伯淳行状》《近思录·圣贤气象》,文有节略。

㉒ 见《二程外书·上蔡语录》《伊洛渊源录·明道先生·遗事》《论孟精义·孟子精义·公孙丑章句上》。原文皆作:"吾学虽有所受,'天理'二字,却是自家体贴出来。"

㉓ 见《二程遗书·伊川先生年谱》《伊洛渊源录·伊川先生·年谱》。

㉔ 见《二程外书·侯子雅言》《伊洛渊源录·伊川先生·年谱》《近思录·圣贤气象》。汝:今河南汝州市。

㉕ 刘安礼:即刘立之。字安礼,一作宗礼,河间(今河北河间)人。二程叔父程珌女婿,自幼师从二程。尝官晋城,为承议郎。见《宋元学案·承议刘先生立之》。

㉖ 见《二程遗书·门人朋友叙述并序》《近思录·圣贤气象》《伊洛渊源录·门人朋友叙述并序》。

㉗ 薰然粹和:温和纯美。

㉘ 鍮:自然铜,黄铜矿石。《玉篇》:"鍮,鍮石,似金也。"

㉙ 谢良佐此语出处不明,《上蔡语录》卷1有:"所谓有知识,须是穷物理。只如黄金,天下至宝,先须辨认得他体性始得。不然被人将鍮石来唤作黄金,辨认不过,便生疑惑,便执不定。"

㉚ 没:同"殁",死亡。

㉛ 文潞公:即文彦博(1006—1097)。字宽夫,汾州介休(今属山西)人。天圣五年(1027)进士。仕宋仁宗、英宗、神宗、哲宗四朝,官至同中书门下平章事。拜太师,封潞国公。卒,谥忠烈。《宋史》卷313有传。

㉜ 文彦博所题程颢墓表名为"宋明道先生程君伯淳之墓",见《二程文集·明道先生墓表》。

㉝ 元丰八年:公元1085年。元丰为北宋神宗赵顼的第二个年号(1078—1085)。

㉞ 新安朱元晦:即朱熹(1130—1200)。字元晦、仲晦,号晦庵,晚称晦翁。祖籍徽州府婺源县(今属江西),出生于南剑州尤溪(今属福建)。婺源南朝梁陈时为新安郡,故其署款多称新安人。绍兴中登进士第,历仕高、孝、光、宁四朝,累官转运副使、焕章阁待制、秘阁修撰,终宝文阁待制。卒,谥文,追封徽国公。其学多本二程,合称"程

朱学派"。著有《四书集注》《诗集传》《楚辞集注》《资治通鉴纲目》《晦庵先生朱文公文集》《朱子语类》等。《宋史》卷 429 有传。

㉟ 该：完备。

㊱ 见《二程遗书·刘元承手编》《近思录·致知》。"盖言合内外之道"皆作"合内外之道也"。

㊲ 李之才（980—1045）：字挺之，青州（今山东青州）人。精易学，早年从穆修习易象数学。宋天圣八年（1030）进士及第，历任河南获嘉主簿、共城县令等、官终殿中丞，邵雍曾从其学。

㊳ 陈抟（？—989）：字图南，自号扶摇子，赐号"希夷先生"。亳州真源（今河南鹿邑东）人。举进士不第，先后隐居武当山和华山讲学授徒。善道学，精易学，种放曾从其学《易》，为宋代象数易学的奠基者。《宋史》卷 475 有传。

㊴ 种放（955—1015）：字明逸，自号云溪醉叟。河南府洛阳（今河南洛阳）人。不喜举业，隐居终南山，咸平五年（1002）奉诏入宫，授左司谏，历官至工部侍郎。善《易》学，曾从陈抟习《先天图》，后传于穆修。《宋史》卷 475 有传。

㊵ 穆修（979—1032）：字伯长，北宋郓州汶阳（今山东汶上）人。曾任泰州司理参军，颍州、蔡州文学参军，世称"穆参军"。精《易》学，曾从种放习《先天图》，后授予李之才。著有《穆参军集》。《宋史》卷 442 有传。

㊶ 劭：美好。

㊷ 玩心高明：专心研究高超明达之术。

㊸ 頯然：恭顺。"頯"通"隤"，顺。

㊹ 睟然：纯正温润。

㊺ 表暴（pù）：表露，曝露。

㊻ 防畛：界限。防，河坝；畛，田间道路。

㊼ 谅：固执。

㊽ 污:通"纡",弯曲回绕。

㊾ 坦夷:开朗平和。

㊿ 洞彻:形容为人光明磊落。

51 见《二程文集·邵尧夫先生墓志铭》《伊洛渊源录·康节先生墓志铭》《宋文鉴·邵康节先生墓志铭》,文有节略,语序有颠倒,"讲学于家,未尝强以语人,而就问者日众。乡里化之,远近尊之"在"浩然其归"句前。

52 放旷:豪放旷达,不拘礼俗。

53 见《二程粹言·圣贤篇》、朱熹《三朝名臣言行录·康节邵先生》、《伊洛渊源录·康节先生·遗事》。

54 谐谑:语言诙谐滑稽而略带戏弄。

55 见《二程遗书·刘元承手编》,文有节略。

56 见《二程文集·遗文·伊川先生语》:"先君声气已微,举张两手以示之。伊川曰:'何谓也?'先君曰:'面前路径,须常令宽。路径窄,则自著无身处,况能使人行也?'"又见《皇极经世书·观物外篇下》《易学辨惑》。

57 见《皇极经世书·观物外篇下》。

58 胶柱:黏着瑟上的弦柱,以致不能调节音的高低。比喻固执拘泥,不知变通。词出司马迁《史记·廉颇蔺相如列传》:"王以名使(赵)括,若胶柱而鼓瑟耳。括徒能读其父书传,不知合变也。"

59 见《皇极经世书·观物外篇下》。

60 风尘:战乱,乱世。

61 修夭:寿命的长短。修,长;夭,短。

62 此非谢良佐原语,原语见《上蔡语录》卷1:"邵尧夫直是豪才……在风尘时节,便是偏霸手段……为他见得天地进退、万物消息之理,便敢做大,于圣门下学上达底事,更不施工。尧夫精《易》之数,事物之成败始终,人之祸福修短,算得来无毫发差错。如措此屋,便知起于何时,至某年月日而坏,无不如其言……邵精于数,知得天地万物进退消长之理,便将此事来把在掌握中,直敢做大,以天自处。"又《伊洛渊源录·康节先生·遗事》引《上蔡语录》云:"尧夫直是豪才,在风尘时节,便是偏霸手段……他只见得天理进退、万物消长之理,便敢做大,于圣人门下学上达事,更不施工,所以差却。尧夫精《易》之数,事物之成败终始,人之祸福修短,算得来无毫发差错。"

三

不欺者修德之本

《大学》曰："诚其意者毋自欺也。"[一]① 伊川曰："无妄之谓诚,不欺其次矣。"② 又曰："学以不欺暗室为始。"③ 刘元城问诚致力之要,温公令自不妄语始,元城没身守之。[二]④ 山阳徐节孝[三]⑤ 尝问安定胡先生[四]⑥："或人问见先生侍女否,何以告之?"[五] 胡曰："莫安排。"由是有得。尝以告延平陈了翁⑦[六]云:"此某之悟门也。"[七]⑧ 贾内翰[八]⑨以状元及第归,范文正公⑩诲之曰:"君不忧不显,惟'不欺'二字,可以终身行之。"贾每语人曰:"此二字平生用之不尽也。"[九]⑪ 邵康节诗云:"心可欺时天可欺。"[一〇]⑫是知先贤立教,莫不以不欺为本[一一]。又须避碍通于理⑬,明乎圣人不以证父攘羊为直⑭,而以君娶同姓为知礼⑮,则得之矣[一二]。

子 注

[一] 杨龟山曰:"王道本于诚意,'五霸⑯假之者',盖言其不以诚为之也。"⑰

[二] 温公自云:"吾无过人者,但平生所为,未尝有不可对人言者尔。"⑱

尝问邵康节曰："光何如人？"康节曰："君实脚踏实地人也。"公深以为知言。⑲

[三] 名积，字仲车，谥节孝。

[四] 名瑗，字翼之，海陵人，学者称"安定先生"。主湖州学也，世谓之湖学。欧阳文忠公曰："师道废久矣，自明道、景祐⑳已来，学者有师惟先生暨孙明复、石守道三人，而先生之徒最盛。其在湖州之学，弟子去来常数百人，各以其经转相传授。其教学之法最备，行之数年，东南之士莫不以仁义礼乐为学。庆历四年，始诏州县立学。于是建太学于京师，下湖州取先生之法以为法，至今为著令。"㉑嘉祐㉒四年卒。范忠宣㉓、孙觉㉔、刘彝㉕、顾临㉖、钱公辅㉗、徐积、滕甫㉘，皆门人之达者也。

[五] 安定晚年蓄二姬，一日延节孝食于中堂，见之。

[六] 名瓘，字莹中，自号了翁。

[七] 刘元城曰："古者君臣师弟子之间，惟是诚实，心中所欲言者即言之。故冉求㉙曰：'非不悦子之道，力不足也。'子路㉚曰：'有是哉？子之迂也。'宰我㉛欲短丧，自谓期可已矣，子曰：'食夫稻，衣夫锦，于汝安乎？'曰：'安'。且今有士人于此，必不肯自谓学而力不足也，必不肯面质其师之迂也，必不肯自谓居丧而安于食稻衣锦也。彼三人皆孔子高弟，而其言如此者，以其出于至诚而已。"㉜

[八] 名黯，字直孺。

[九] 吕居仁㉝曰："当官处事，但务著实。如擦文书，追改日月，重易押字㉞，万一败露，得罪反重。亦非所以养诚心，事君不欺之道也。"㉟胡文定公谓吕安老㊱曰："执得定，不欺君，表里如一，此只是初学。镃基向上，尽有阶级地位，未应指此为已至也。"

[一〇] 又云："天地之道直而已。"㊲

[一一] 昔李潜君行，其子欲贯开封户籍取应，君行曰："汝虔州人，求事君而先欺君，可乎？宁迟缓数年，不可行也。"㊳郑侠介夫㊴中表有应举

不以实年⁴⁰者,介夫戒之曰:"方谋入仕,已有欺君之心,不可。"⁴¹前辈自闺门之训已然。刘元城曰:"天下诈伪之风甚矣。以某从少至老观之,诚实之风几乎一日衰于一日,一年衰于一年。方今夫妇、父子、兄弟之间犹相诮谀也,相欺诈也,况于君臣、朋友之间乎?且君臣、父子、夫妇、兄弟、朋友,只是一个道理,若一处坏即皆坏矣。此风大可畏,当其祸乱未作时,犹一切含糊,不见丑怪。万一有大祸乱,则君臣之间无所不至矣。"⁴²

[一二] 直言⁴³。

校　注

① 见《礼记·大学第四十二》。

② 见《二程遗书·二先生语六》《大易粹言·无妄》《游廌山集·师语三》《近思录·道体》《中庸辑略·第二十章第六节》。

③ 见《二程粹言·论学篇》。不欺暗室:在无人的地方也不做昧心事。暗室,幽暗无光的房间,特指人看不见的地方。

④ "刘元城问诚致力之要"句:见马永卿《元城语录》卷中:"某初见老先生求教,老先生曰:'诚。'某既归,三日思'诚'之一字,不得其门。因再见请问曰:'前日蒙教以诚,然某思之三日不得其说,不知从何门而入。'老先生曰:'从不妄语中入。'某自此不敢妄语。"

⑤ 山阳徐节孝:即徐积(1028—1103)。字仲车,楚州山阳(今江苏淮安)人。初从胡瑗学,宋英宗治平四年(1067)进士及第。曾任楚州教授、和州防御推官等。性至孝,卒,谥节孝处士。《宋史》卷459有传。

⑥ 安定胡先生:即胡瑗(993—1059)。字翼之,泰州海陵(今江苏泰州)人,学者称"安定先生"。官至太子中允、天章阁侍讲,太常博士致仕。"宋初三先生"之一。专意经学,任苏、湖二州教授二十余年,创苏湖

教学法。著有《周易口义》《洪范口义》等。《宋史》卷432有传。

⑦ 延平陈了翁：即陈瓘（1057—1122）。字莹中，号了翁，学者称"了斋先生"。北宋南剑州沙县（今属福建）人。元丰二年（1079）进士，历任太学博士、秘书省校书郎、右正言、左司谏等。绍兴中追谥忠肃。著有《尊尧集》《了斋易说》等。《宋史》卷345有传。

⑧ 见《三朝名臣言行录·节孝徐先生》引《安定行录》："积昔从安定先生学，先生晚畜二侍姬，诸弟子莫见。一日因延食中堂，二女子侍侧。食已，积请于安定曰：'门人或问见侍子否，何以告之？'安定曰：'莫安排。'积由是有得，此积之悟门也。"

⑨ 贾内翰：即贾黯（1022—1065）。字直孺，北宋邓州穰县（今河南邓州）人。庆历六年（1046）状元及第，曾任权知开封府、权御史中丞等职。卒，追赠尚书礼部侍郎。《宋史》卷302有传。

⑩ 范文正公：即范仲淹（989—1052）。字希文，苏州吴县（今江苏苏州市）人。宋真宗大中祥符八年（1015）进士。宋仁宗时官至枢密副使、参知政事。积极推行"庆历新政"。卒，赠兵部尚书，谥文正。《宋史》卷314有传。

⑪ 见邵伯温《邵氏闻见录》卷8："贾内翰黯以状元及第归邓州，范文正公为守，内翰谢文正曰：'某晚生，偶得科第，愿受教。'文正曰：'君不忧不显，惟"不欺"二字，可终身行之。'内翰拜其言不忘，每语人曰：'吾得于范文正者，平生用之不尽也。'"又见《仕学规范·行己》。

⑫ 邵雍此诗句有两见，一见其《伊川击壤集·推诚吟》："天虽不语人能语，心可欺时天可欺。"再见同书《首尾吟》："己之欲处人须欲，心可欺时天可欺。"

⑬ 避碍通于理：语出扬雄《法言·君子》："子未睹禹之行水与？一东一北，行之无碍也。君子之行，独无碍乎？如何直往也！水避碍则通于海，君子避碍则通于理。"

⑭ 不以证父攘羊为直:语出《论语·子路第十三》:"叶公语孔子曰:
'吾党有直躬者,其父攘羊,而子证之。'孔子曰:'吾党之直者异于
是。父为子隐,子为父隐,直在其中矣。'"

⑮ 娶同姓为知礼:语出《论语·述而第七》:"陈司败问:'昭公知礼
乎?'孔子对曰:'知礼。'孔子退,揖巫马期而进也,曰:'吾闻君子不
党,君子亦党乎? 君娶于吴,为同姓,谓之吴孟子。君而知礼,孰不
知礼?'"邢昺《疏》云:"鲁为周公之后,吴为泰伯之后,俱姬姓。
《礼》:同姓不婚。昭公娶于吴,谓之吴孟子。孔子作《春秋》,讳国
恶礼,以鲁人已知其非,因而不改,以顺时世。"

⑯ 五霸:即春秋五霸。有两说:一说指齐桓公、宋襄公、晋文公、秦穆公
和楚庄王,一说指齐桓公、晋文公、楚庄王、吴王阖闾、越王勾践。

⑰ 见《龟山集·余杭所闻》,文有节略。

⑱ 见苏轼《东坡志林·异事下·修身历》。

⑲ 见《邵氏闻见录》卷18。

⑳ 明道、景祐:宋仁宗年号。原作"景祐、明道",按江少虞《皇朝事实
类苑·改年号》:"仁宗即位,改元天圣,时章献明肃太后临朝称制,
议者谓撰号者取天字于文为二人,以为二圣人者,悦太后尔。至九
年改元明道,又以为明字于文日月并也,与二人旨同。无何以犯契
丹讳,明年遽改曰景祐。是时连岁天下大旱,改元诏意冀以迎和气
也。"明道(1032—1033)在前,景祐(1034—1037)在后,据以乙正。

㉑ 见《欧阳文忠公集·居士集·胡先生墓表》。

㉒ 嘉祐:北宋仁宗赵祯的第九个也是最后一个年号(1056—1063)。

㉓ 范忠宣:即范纯仁(1027—1101)。字尧夫,范仲淹次子。宋仁宗皇
祐元年(1049)进士。尝从胡瑗、孙复学。官至尚书右仆射兼中书侍
郎。卒,谥忠宣。《宋史》卷314有传。

㉔ 孙觉(1028—1090):字莘老,高邮(今属江苏)人。年轻时师从胡
瑗,后登进士第,官至御史中丞,以龙图阁学士兼侍讲、提举醴泉观

致仕。以《春秋》学著名,著有《春秋经解》等。《宋史》卷344有传。

㉕ 刘彝(1029—1091):字执中,福州(今属福建)人。宋庆历六年(1046)进士,从学胡瑗,善治水,官都水监丞、都官员外郎等。《宋史》卷334有传。

㉖ 顾临(1028—1099):字子敦,越州会稽(今浙江绍兴)人。通经学、兵学、水利,受业胡瑗之门。皇祐元年(1049)赐九经出身。历官国子监直讲、翰林学士、吏部侍郎兼侍读等,官至龙图阁学士。《宋史》卷344有传。

㉗ 钱公辅(1023—1074):字君倚,北宋武进(今属江苏)人。少师从胡瑗,登进士甲科,历官知制诰、天章阁待制、知江宁府等。《宋史》卷321有传。

㉘ 滕甫(1020—1090):字符发,初名甫,后改字为名,字达道。东阳(今属浙江)人。皇祐五年(1053)进士,历任御史中丞、翰林学士、知开封府等,官至龙图阁学士。卒,谥章敏。《宋史》卷332有传。

㉙ 冉求(前522—前489):亦称冉有、冉子。名求,字子有。春秋时鲁国人,孔子弟子。多才多艺,多谋善战,以政事著称。曾任鲁国执政者季孙氏的家臣。

㉚ 子路:即仲由(前542—前480)。字子路,又字季路。鲁国卞(今山东泗水)人。孔子著名弟子,孔门十哲之一。为人勇武豪爽,行事粗鲁,长期追随孔子,以擅长政事见称。

㉛ 宰我:即宰予(前522—前458)。姓宰,名予,字子我。春秋末鲁国人,孔门十哲之一。勤奋好学,富有主见,能言善辩,以"言语"著称。

㉜ 见《元城语录》卷中。按刘元城语中所言冉求、子路、宰我事,分见《论语·雍也第六》《论语·子路第十三》《论语·阳货第十七》。

㉝ 吕居仁:即吕本中(1084—1145)。字居仁,开封(今属河南)人,祖籍寿州(治今安徽凤台),学者称"东莱先生"。北宋元祐宰相吕公著之孙。曾从杨时、游酢游。绍兴六年(1136)赐进士出身,历任起

居舍人、中书舍人兼侍讲、权直学士院等。卒，谥文清。著有《紫微诗话》《童蒙训》。《宋史》卷376有传。

㉞ 押字：也叫花押。古人在公牍文移、信函契约等文书上"草书其名"作为确定为本人自书的凭据。因形体极花哨，故称花押。高承《事物纪原·花押》："古者书名，破真从草，取其便于书记，难于模仿。"洪迈《容斋五笔·柳应辰押字》："古人书名之草者，施于文记间以自别识耳。"

㉟ 见吕本中《官箴》、刘清之《戒子通录·童蒙训》、吕祖谦《东莱集·舍人官箴》、朱熹《小学集注·外篇》、吕祖谦《少仪外传》卷下。"擦文书"皆作"涂擦文书"。

㊱ 吕安老：即吕祉（1092—1137）。字安老，建州建阳（今福建建阳）人。历官刑部侍郎、吏部侍郎、兵部尚书等。《宋史》370有传。

㊲ 见《皇极经世书·观物外篇下》。

㊳ 李潜君行：即李潜，字君行。生卒年不详。虔州（今江西赣州）人。据吕本中《童蒙训》及邹浩《道乡集·举李潜自代状》，李潜学专《论语》《孟子》，曾任太学博士、校书郎、知蕲州，以朝奉郎、秘阁校理致仕。

㊴ 郑侠介夫：即郑侠（1041—1119）。字介夫，号一拂居士，又号大庆居士。北宋福州福清（今属福建）人。治平四年（1067）进士，调光州司法参军。素为王安石所重，但力反王安石新法。《宋史》卷321有传。下文叙其事见《三朝名臣言行录·丞相荆国王文公》引《郑介夫言行录》，又见郑侠《西塘集》附谢凤撰《西塘先生传》。

㊵ 实年：真实年龄。古代官方册籍登记年龄时加用"实"字，以别于减年或加年虚报的"官年"。洪迈《容斋四笔·实年官年》："士大夫叙官阀，有所谓'实年''官年'两说，前此未尝见于官文书。大抵布衣应举，必减岁数，盖少壮者欲借此为求昏地，不幸潦倒场屋，勉从特恩，则年未六十始许入仕，不得不豫为之图。至公卿任子，欲其早列

仕籍，或正在童孺，故率增抬庚甲，有至数岁者。"

㊶ 见《童蒙训》卷上、《小学集注·外篇善行第六·实明伦》："李君行先生自虔州入京，至泗州，其子弟请先往。君行问其故，曰：'科场近，欲先至京师，贯开封户籍取应。'君行不许，曰：'汝虔州人，而贯开封户籍，欲求事君而先欺君，可乎？宁缓数年，不可行也。'"又见吴曾《能改斋漫录·不许冒籍欺君》，"李君行"作"陈君行"。

㊷ 见《元城语录》卷中、《仕学规范·行己》。"夫妇、父子、兄弟"皆作"夫妇、兄弟、父母"。

㊸ 直言：此处原为四库馆臣按语："案：原本此下有'直言'二字，衍文。"按本条论"不欺者，修德之本"，所引言和事旨在论证"不欺"，即邵雍所谓"天地之道，直而已"。"直言"二字当是原书子注，即刘荀认为孔子所言是"直言"。今删四库馆臣按语，作子注复其旧。

四

寡欲者养心之本

孟子曰："养心莫善于寡欲,其为人也寡欲,虽有不存焉者,寡矣。"①濂溪周先生[一]曰："养心不止于寡欲而存耳,寡焉以至于无,无则诚立、明通。诚立,贤也;明通,圣也。"②又曰："'圣可学乎?'曰:'可。''有要乎?'曰:'一为要。一者,无欲也。无欲则静虚、动直,静虚则明,明则通。动直则公,公则溥。庶矣乎!'"[二]③伊川曰："亦不须道,闭目静坐为可以养心。"④又曰："欲寡则心自诚。"⑤又曰："只有所向便是欲。"[三]⑥吕原明⑦曰："养者,治也。寡者,少也。欲者,感物而动也。治心之道,莫善于少欲。少欲,则耳目之官不蔽于物,而心常宁。心常宁,则定而不乱,明而不暗,道之所自生,德之所自成也。不存焉者,梏亡之谓[四]。寡欲之人,操其心而存之,无有梏亡之患,故虽有不存焉者寡矣。其为人也多欲,则好动而无节,妄作而失常,善端所由丧,而天理亏焉,故虽有存焉者寡矣。是故心者,性之用也,可以成性,可以失性。得其养则道进而德长,所以成性;失其养则反道败德,所以失性[五]。善养心者,正其思而已。目欲纷丽之色,视思明,则色欲寡矣^[六]；耳欲郑卫之声，听思聪，则声欲寡矣^[七]；口欲天下之美味，思夏禹之菲饮食，则口欲寡矣；身欲天下之文绣，思文王之卑服，则身欲寡矣。寡欲如此而心不治者，未之有也。孔子曰：'操则存，舍则亡，出入无时，莫知其乡^⑧，惟心之谓欤？'^⑨甚哉！天下之难持者莫如心，天下之易染者莫如欲。伯益^⑩戒舜曰：'罔淫于乐。'召公^⑪戒武王曰：'玩人丧德，玩物丧志。'舜与武王犹且戒之。"^⑫

子　注

［一］名惇颐，字茂叔，世家舂陵濂溪，后居庐山，学者称濂溪先生，洛中二程师也。吕正献公荐其"操行清修，才术通敏，凡所临莅，皆有治声"^⑬。赵清献公亦累荐于朝^⑭，黄鲁直^⑮云："茂叔人品极高，胸中洒落，如光风霁月^⑯。好读书，雅意林壑，初不为人窘束世故。权舆仕籍^⑰，不卑小官，职思其忧。其为使者^⑱，进退官吏，得罪者赖以不冤。然短于取名而急于求志，薄于徼福而厚于得民，菲于奉身而燕及惸独^⑲，陋于希世而尚友千古。"^⑳赵阅道赠诗曰："心似冰轮浸玉渊，节如金井冽寒泉。"^㉑东坡《濂溪诗》云："先生本全德，廉退乃一隅。因抛彭泽米^㉒，偶似西山夫^㉓。遂即世所知，以为溪之呼。先生岂我辈，造物乃其徒。"^㉔东坡敬仰濂溪至矣，而与伊川则终身不相知也。熙宁六年卒。

［二］又云："天地至公而已矣。"^㉕伊川谓："公，仁之理也。公则物我兼照，故仁所以能恕，所以能爱。"^㉖

［三］问："凡运用处是心不？"伊川曰："是意。有心而后有意。"^㉗

［四］孙宣公奭^㉘《孟子正义》曰："梏，手械也。利欲之制善，使不得为，犹梏之制手也。"^㉙

［五］谓人性本善，反道败德，则失其固然矣。

［六］胡衡麓曰："思明者，期见远而不昏于乱色也。"

［七］胡衡麓曰："思聪者，必听德而不惑于邪声也。"

校　注

① 见《孟子·尽心章句下》。

② 见《周元公集·养心亭说》《近思录·省察》。"不止于寡欲"皆作"不止于寡"。

③ 见《周元公集·通书·圣学第二十》《和靖集·圣学》《近思录·存养》，文有节略。

④ 见《二程遗书·附东见录后》《二程粹言·心性篇》。

⑤ 见《二程遗书·元丰己未吕与叔东见二先生语》。"欲寡"作"寡欲"。

⑥ 见《二程遗书·入关语录》。

⑦ 吕原明：即吕希哲(1039—约1116)。字原明，吕公著长子。早年师事孙复、石介、胡瑗，后从程颢、程颐、张载游，学者称"荥阳先生"。以荫入仕，历任兵部员外郎、崇政殿说书、右司谏等，官至直秘阁。著有《吕氏杂记》。《宋史》卷336有传。

⑧ 乡：通"向"，方向。

⑨ 见《孟子·告子章句上》。

⑩ 伯益：一作伯翳、柏翳。黄帝六世孙。舜时东夷部落首领，受舜赐姓嬴。相传助禹治水有功，禹受舜禅位后，被任命为执政官，总理朝政。下文引其语见《尚书·大禹谟》。

⑪ 召(shào)公：姓姬名奭，周武王大臣。因封地在召，故称召公或召伯。辅助周武王灭商后，又被封于北燕。成王年幼即位，与周公旦共同辅政，分陕(今河南三门峡市陕州区)而治，陕以东归周公旦管

理,陕以西归召公管理。下文引其语见《尚书·旅獒》。

⑫ 见《论孟精义·孟子精义·尽心章句下》,文有节略。

⑬ 见《周元公集·遗事》:"吕正献公公著在侍从,力荐先生,其词云:'臣伏见尚书虞部员外郎、通判永州军事周惇颐,操行清修,才术通敏,凡所临莅,皆有治声。臣今保举,堪充刑狱钱谷繁难任使。如蒙朝廷擢用,后犯正入己赃,臣甘当同罪。其人与臣不是亲戚。谨具状奏闻。伏候敕旨。'"

⑭ 赵清献公:即赵抃(1008—1084)。字阅道,号知非子。衢州西安(今浙江衢县)人。景祐元年(1034)进士。初授武安军节度使推官,累官殿中侍御史,号称"铁面御史"。神宗时任参知政事,与王安石政见不同,再知成都。卒,谥清献。《宋史》卷316有传。

⑮ 黄鲁直:即黄庭坚(1045—1105)。字鲁直,自号山谷道人,又号涪翁。洪州分宁(今江西修水)人。治平四年(1067)进士。历任叶县尉、国子监教授、校书郎、著作佐郎、秘书丞。与张耒、晁补之、秦观合称"苏门四学士",为江西诗派开山鼻祖。《宋史》卷444有传。

⑯ 光风霁月:形容雨过天晴时万物明净的景象,比喻人品高洁,胸襟开阔。光风,雨后初晴时的风;霁,雨雪停止。

⑰ 权舆仕籍:初登仕途。权舆,起始;仕籍,记载官员名籍的簿册。

⑱ 使者:受命出使之人。

⑲ 惸(qióng)独:孤苦无依靠的人。无兄弟谓惸,无子孙谓独。

⑳ 见黄庭坚《豫章黄先生文集·濂溪诗》《宋文鉴·濂溪诗》,文有节略。"赖以不冤"皆作"自以不冤";"急于求志"皆作"惠于求志";"燕及惸独"皆作"燕及茕嫠"。

㉑ 按《周元公集·赠茂叔太博》题下注此诗为潘兴嗣所作。全诗为:"心似冰轮浸玉渊,节如金井冽寒泉。每怀颜子能晞圣,犹笑梅真只隐仙。仕傥遇时宁枉道,贫而能乐岂非贤?区区世路求难得,试往沧浪问钓船。"林骃《新笺决科古今源流至论·太极图》云为"赵阅

道赠周茂叔诗"。

㉒ 彭泽米:语出《晋书·陶潜传》。陶渊明为彭泽县令,不愿伺候势利小人,言"吾不能为五斗米折腰,拳拳事乡里小人邪"！遂解县令印,赋《归去来辞》,归隐田园。后以"彭泽米"代指官俸。

㉓ 西山夫:"西山饿夫"的省称,代指伯夷、叔齐。《史记·伯夷列传》载:周武王灭商,天下归周,伯夷、叔齐耻之,义不食周粟,隐居首阳山,采薇而食,最终饿死山中。后以"西山饿夫"为伯夷、叔齐的代称,也用来比喻忠义守节之人。

㉔ 见苏轼《苏文忠公全集·东坡集·故周茂叔先生濂溪》《宋文鉴·故周茂叔先生濂溪》。全诗为:"世俗眩名实,至人疑有无。怒移水中蟹,爱及屋上乌。坐令此溪水,名与先生俱。先生本全德,廉退乃一隅。因抛彭泽米,偶似西山夫。遂即世所知,以为溪之呼。先生岂我辈,造物乃其徒。应同柳州柳,聊使愚溪愚。"

㉕ 见《周元公集·通书·公第三十七》。

㉖ 见《二程遗书·入关语录》,文有节略。

㉗ 见《二程遗书·伊川语录》,文有节略。按此为程颐与邵伯温、唐棣三人问答,原文为:"伯温又问:'孟子言心、性、天,只是一理否?'曰:'然。自理言之谓之天,自禀受言之谓之性,自存诸人言之谓之心。'又问:'凡运用处是心否?'曰:'是意也。'棣问:'意是心之所发否?'曰:'有心而后有意。'"

㉘ 孙宣公奭:即孙奭(962—1033)。字宗古,博州博平(今山东茌平西)人,后徙居郓州须城(今山东东平)。端拱二年(989年)九经及第,历任国子监直讲、判太常礼院、工部郎中、龙图阁待制等职。仁宗即位,累官至兵部侍郎、龙图阁学士。以太子少傅致仕。著有《孟子音义》《孟子正义》。《宋史》卷431有传。

㉙ 见赵岐注、孙奭疏《孟子注疏·告子章句上》。

五

敬者为礼之本

子曰："安上治民，莫善于礼。礼者，敬而已矣。"① 又曰："为礼不敬，吾何以观之哉？"② 胡衡麓曰："敬为礼之实，不敬则威仪俯仰与俳优③之戏者何殊？辞受取舍与市道之交者奚辨？故三千三百之制④，必斋必庄，必恭必肃，为礼以敬为本故也。" 范太史[一]⑤谓："凡礼之体主敬。敬者，礼之所以立也。"⑥ 何谓礼？濂溪曰："礼，理也；乐，和也。阴阳理而后和。君君臣臣、父父子子、兄兄弟弟、夫夫妇妇，万物各得其理然后和，故礼先而乐后。"⑦ 伊川先生曰："推本而言，礼只是一个序，乐只是一个和。"[二]⑧ 温公谓："礼，纪纲是也。夫辨贵贱，序亲疏，裁群物，制庶事，非名不著，非器不形，名以命之，器以别之，然后上下粲然有伦，此礼之大经也。"⑨ 胡衡麓又曰："礼者制心之防范。其文采威仪，足以固人肌肤之会、筋骸之束，其秩叙等衰，足以杜人陵犯之态、逾越之行。"[三] 何谓敬？伊川曰："主一之谓敬，无适之谓一。整齐严肃，则心便一。"⑩ 尹和靖曰："只收敛身心，便是主一。如入神祠，致敬时，其心收敛，著不得一毫发事，非主一而何？"[四]⑪《曲礼》首言"毋不敬"⑫，而夫子亦曰："执事敬，虽之夷狄不可弃也。"⑬伊川谓："君子之遇事，无巨细，一于敬而已矣。"⑭又知不独指为礼而言也[五]。子路问君子，子曰："修己以敬。"曰："如斯而已乎？"[六]曰："修己以安人。"又曰："修己以安百姓。"⑮胡衡麓谓："安人、安百姓，乃修己以敬之效尔。"[七]横渠以礼教学者，使先有所据守⑯。伊川以敬为入德之门⑰，又曰"涵养须用敬"⑱，明道谓"敬则诚"⑲，张横浦尝语余云："敬之一字，乃克己私之利刃子⑳"。

子 注

[一] 名祖禹，字淳甫，成都华阳人。

[二] 又曰："天下无一物无礼乐。且如置两只椅子，才不正便是无序，无序便乖，乖便不和。"㉑又曰："盗贼至所谓不道者，然亦有礼乐。盖必有总属，必相听顺，乃能为盗，不然叛乱无统，不能一日相聚而为盗也。礼乐无处无之，学者须要识得。"㉒横渠谓："礼本天之自然。"㉓

[三] 绝灭礼法，以放旷为达者，此老庄之学也。西晋玄虚之风，盖由祖尚老庄所致尔。胡衡麓曰："老庄之学，见周末文胜，人皆从事于仪物度数，不复有诚信为之主，故欲扫除弊迹，以趋乎本真，而矫枉太过，言言有失，玄虚幽眇，不切事情，遂使末流遗略礼法，忽弃实德，浮游波荡。其为世害，更甚于文之灭质。"㉔

[四] 或问："敬莫是静否？"伊川曰："才说静，便入于释氏之说也。便是忘也。"㉕《近思录》记伊川每见人静坐，便叹其善学㉖又当致思焉。

［五］胡衡麓论云："曰荒，曰怠，曰豫㉗，曰纵，曰傲，曰慢，曰戏，曰侮，皆敬之反也。曰慎，曰戒，曰儆，曰畏，曰恭，曰祗，曰寅㉘，曰肃，皆敬之发也。"伊川曰："今学者敬而不安者，亦是太㉙以敬来做事得重。此'恭而无礼则劳'也。礼是自然底道理，只恭而不为自然底道理，故不自在也。须是恭而安。今容貌必端，言语必正者，非是独善其身，要人道如何，只是天理合如此，本无私意，只是个循理而已。"㉚明道亦云："执事须是敬，然不可矜持太过。"㉛

［六］此五字宜玩味。

［七］或问"敬义何别"，伊川曰："敬只是持己之道。若只守一个敬，不知集义，却是都无事也。且如欲为孝，不成只守著一个孝字？须是知所以为孝之道，所以侍奉当如何，温清㉜当如何，然后尽孝道也。"㉝因记杨龟山答学者诚意问云："自修身至于平天下，莫不有道焉，而皆以诚意为主。苟无诚意，虽有其道，不能行也。若谓意诚心正便足以平天下，则先王之典章文物皆虚器也。"㉞

校　注

① 见《孝经·广要道章第十五》。

② 见《论语·八佾第三》，文有节略。

③ 俳优：古代以舞乐杂戏为业的人。

④ 三千三百之制：周代的礼仪制度。后用来代指治国理政必须遵循的重大礼仪和日常生活中必须遵行的具体礼仪。《礼记·礼器第十》："礼有大有小，有显有微，大者不可损，小者不可益，显者不可揜，微者不可大也。故经礼三百，曲礼三千，其致一也。"唐孔颖达《疏》云："'经礼三百，曲礼三千'者，既设礼，大小随于万体，不可不备，故周公制礼，遂有三千三百之多也。"又《礼记·中庸第三十一》："优优大哉，礼仪三百，威仪三千。"孔颖达《疏》云："'礼仪三百'，

《周礼》有三百六十官，言三百者，举其成数耳。'威仪三千'者，即《仪礼》行事之威仪。《仪礼》虽十七篇，其中事有三千。"

⑤ 范太史：即范祖禹（1041—1098）。字淳甫，一字梦得，北宋成都府华阳（治今四川成都）人。吕公著女婿。宋仁宗嘉祐八年（1063）进士。熙宁三年（1070）从司马光编修《资治通鉴》。哲宗时历任礼部侍郎、翰林学士等职，以龙图阁学士知陕州。后被指修《神宗实录》诋诬先帝，累被贬谪，死于贬所。《宋史》卷337有传。

⑥ 见《论孟精义·论语精义·学而第一》、朱熹《四书章句集注·论语·学而第一》，文有节略。

⑦ 见《周元公集·晦庵文集并语录问答》，文有节略。

⑧ 见《二程遗书·刘元承手编》。

⑨ 见司马光《资治通鉴·周纪一·威烈王二十三年》"臣光曰"，文有节略。

⑩ 见《二程遗书·入关语录》《近思录·存养》，文有节略。按此语本不相连，为独立的两条，分别为："所谓敬者，主一之谓敬。所谓一者，无适之谓一。" "一者，无他，只是整齐严肃，则心便一。"

⑪ 见《和靖集·师说下》《二程外书·和靖语录》。原文为："祁宽问：'如何是主一，愿先生善谕。'公言：'敬有甚形影？只收敛身心便是主一。且如人到神祠中，致敬时，其心收敛，更不得毫发事，非主一而何？'"

⑫ 《曲礼》首言"毋不敬"：见《礼记·曲礼上第一》。《曲礼》为古书名，或说是《仪礼》别名；《礼记》因开篇即引之，故又用作篇名。

⑬ 见《论语·子路第十三》："居处恭，执事敬，与人忠，虽之夷狄不可弃也。"

⑭ 见《二程遗书·游定夫所录》《论孟精义·论语精义·子路第十三》《和靖集·壁帖》《游鹰山集·师语一》。

⑮ 见《论语·宪问第十四》："子路问君子，子曰：'修己以敬。'曰：'如

斯而已乎?'曰:'修己以安人。'曰:'如斯而已乎?'曰:'修己以安百姓。修己以安百姓,尧舜其犹病诸。'"

⑯ 横渠以礼教学者,使先有所据守:见《张子语录·后录上·遗事》《伊洛渊源录·横渠先生遗事》《近思录·教人》:"子厚以礼教学者最善,使学者先有所据守。"

⑰ 伊川以敬为入德之门:见朱熹《四书或问·孟子或问第三》:"程子之学,以敬为入德之门。"

⑱ 见《二程遗书·刘元承手编》《近思录·论学》《四书或问·大学或问》。

⑲ 见《二程遗书·师训》《中庸辑略·第二十章第六节》:"诚者天之道,敬者人事之本。敬者用也。敬则诚。"

⑳ 利刃子:"子",武英殿聚珍版丛书本同,畿辅丛书本、丛书集成初编本作"乎"。

㉑ 见《二程遗书·刘元承手编》。

㉒ 见《二程遗书·刘元承手编》。

㉓ 见《张子全书·经学理窟·礼乐》。

㉔ 见胡寅《致堂读史管见·晋纪·惠帝七年》。

㉕ 见《二程遗书·刘元承手编》,文有节略。

㉖ 见《近思录·存养》。按《近思录》所引见《二程外书·和靖语录》,为程颢答谢良佐语。原文为:"谢显道从明道先生于扶沟。明道一日谓之曰:'尔辈在此相从,只是学颢言语,故其学心口不相应,盍若行之?'请问焉。曰:'且静坐。伊川每见人静坐,便叹其善学。'"

㉗ 豫:逸乐。

㉘ 寅:敬。《尔雅·释诂》:"寅,敬也。"

㉙ 太:原作"大",据畿辅丛书本、丛书集成初编本、《二程遗书》《近思录》改。

㉚ 见《二程遗书·元丰己未吕与叔东见二先生语》《近思录·存养》,

文有节略。

㉛ 见《论孟精义·论语精义·子路第十三》。又见《二程遗书·谢显道记忆平日语》。"然不可"皆作"又不可"。

㉜ 温清:《礼记》规定的子女事奉父母的礼节。《礼记·曲礼上》:"凡为人子之礼,冬温而夏清,昏定而晨省。"孔颖达《礼记正义》:"人子事亲奉养之礼……冬温夏清,是四时之法。"清(qìng),寒,凉。一年之中,夏暑冬寒,最难度过,子女应使父母冬天觉得温暖,夏天觉得凉爽。

㉝ 见《二程遗书·刘元承手编》《论孟精义·孟子精义·公孙丑章句上》《近思录·论学》,文有节略。

㉞ 见《龟山集·答学者·其一》《中庸辑略·第二十章第三节》,文有节略。

六
勤者修业之本

《易》曰："天行健,君子以自强不息。"①伊川谓:"法天行之健也。"②吕与叔谓:"天之诚,行健而已。人之诚,自强不息而已。"③又曰:"天之所以为天,不已其命而已。圣人之所以为圣,不已其德而已。"④夫大禹惜寸阴⑤,成汤坐以待旦⑥,文王自朝至于日中昃不遑暇食⑦,召公告武王夙夜罔或不勤⑧,成王戒卿士业广惟勤⑨,子张、仲由问政,夫子皆诲之以无倦⑩,圣人莫不以自暇自逸为戒也。刘元城曰:"学者所守要道,只'勤'一字尽矣。能勤,则邪僻无自而生,才有间断,便不可谓勤。"[一]⑪胡安定与孙泰山[二]、石徂徕三先生读书泰山中,攻苦食淡,终夜不寝,一坐十年不归。[三]⑫邵康节始学于百源,坚苦刻厉,冬不炉,夏不扇,夜不就席者数年⑬。富郑公未第时,读书夜枕圆枕,庶睡不能久。欲有所思,冬以冰雪、夏以新水⑭沃面,其勤如此⑮。王荆公[四]举进士甲科⑯,为州金判⑰,每读书达旦,略假寝,日已高,亟上府,多不及盥漱⑱,常云:"学者当知其难而自强不息。"⑲故自天子至于庶人,进德修业,若存若亡,而能成者,未之有也。虽然秦始皇衡石程书^⑳，隋文帝卫士传餐^㉑，苏秦引锥刺股^㉒，非不勤也，而不免于丧邦杀身者，又不可不求其故也。尹和靖云："学者知笃志力行矣^㉓，而不取正于有道者，未免有差。如杨、墨^㉔学仁义，其流至于无君无父。"^㉕安定胡先生授学者必以经，非治身、正家、致君、庇民之术，一切不以诲之。主湖学也，置治事斋，学者欲明治道者，讲之于中。如治民、治兵、水利、算数之类^{[五]㉖}。胡衡麓尝语余曰："若不通经，谓能断得古今世之治乱，事之得失，人之贤否，及能立身行己者，吾不信也。纵其间或有是者，亦偶然尔。"或问谢上蔡以讲论经典二三说者当何从，谢答曰："用得即是。验之于心而安，体之于身而可行，斯是矣。如求之或过于幽深，证之或出于穿凿，徒将破碎大体，不见圣贤之用心，宜无取焉。"^㉗吴传正^㉘语吕正献公云："毋弊其神于蹇浅。"^㉙皆学者所宜知^㉚。

子 注

[一] 是亦不息之义。

[二] 名复，字明复。晋州平阳人。复居泰山，学《春秋》，著《尊王发微》，学者称"泰山先生"。富郑公^㉛、范文正公荐其道德经术宜在朝廷，赵康靖^㉜诸公共荐行为世法，经为人师，不宜弃之远方。齐鲁学者多宗之，故号为"东学"。欧阳文忠公谓："先生治《春秋》不惑传注，不为曲说以乱经，其言简易，明于诸侯大夫功罪，以考时之盛衰，而推见王道之治乱，得于经旨本义为多。"^㉝嘉祐二年卒。

[三] 东学之倡自孙、石二先生始。欧阳文忠公谓："孙明复居泰山之阳，

鲁多学者，其尤贤而有道者石介，自介而下皆以弟子事之。孔道辅^㉞为人刚直严重，不妄与^㉟人，闻先生之风，就见之。介执杖屡侍左右，先生坐则立，升降拜则扶之，及其往谢也亦然。鲁人既素重此二人，由是始识师弟子之礼，莫不嗟叹。"^㊱祖无择^㊲、姜潜^㊳、龚鼎臣^㊴、张洞^㊵、刘牧^㊶、李缊^㊷，皆其门人也。王沂公^㊸、李文定公^㊹、范文正公、士建中^㊺、贾同^㊻，皆其师友也。先忠肃公^㊼实师事龚、姜云。

［四］名安石，字介甫，抚州临川人。后居金陵，著《新经》《字说》，诏以其书立之于学。熙丰已来，其学盛行，世谓之"临川学"，又曰"新学"。吕惠卿^㊽、蔡京^㊾、蔡卞^㊿、林希⁵¹、蹇序辰⁵²、杨畏⁵³、蔡肇⁵⁴，皆门人之达者也。

［五］伊川曰："安定门人，往往知稽古爱民矣，则于为政也何有。"⁵⁵刘彝熙宁间召对，曰："圣人之道，有体、有用、有文。君臣父子、仁义礼乐，历世不可变者，其体也；诗书史传子集，垂法后世者，其文也；举而措之天下，能润泽其民、归于皇极者，其用也。国家累朝取士，不以体用为本，而尚其声律浮华之词，是以风俗偷薄。臣师瑗当宝元⁵⁶、明道之间，尤病其失，遂明体用之学，以授诸生。今学者明夫圣人体用，以为政教之本，皆臣师之功也。"⁵⁷吕原明曰："仁皇时，太学之法宽简。胡翼之初为直讲⁵⁸，有旨专掌一学之政。胡亦甄别人物，各因其所好，类序而别名之。故好尚经术者，好谈兵战者，好文艺者，好节义者，皆使之以类群居，相与讲习。召之，使论其所学，为定其理；或自出一义，使人皆以意对，为可否之；当时政事，俾之折衷，故人皆乐从而有成。今朝廷名臣，往往胡之徒也。"⁵⁹余因悟成就人材之道，不可拘以一法。苟随其才而教育之，焉得无成。朝廷之用人，学者之修业，皆当然也⁶⁰。朱元晦曰："秦汉已来，学问不博，儒者惟知章句训诂之为事，而不复知求圣人之意，以明夫性命道德之归。至于近世，先知先觉之士始发明之，则学者既有以知夫前

日之为陋矣。然或乃徒诵其言以为高，而又初不知深求其意，甚者遂至于脱略章句，陵籍⑥训诂，坐谈空妙，展转相迷，而其为患又有甚于前日之为陋者。呜呼！是岂古昔圣贤相传之本意，与夫近世先生君子之所望于后人者哉。"⑥

校 注

① 见《周易·乾》。

② 见程颐《伊川易传·周易上经上·乾》。

③ 见《论孟精义·孟子精义·尽心章句上》引"吕侍讲曰"。

④ 见《中庸辑略·第二十六章》。

⑤ 大禹惜寸阴：见皇甫谧《帝王世纪·夏》："伯禹……舜进之尧，尧命为司空，继鲧治水。乃劳身勤苦，不重径尺之璧，而爱日之寸阴。"《晋书·陶侃列传》：陶侃常语人曰："大禹圣者，乃惜寸阴，至于众人，当惜分阴。"

⑥ 成汤坐以待旦：见《尚书·太甲上》："王惟庸罔念，闻伊尹乃言曰：'先王昧爽丕显，坐以待旦，旁求俊彦，启迪后人，无越厥命以自覆。'"

⑦ 文王自朝至于日昃：见《尚书·无逸》："文王卑服，即康功田功，徽柔懿恭，怀保小民，惠鲜鳏寡，自朝至于日中昃，不遑暇食，用咸和万民。"

⑧ 召公告武王夙夜罔或不勤：见《尚书·旅獒》："惟克商，遂通道于九夷八蛮。西旅底贡厥獒，太保乃作《旅獒》，用训于王。曰：'……呜呼，夙夜罔或不勤。不矜细行，终累大德。'""武王"原作"成王"，《旅獒》乃召公对周武王的谈话记录，据改。

⑨ 成王戒卿士：见《尚书·周官》："戒尔卿士，功崇惟志，业广惟勤。惟克果断，乃罔后艰。"

⑩ 子张、仲由问政，夫子皆诲之以无倦：见《论语·颜渊第十二》："子张问政，子曰：'居之无倦，行之以忠。'"《论语·子路第十三》："子路问政，子曰：'先之劳之。'请益，曰：'无倦。'"子张，即颛孙师（前503—？）。颛孙氏，名师，字子张。春秋战国时期陈国（今河南淮阳）人，孔子著名弟子，孔门十二哲之一。仲由，即子路。

⑪ 刘元城此语当出自胡珵《南都道护录》。胡珵，字德辉，宋徽宗宣和三年（1121）进士及第，学于杨时、刘安世，录刘安世语编为《道护录》，又名《元城道护录》。该书今不传。《仕学规范·为学》引有《南都道护录》："胡珵问：'学者所守要道毕竟如何？'公曰：'寻常未尝与人言，既蒙下问，不敢不对。学者所守要道，亦只是一字，更无两字，只一'勤'字尽矣。学者能勤，则邪僻无自而生。中立门人有黄锾者亦见问，尝以是告之。'珵曰：'甚善，甚善。只为至诚无息，学者诚以为主，勤以行之，不亦善乎？'公曰：'诚是本，勤是末。求之不已谓之勤，才有间断，便不可谓勤也。'"黄震《黄氏日抄·读本朝诸儒书》摘录《元城道护录》云："学者所守要道，只一'勤'字，勤则邪僻无自而生，才有间断，便不可谓勤。"

⑫ 胡安定与孙泰山、石徂徕三先生读书泰山：见朱熹《五朝名臣言行录·安定胡先生》《仕学规范·为学》引《胡安定言行录》："侍讲布衣时，与孙明复、石守道同读书太山，攻苦食淡，终夜不寝，一坐十年不归。"

⑬ 邵康节始学于百源：见《二程文集·邵尧夫先生墓志铭》《伊洛渊源录·康节先生墓志铭》《三朝名臣言行录·康节邵先生》。百源，在今河南省辉县市西北苏门山中，又称百泉。

⑭ 新水：从井中刚汲取的冷水。

⑮ 富郑公未第时：见《邵氏闻见录》卷19："富公未第时，家于水北上阳门外，读书于水南天宫寺三学院，院有行者名宗颢，尝给事公左右……伯温尝就其院读书，宗颢每以富公为举子事相勉，曰：'公夜

枕圆枕，庶睡不能久。欲有所思，冬以冰雪，夏以冷水沃面，其勤苦如此。'"

⑯ "王荆公举进士甲科"至"盥漱"：见《邵氏闻见录》卷9："王荆公初及第，为金判，每读书至达旦，略假寐，日已高，急上府，多不及盥漱。"朱熹《三朝名臣言行录·丞相魏国韩忠献王》及《丞相荆国王文公》均有引用。进士甲科：宋代科举考试，凡赐进士及第、出身，习称中进士甲科；赐进士出身，习称中进士乙科；赐同进士出身，习称中进士丙科。根据不同甲次，授予不同官职。

⑰ 金判：或作"签判"，宋代签书节度判官厅公事的简称。为幕职官，掌裨赞郡政，诸案文移事务。高承《事物纪原·签判》："宋朝之制，诸州府幕官大藩镇以京朝官签署节度观察判官者曰签判，治平中，避英宗嫌名，改'署'曰'书'。"

⑱ 盥漱："盥"原作"与"，据丛书集成初编本及《邵氏闻见录》《三朝名臣言行录》改。

⑲ 见《论孟精义·论语精义·泰伯第八》。

⑳ 秦始皇衡石程书：见《史记·秦始皇本纪》："天下之事无小大皆决于上，上至以衡石量书，日夜有呈，不中呈不得休息。"

㉑ 隋文帝卫士传餐：见《旧唐书·太宗本纪下》："上谓房玄龄、萧瑀曰：'隋文何等主？'对曰：'克己复礼，勤劳思政。每一坐朝，或至日昃，五品已上，引之论事。宿卫之人，传餐而食。虽非性体仁明，亦励精之主也。'"

㉒ 苏秦引锥刺股：见《战国策·秦策一》："（苏秦）得太公阴符之谋，伏而诵之，简练以为揣摩。读书欲睡，引锥自刺其股，血流至足。"

㉓ 尹和靖云学者知笃志力行矣：此句下原有四库馆臣按语："案：尹和靖以下十二字原本误作注文，今改正。"今从其言，删其语。

㉔ 杨、墨：即杨朱（约前395—前335）和墨子（约前468—前376）。杨朱字子居，又字子取，秦国（或魏国）人，杨朱学派的开创者。墨子名

翟,鲁国(或宋国)人,墨家学派的创始人。墨子主张兼爱、无差等,杨朱主张为我"贵己"。孟子认为"杨氏为我,是无君也;墨氏兼爱,是无父也。无父无君,是禽兽也。"(《孟子·滕文公章句下》)

㉕ 而不取正于有道者,未免有差。如杨墨学仁义,其流至于无君无父:此句原在下文"或问上蔡先生讲论经典二三其说者当何从,谢答曰:'用得即是,验之于心而安,体之于身而可行,斯是矣。如求之或过于幽深,证之或出于穿凿"后。据朱熹《论孟精义·论语精义·学而第一》:"尹曰:'君子之学如此,可谓笃志力行者矣。然不取正于有道者,未免有差。如杨墨者学仁义而差者也,其流至于无父无君,谓之好学,可乎。'"《四书章句集注·论语·学而第一》:"尹氏曰:'君子之学,能是四者,可谓笃志力行者矣。然不取正于有道,未免有差。如杨墨学仁义而差者也,其流至于无父无君,谓之好学,可乎?'"知为错乱,今乙正。

㉖ "安定胡先生授学者"至"算数之类":见《二程遗书·元丰己未吕与叔东见二先生语》《近思录·教人》《五朝名臣言行录·安定胡先生》:"安定在湖州,置治道斋,学者有欲明治道者,讲之于中。如治兵、治民、水利、算数之类。"《翰苑新书前集·教授》据《胡安定言行录》,《小学集注·外篇》皆云学中设有"经义斋、治事斋"。

㉗ 徒将破碎大体,不见圣贤之用心,宜无取焉:此句原在上文"尹和靖云:学者知笃志力行矣"后,据后出之王恽《玉堂嘉话》卷5:"或问上蔡先生讲论经典二三其说者当何从,谢答曰:'用得即是,验之于心而安,体之于身而可行,斯是矣。如求之或过于幽深,证之或出于穿凿,徒将破碎大体,不见圣贤之用心,宜无取焉。'"知为错置,今乙正。

㉘ 吴传正:名安诗,字传正。北宋建州浦城(今属福建)人,神宗朝宰相王充长子。以荫补官,官至中书舍人。后坐罪屡遭贬谪,入元祐党籍。

㉙ 见《童蒙训》卷上、《三朝名臣言行录·丞相申国吕正献公》:"正献公为枢密副使,年六十余矣,尝问太仆寺丞吴公传正安诗己之所宜修,传正曰:'毋敝精神于蹇浅。'"

㉚ 皆学者所宜知:此句下原有四库馆臣按语:"案'不取正于有道者'以下,原本俱误作注文,今改正。"今从其改,删其语。

㉛ 富郑公:即富弼(1004—1083)。字彦国,河南府洛阳(今属河南)人。天圣八年(1030)举茂才异等,累官至同中书门下平章事。英宗时为枢密使,封郑国公。熙宁二年(1069)再拜为宰相。熙宁五年授司空、同平章事、武宁节度使致仕,进封韩国公。卒,谥文忠。《宋史》卷313有传。

㉜ 赵康靖:即赵概(996—1083)。字叔平,应天府虞城(今河南虞城)人。宋仁宗天圣五年(1027)进士,历任翰林学士、御史中丞、枢密使、参知政事、吏部尚书等。卒,谥康靖,赠太子少师。《宋史》卷318有传。

㉝ 欧阳文忠公谓:见《欧阳文忠公文集·居士集·孙明复先生墓志铭》。

㉞ 孔道辅(1086—1139):初名延鲁,字原鲁,大中祥符五年(1012)进士及第,改名道辅。兖州仙源(今山东曲阜)人,孔子四十五代孙。历任左正言、权御史中丞等职。《宋史》卷297有传。

㉟ 与:结交,亲附。

㊱ 见《欧阳文忠公集·居士集·孙明复先生墓志铭》,文有节略。

㊲ 祖无择(1010—1085):字择之,北宋上蔡(今属河南)人。少从孙复学经术,又从穆修学古文。宝元元年(1038)进士及第,历任提点淮南、广东刑狱,广南转运使,直集贤院,集贤院学士等。《宋史》卷331有传。

㊳ 姜潜(?—约1070):字至之,兖州奉符(今泰安市东南,宁阳县东北)人。从孙复学《春秋》。用田况举召试学士院,历任郓州教授、

国子直讲、韩王宫伴读等。刘荀曾祖刘挚曾从其问学。《宋史》卷485 有传。

㊴ 龚鼎臣（1010—1086）：字辅之，号东原，郓州须城（山东东平）人。景祐元年（1034）进士，后官至京东东路安抚使兼知青州，以正议大夫致仕。《宋史》卷347 有传。

㊵ 张洞：字明远，生卒年不详。任城人（今山东济宁市），进士及第。师从孙复习《春秋》，作论《春秋》文章十几篇，"黜三家之异同，而独会于经"。

㊶ 刘牧（1011—1064）：字先之，号长民，衢州西安（今属浙江）人。少年好学，举进士第，调饶州军事推官。师从范仲淹，又从孙复习《春秋》，从范谔昌学《易》。后历任知大名府、广南西路转运判官、荆湖北路转运判官等。著有《易解》《卦通德论》《先儒遗论九事》《钩隐图》等。《宋元学案》入《泰山学案》。

㊷ 李缊：字仲渊，生卒年不详。邛州（今成都邛崃）人。与姜潜同师孙复。进士及第，曾任兖州奉符县尉。《宋元学案》入《泰山学案》。

㊸ 王沂公：即王曾（977—1038）。字孝先，北宋青州益都（今山东青州）人。咸平五年（1002）状元及第，累官吏部侍郎，两拜参知政事。仁宗即位拜中书侍郎、同中书门下平章事，景祐元年（1034）为枢密使，次年拜右仆射兼门下侍郎平章事、集贤殿大学士，封沂国公。卒，谥文正。《宋史》卷310 有传。

㊹ 李文定公：即李迪（971—1047）。字复古，北宋濮州（旧治在今山东鄄城北）人。景德二年（1005）状元及第，累官参知政事、吏部侍郎等，官至同中书门下平章事、集贤殿大学士，以太子太傅致仕。卒，赠司空、侍中，谥文定。《宋史》卷310 有传。

㊺ 士建中（998—1058）：字熙道，号野老，郓州（今属山东）人。景祐元年（1034）进士，官至尚书兵部员外郎。通明经术，著有《道论》《原福》《原鬼》《随时解》等。《宋元学案》有《士刘诸儒学案》。

㊻ 贾同(约 970—约 1030):字希德,初名罔,字公疏,青州临淄(今属山东)人。大中祥符四年(1011)赐同进士出身,官至殿中丞、知棣州。卒,门人私谥存道先生。《宋史》卷 432 有传。

㊼ 先忠肃公:即刘挚(1030—1098)。刘荀曾祖。字莘老,永静军东光(今属河北)人,后徙居东平(今山东东平县)。嘉祐四年(1059)进士,官至尚书右仆射。为元祐党争中朔党领袖。后累遭贬,卒于贬所。宋高宗朝追谥"忠肃"。《宋史》卷 340 有传。

㊽ 吕惠卿(1032—1111):字吉甫,北宋泉州晋江(福建泉州)人。嘉祐二年(1057)进士。王安石变法,参与制订新法,官至参知政事。卒,谥文敏,赠开府仪同三司。《宋史》卷 471 有传。

㊾ 蔡京(1047—1126):字元长,兴化军仙游(今属福建)人。熙宁三年(1070)进士及第,官至尚书右仆射、太师。《宋史》卷 472 有传。

㊿ 蔡卞(1058—1117):字符度,北宋兴化军仙游(今属福建)人。蔡京弟,王安石婿。熙宁三年(1070)与蔡京同登进士第。官至知枢密院,加观文殿学士、检校少保。卒,谥文正。《宋史》卷 472 有传。

51 林希(1035—1101):字子中,号醒老,北宋福州府福清(今属福建)人。嘉祐二年(1057)进士,官至同知枢密院。卒谥文节,赠资政殿学士。《宋史》卷 343 有传。

52 蹇序辰(?—1103):字授之,北宋成都双流(今属四川)人。熙宁年间进士,官至礼部侍郎、翰林学士承旨。《宋史》卷 329 有传。

53 杨畏(1044—1112):字子安,北宋洛阳(今河南洛阳市)人。举进士,官至礼部侍郎。为人反复,时称"杨三变"。《宋史》卷 355 有传。

54 蔡肇(?—1119):字天启,北宋润州丹阳(今属江苏)人。元丰二年(1079)进士,官至礼部员外郎、中书舍人。从王安石学《华严经》,能文善歌诗。《宋史》卷 444 有传。

55 见《游廌山集·师语一》《二程遗书·通判游定夫所录》《近思录·

臣道》《小学集注·通判外篇》。

(56) 宝元：北宋仁宗赵祯的第四个年号(1038—1040)。

(57) 见《五朝名臣言行录·安定胡先生》，文有节略。

(58) 直讲：学官名。唐代设直讲，以佐博士、助教讲授经术。宋初国子监有讲书，太宗时改直讲，以京朝官充任。宋神宗元丰时改名太学博士。

(59) 见李廌《师友谈记》、《五朝名臣言行录·安定胡先生》。"类序而别名之"皆作"类聚而别居之"。按："召之，使论其所学，为定其理，或自出一义，使人皆以意对，为可否之，当时政事，俾之折衷，故人皆乐从而有成。今朝廷名臣，往往胡之徒也"，原在"求实用者，穷经之本"条子注[一]"胡衡麓曰：'后世学者从事于章句，耽玩于词藻，以为己，则无增益智思之力；为人，则无制世御俗之略，而所学遂为无用之具'"后，据上两书，此乃吕氏语，为错置，今乙正。

(60) "余因悟成就人材之道，不可拘以一法。苟随其才而教育之，焉得无成。朝廷之用人，学者之修业，皆当然也"原随上文错置在"求实用者，穷经之本"条子注[一]后，今随上文移此。

(61) 陵籍：欺凌糟蹋。

(62) 见《晦庵先生朱文公文集·中庸集解序》。"学问不博"作"圣学不传"；"不复知求"作"不知复求"；"又有甚于"作"反有甚于"。

七
求实用者穷经之本

　　孟子谓："穷则独善其身，达则兼善天下。"①自修身至平天下之道，皆实用也。孔子谓伯鱼曰："学诗乎？"对曰："未也。"曰："不学诗无以言。"又曰："学礼乎？"对曰："未也。""不学礼无以立。"②伊川曰："穷经，将以致用也。如'诵《诗》三百，授之以政不达，使于四方，不能专对，虽多亦奚以为'？今世之号为穷经者，果能达政、专对乎？则其所谓穷经者，章句之末耳，此学者之大患也。"[一]③明道谓："学须就事上学。"④邵康节曰："学以人事为大，今之经典，古之人事也。"⑤故其诗云："人之所学，本学人事。人事不修，无学何异。"[二]⑥郭兼山[三]曰："有用者是圣人之道，无用者非圣人之道。学可用于天下，方始是，若未可用，终未是。"尹和靖曰："大抵为学，贵乎有用而已。"[四]⑦伊川又曰："治经，实学也。如《中庸》一卷书，自至理便推之于事，如国家有《九经》⑧，凡历代圣人之迹莫非实学也。"⑨又曰："《六经》浩渺，乍来难尽晓，且见得路径后，各自立得个门庭⑩，归而求之可矣。"⑪又曰："学者先须读《语》《孟》。穷得《语》《孟》，自有要约处，以此观他经,甚省力。"^[五]⑫又曰:"学者不守文义,必须背失本意;一向去理会文义,又却滞泥不通。"⑬温公谓许奉世⑭云:"某自幼诵诸经,直取其目前可用者而从之。前贤高奇之论,皆如面墙。"⑮刘元城云:"多闻阙疑,愈于求合而强为之说也。"伊川谓:"读书当平其心,易其气,阙其疑,则圣人之意见矣。"⑯苏东坡云:"圣人之言,当以类成文而求其意,时学率以一字断,遇其不同,则异说生焉。"^[六]⑰凡此,皆先儒读书法也^[七]。《商书》曰:"非知之艰,行之维艰。"^[八]⑱温公又云:"光也闻诸师友曰:'学者贵于行之,而不贵于知之;贵于有用,而不贵于无用。'"^[九]⑲尹和靖又曰:"先生遗书,虽以讲解而传说,使穷其根源,谨其辞说,苟不践行,等为虚语。此先贤所以重讲解、慎言辞也。"⑳明道谓:"言而不行,是欺也。"㉑刘元城谓:"说得一丈不如行取一尺。"㉒邵康节亦云:"尚言者必入于利也,尚行者必入于义也。言之于口不若行之于身,行之于身不若尽之于心。"㉓有诗曰:"口头说得未必是,手里做成方是真。"㉔亦圣人不以言取人,听其言而观其行㉕之意也^[一○]。

子 注

[一] 胡衡麓曰:"后世学者从事于章句,耽玩于词藻,以为己,则无增益智思之力;为人,则无制世御俗之略,而所学遂为无用之具。"㉖又曰:"今读是经而不知经之宏意大旨,以见之行事,不若不读之为

愈也。"㉗

[二] 胡衡麓谓:"《易》书开示中正得失之理,表明吉凶悔吝之先,使人知所避就,词若隐微,皆指人事。不如是,则圣人岂固为玄谈以无益于世乎? 而学《易》者往往归《易》于虚无幽眇、不涉世用,而其所行则背义违理,以趋乎悔吝㉘之地,其失本于人自人、《易》自《易》,而不知《易》即人也。自何晏㉙、王弼㉚以老子、庄周之书释大《易》,王衍㉛等竞相慕效,专事清谈,糟粕五经,蔑弃敦实,风流波荡,晋随以亡。"㉜

[三] 名忠孝,字立之,自号兼山。河南人。

[四] 窃谓释氏以事理为障而除之,故出家独善而无其用,此与吾儒之学不同也。今吾儒徒知辟其教于事、理、用三者,反不致力验诸行事可见矣,此愚之所未喻也。胡衡麓曰:"学是道,必习是事。学仁,必习仁之事。"伊川谓:"吾道非如释氏,一见了便从空寂去。"㉝朱元晦谓余曰:"释氏只要认得这个精灵,便休歇去,而不求诸践履之实也。"㉞

[五] 胡衡麓令余且先看《孟子》,后问于张横浦,答云:"《论语》含蓄,未易经理会。虽至妙之理,只一两句便了。《孟子》须反复详说,初学读之,比之《论语》似易晓,然亦未易观。盖《孟子》多散漫,观者须把他散漫处去寻他浑成处看。"

[六] 胡衡麓曰:"一字有数意,贵知其指。"朱元晦语学者观书法云:"且当玩味大意,就自己分上著实体验,不须细碎计较一两字异同。学问之道无他,求之于心而已。此是前圣紧切为人处,就日用中下工夫,其余小小辨论,俟他日亦未晚。"㉟

[七] 读书者多失在此数端。

[八] 伊川曰:"《书》曰:'非知之艰,行之维艰。'此固是也,然知之亦自艰。譬如人欲往京师,必知是出那门,行那路,然后可往。如不知,虽有欲往之心,其将何之? 自古非无美材能力行者,鲜能明道,以此

可见知之亦难也。"㊱伊川之说非不贵行也，盖知之亦匪易，恐其行之有差，即孟子"不明乎善，不诚乎身"㊲之义，后学误认其意者多矣。夫以知之一字为众妙之门者，释氏之教也。

[九] 温公见末学徒务知而不力行，故有是训。与《书》"非知之艰"㊳，夫子谓"知之者不如好之、乐之"㊴，其义一也。大抵温公之学以践履立门庭，不贵于徒知之耳。张横浦谓："行则见于实效，知多止于说辞。"㊵此语深救末学之病。张敬夫云："秦汉以来，学者失其传，虽或有志于力行，而其知不明，莫适所依，以卒背于中庸。河南程子始以穷理居敬之方教人，又于致知力行有所循守，近岁学者皆失其指，汲汲求所谓知，而于躬行则忽焉。此特未知二者互相发之故也。"㊶胡文定谓："释氏但求见解，于用处全不究竟。"㊷学者亦可警矣。昔胡衡麓谓余为学之方曰："知、仁、勇，三者阙一不可。知则能分别，仁则能守得定，勇则能力行。"诚至论也。

[一〇] 窃谓欲知学问之所得，验诸行事方见。犹之论医，要以能愈疾为良也。杨龟山语游执中㊸云："常以昼验之于妻子，以观其行之笃与否也；夜考之梦寐，以卜其志之定与未也。"㊹陈了翁亦言："学者须常自试，以观己之力量进否。《易》曰：'或跃在渊，自试也。'此圣学也。"㊺东莱吕伯恭㊻谓："当于事事物物试验学力，若有窒碍龃龉㊼处，即深求病源所在而锄去之。"㊽又云："凡事有龃龉，必在我者有所未尽。此其形而彼其影也，于此观省，最为亲切。"㊾夫自"明四端、察五典"至"求实用"，凡七条，皆进德修业之要。

校　注

① 见《孟子·尽心章句上》。

② 见《论语·季氏第十六》，文有节略。伯鱼：孔子的儿子，名鲤，字伯鱼，年五十，先孔子死。

③ 见《二程遗书·游定夫所录》《游鹰山集·师语一》。"达政专对乎"皆作"达于政事、专对之间乎"。

④ 见《二程遗书·明道先生语》《近思录·臣道》《大易粹言·蛊》。"学须就事上学"皆作"须是就事上学"。

⑤ 见《皇极经世书·观物外篇下》。

⑥ 见《伊川击壤集·所学吟》。

⑦ 见《论孟精义·论语精义·子路第十三》。

⑧《九经》：九部儒家经典的合称。隋唐以《周礼》《仪礼》《礼记》《左传》《公羊传》《谷梁传》《易》《书》《诗》为九经。宋代以《易》《书》《诗》《左传》《礼记》《周礼》《孝经》《论语》《孟子》为九经。

⑨ 见《二程遗书·端伯传师说》《仕学规范·为学》，文有节略。

⑩ 门庭：门派，门径，方法。

⑪ 见《二程遗书·伊川杂录》《近思录·致知》。

⑫ 见《二程遗书·刘元承手编》《近思录·致知》。

⑬ 见《二程遗书·刘元承手编》《论孟精义·孟子精义·离娄章句下》《近思录·致知》。原文为："学者不泥文义者，又全背却远去；理会文义者，又滞泥不通。"

⑭ 许奉世：北宋怀州（今河南沁阳）人，生卒年不详，曾官泽州通判。

⑮ 见《温国文正公文集·答怀州许奉世秀才书》，文有节略。

⑯ 见《二程遗书·畅潜道录》《近思录·致知》、晁说之《晁氏客语》、《和靖集·壁帖》、《论孟精义·论孟精义纲领》、《四书章句集注·读论语孟子法》，文有节略。

⑰ 苏轼此语见于晚出王恽《玉堂嘉话》卷5："东坡先生云：'圣人之言，当以数句成文而求其意，若学者率以一字为断，遇其不同，则异说生焉。'"

⑱ 见《尚书·说命中第十三》。

⑲ 见《温国文正公文集·答孔文仲司户书》。

⑳ 见《和靖集·进论语状》,文有节略。

㉑ 见《二程遗书·二先生语六》《游鹰山集·师语三》。

㉒ 按刘元城所说为引古人名言,黄庭坚《山谷别集·与洪氏四甥书五》:"古人言:说得一丈不如行取一尺,说得一尺不如行取一寸。"林之奇《拙斋文集·寸斋记》亦云:"大德云:'说得一丈不如行取一尺,说得一尺不如行取一寸。'"

㉓ 见《皇极经世书·观物篇五十七》:"尚行者必入于义也,尚言者必入于利也。义利之相去,一何远之若是耶?是知言之于口不若行之于身,行之于身不若尽之于心。"

㉔ 见《伊川击壤集·毛头吟》:"谁剪毛头谢陆沉,生灵肌骨不胜侵。人间自有回天力,林下空多忧国心。日过中时忧未艾,月几望处患仍深。军中儒服吾家事,诸葛武侯何处寻。忧国心深为爱君,爱君须更重于身。口中讲得未必是,手里做成方始真。妄意动时难照物,俗情私处莫知人。厚诬天下凶之甚,多少英才在下尘。"

㉕ 见《论语·公冶长第五》:"子曰:'始吾于人也,听其言而信其行;今吾于人也,听其言而观其行。'"

㉖ 见《致堂读史管见·汉纪·献帝十五年》,文有节略。

㉗ 见《致堂读史管见·梁纪·武帝四年》。按"又曰:今读是经而不知经之宏意大旨,以见之行事,不若不读之为愈也",原在"勤者,修业之本"条"故好尚经术者、好谈兵战者、好文艺者、好节义者,皆使之以类群居,相与讲习"后,与"'召之,使论其所学,为定其理,或自出一义,使人皆以意对,为可否之,当时政事,俾之折衷,故人皆乐从而有成。今朝廷名臣,往往胡之徒也。'余因悟成就人材之道,不可拘以一法。苟随其才而教育之,焉得无成。朝廷之用人,学者之修业,皆当然也"互为错置。今乙正。

㉘ 悔吝:灾祸。

㉙ 何晏(约190—249):字平叔,南阳宛县(今河南南阳)人。汉大将军

何进之孙。魏晋玄学创始者之一。累官侍中、吏部尚书,后为司马懿所杀。

㉚ 王弼(226—249):字辅嗣,山阳(今河南焦作)人。官至尚书郎。魏晋玄学的代表人物,与何晏、夏侯玄等倡导玄学清谈。著有《周易注》《老子注》等。

㉛ 王衍(256—311):字夷甫,西晋琅琊临沂(今山东临沂)人。西晋玄学家,推重何晏、王弼,好清谈名理。曾任尚书令、司徒、司空太尉,封武陵侯。后被石勒俘杀。

㉜ 见《致堂读史管见·魏纪·邵陵厉公十二年》,文有节略。"悔吝之地"作"凶悔之地"。

㉝ 见《二程外书·震泽语录》《近思录·致知》。

㉞ 见《晦庵先生朱文公文集·答或人》:"无垢此言犹是禅学意思,只要想象认得此个精灵,而不求之践履之实。"

㉟ 朱熹此语不见他书。晚出王恽《玉堂嘉话》卷5载:"朱文公语学者观书法云:'且当玩味大意,就自己分上著实体验,不须细碎计较一两字异同。学问之道无他,求其放心而已。此是前圣紧切为人处,就日用中下工夫,其余小小辨论,俟他日亦未晚。'"

㊱ 见《二程遗书·刘元承手编》。

㊲ 见《孟子·离娄章句上》:"诚身有道,不明乎善,不诚其身矣。"

㊳ 见《尚书·说命》:"非知之艰,行之惟艰。"

㊴ 见《论语·雍也第六》:"子曰:'知之者不如好之者,好之者不如乐之者。'"

㊵ 见《尚书精义·说命中》引"无垢曰"。按此语当引自张九成所著《尚书详说》,此书久已不传。

㊶ 见《南轩集·论语说序》,文有节略。

㊷ 见《斐然集·先公行状》:"释氏虽有了心之说,然知其未了者,为其不先穷理,反以理为障,只求见解于作用处,全不究竟也。"

㊸ 游执中:即游复(约1038—1102)。字执中,福建建阳人。居乡以经学教生徒,其学以中庸为宗、诚意为主,游酢尝师从之。

㊹ 见《龟山集·游执中墓志铭》。

㊺ 见《童蒙训》卷上。

㊻ 东莱吕伯恭:即吕祖谦(1137—1181)。字伯恭,学者称"东莱先生"(或"小东莱先生",与其伯祖吕本中相区别),婺州(治今浙江金华)人。隆兴元年(1163)进士,复中博学宏词科。官至直秘阁、著作郎兼国史院编修。与朱熹、张栻为友,时称"东南三贤"。卒谥成。《宋史》卷434有传。

㊼ 龃龉:原指牙齿不齐。比喻意见不合,互相抵触,互相矛盾。

㊽ 见吕祖谦《东莱别集·与学者及诸弟》。

㊾ 见《东莱别集·与学者及诸弟》。

八
推己及物者治道之本

伊川曰："修身齐家以至平天下者，治之道也。建立纲纪，分正百职，顺天时以制事，至于创制立度，尽天下之务者，治之法也。"[一]① 孟子曰："老吾老以及人之老，幼吾幼以及人之幼，天下可运于掌。"②《诗》云："刑于寡妻，至于兄弟，以御于家邦。"③ 言举斯心加诸彼而已。[二]《大学》为治之道，不过乎"所恶于上，毋以使下；所恶于下，毋以事上"④。盖天下虽广，其理则一；兆民⑤虽众，其情则同。我所欲者，人亦欲之；我所恶者，人亦恶之。孟子论王道之要，亦不过举斯心推达充扩⑥尔。吕与叔谓："举斯心以加诸彼，推而放诸四海而准，无往而非斯心也。"⑦ 又《伐柯解》曰："治己治人之道，于己取之，不必睨视之劳，而自得于此矣。"⑧ 范太史谓："己欲安，故安人，己欲利，故利人。虽三王之治天下，不过是也。"⑨ 邵康节诗云："能推己心达人心，天下何忧不能治。"⑩ 伊川曰："恕者，入仁之门，为仁之方也。"⑪ 李吁问："临政惟用心于恕，何如？"伊川曰："恕，己所固有，不待求而后得。举此加彼，斯是矣，何用心之云。"⑫ 胡文定公谓："恕有差处,失于姑息。"胡衡麓曰:"凡言恕者,一断以尚宽从厚而已矣。"⑬是悦夫恕之名,而未尝味夫"己所不欲,勿施于人"之理也。姑以治狱喻之:杀人者死,一也;杀己之亲,使报足矣,又迁怒以及其宗。杀人之亲或使末减,又要阴报,曰:"死者已不幸,宁忍复为之戮人?"至乃蠲释之。假如人我易地,彼以此见施,吾其心服乎?斯人也,惟知有己,不知有人,此参彼己之要论。

子　注

[一]治法,即治之具也。学者苟明治道不达乎治法,其将何以寓道乎?欲致治也难矣。舍治道而恃法制,以把持天下,已非先王之政,况专任刑法、智力以持世,可乎?邵康节谓:"用公正则王,用智力则霸。"⑭

[二]老庄之教,则以虚无淡泊为宗。东坡谓:"其论君臣、父子、夫妇之间,泛泛乎若萍游于江湖而适相值者,商鞅⑮、韩非⑯得其所以轻天下齐万物之术,是以敢为残忍而无疑。"⑰大抵于所厚者薄则无所不薄,理势然也。伊川曰:"予夺翕张⑱,理所有也,而老子之言非也。予之之意,乃在乎夺之;张之之意,乃在乎翕之,权诈之术也。申、韩、苏、张⑲皆其流之敝也。"⑳吕东莱论"申韩之害流毒后世,虽明君贤臣皆陷溺而不能出,何也? 其令行禁止,奔走天下,乐其一时之快,而不暇顾他日之害,此其说所以盛行于世也"㉑。窃谓老子"予夺"之说,与管仲"知予之为取"㉒何异? 又类阴谋耳,因并记之。

校　注

① 见《程氏经说·尧典》《近思录·治体》。

② 见《孟子·梁惠王章句上》。

③ 见《诗经·思齐》。

④ 见《礼记·大学第四十二》："所恶于上，毋以使下，所恶于下，毋以事上，所恶于前，毋以先后，所恶于后，毋以从前，所恶于右，毋以交于左，所恶于左，毋以交于右，此之谓絜矩之道。"

⑤ 兆民：万民，百姓。

⑥ 推达充扩：语出《孟子·公孙丑章句上》："恻隐之心仁之端也，羞恶之心义之端也，辞让之心礼之端也，是非之心智之端也……凡有四端于我者，知皆扩而充之，若火之始然，泉之始达，苟能充之，足以保四海，苟不充之，不足以事父母。"

⑦ 见《礼记集说》卷152引"蓝田吕氏曰"。

⑧ 见《中庸辑略·第十三章》。又见《礼记集说》卷127。《伐柯》,《诗经》篇名。

⑨ 见《论孟精义·论语精义·卫灵公第十五》。"虽三王之治天下，不过是也"作"三王之治天下，惟恕而已矣"。

⑩ 见《伊川击壤集·天人吟》："知尽人情天岂异，未知何啻隔天地。少时气锐未更谙，不信人间有难事。知尽人情与天意，合而言之安有二。能推己心达人心，天下何忧不能治。"推己心："推"原作"持"。据改。

⑪ 伊川此语分见数处。"恕者，入仁之门"见《二程外书·罗氏本拾遗》、《论孟精义·孟子精义·尽心章句上》、《二程遗书·入关语录》、罗从彦《豫章文集·二程先生语录》。"恕者，为仁之方也"见《程氏经说·论语解·雍也》《论孟精义·论语精义·雍也第六》。

⑫ 见《二程粹言·论政篇》："李吁问：'临政无所用心，求于恕，何如？'子曰：'推此心行恕可也，用心求恕非也。恕，已所固有，不待求而后得，举此加彼而已。'"

⑬ 见《致堂读史管见·唐纪·代宗下十二年》："世之言恕者，宽厚哀矜而已矣。"

⑭ 见《皇极经世书·观物外篇下》。

⑮ 商鞅（约前390—前338）：姓公孙，史称卫鞅、公孙鞅。战国时法家代表人物。卫国国君后裔，后入秦，实行变法，因功受封于商邑，世称商鞅。《史记》卷68有传。

⑯ 韩非（约前280—前233）：战国晚期韩国（今河南新郑）人。出身韩国贵族，师事荀子，吸收道、儒、墨各家思想，主张"法、术、势"三者合一，是战国后期法家主要代表人物，与申不害并称"申韩"。

⑰ 见《苏文忠公全集·东坡应诏集·韩非论》，文有节略。"君臣、父子、夫妇之间"无"夫妇"二字。

⑱ 予夺翕张：语出《老子·三十六章》："将欲翕之，必故张之；将欲弱之，必故强之；将欲废之，必固兴之；将欲夺之，必固与之。是谓微明。"

⑲ 申、韩、苏、张：即申不害、韩非、苏秦、张仪。申不害（约前385—前337），亦称申子，郑国京县（今河南荥阳）人，法家重要创始人之一。曾为韩昭侯相，主张刑名，以"术"著称，与韩非并称"申韩"。《史记》卷63有传。苏秦（？—前284），字季子，东周洛阳（今河南洛阳）人，战国中期著名纵横家。早师事鬼谷子，后攻读《阴符》，提出合纵六国以抗秦的战略思想。《史记》卷69有传。张仪（？—前309），魏国大梁（今河南开封）人，魏国贵族后裔，战国时期著名纵横家，曾与苏秦俱学于鬼谷子，先后在秦、魏、楚三国为相，主张以连横破合纵。《史记》卷70有传。

⑳ 见《二程粹言·论道篇》。按原文本不相属，"申、韩、张、苏皆其流

之弊也"为另条。

㉑ 见《十先生奥论·续集·考古论·宣帝》、江贽《少微通鉴节要·汉纪·中宗孝宣皇帝下》，文有节略。

㉒ 知予之为取：见《管子·牧民第一·四顺》："政之所兴，在顺民心；政之所废，在逆民心。民恶忧劳，我佚乐之；民恶贫贱，我富贵之；民恶危坠，我存安之；民恶灭绝，我生育之。能佚乐之则民为之忧劳，能富贵之则民为之贫贱，能存安之则民为之危坠，能生育之则民为之灭绝。故刑罚不足以畏其意，杀戮不足以服其心。畏意服心，在于顺其所欲，不在刑罚杀戮。故刑罚繁而意不恐，则令不行矣。杀戮众而心不服，则上位危矣。故从其四欲，则远者自亲；行其四恶，则近者叛之。故知予之为取者，政之宝也。"

九
修身者齐家之本

　　《易》曰："父父、子子、兄兄、弟弟、夫夫、妇妇，而家道正。正家，而天下定矣。"[一]① 《大学》曰："身修而后家齐，家齐而后国治，国治而后天下平。自天子至于庶人，壹是皆以修身为本。"② 《中庸》曰："反身不诚，不顺乎亲矣。"③ 孟子曰："家之本在身。"④ 又曰："身不行，道不行于妻子。"⑤ 夫闺门之内，严过则伤恩，慈过则渎慢，故濂溪谓："家难而天下易，家亲而天下疏。"[二]⑥ 惟修身慎行，使之有所矜式而自化，则恩不伤而用力寡，故《家人·象》曰："君子以言有物而行有恒。"⑦ 武阳朱汉上[三]⑧ 谓："言行有法而家人化，卦终亦不过曰'反身'而已。"[四]⑨ 大抵正君御下，以至治国平天下，圣贤莫不以修身为先，慎独其要乎。

子　注

[一] 胡衡麓曰："子不敬承父事以伤其父心，父又不能抚字⑩其子而疾恶之；弟不思天伦明序以慢其兄，兄又不念同气⑪鞠养而憎弃之，一家如此，则一家溃败。天下如此，尚何人理之有？然后知尧舜之君、唐

虞之盛本于孝弟，决非虚语也。"

［二］又曰："家人睽⑫，必起于妇人。故睽次家人，以二女同居，而其志不同行也。"⑬唐张公艺⑭九世同居，高宗问其所以能睦族之道，公艺书"忍"字百余以进。其意以为宗族所以不协，由尊长衣食或有不均，卑幼礼节或有不备，更相责望，遂至乖争。苟能相与忍之，则家道雍睦矣。⑮味"忍"之一字，有以见包总之不易也。

［三］名震，字子发，学者称"汉上先生"。其学宗程氏，先大夫受其《易》学。

［四］上九，《象》曰："威如之吉，反身之谓也。"⑯伊川谓："威严不先行乎己，则人怨而不伏。"⑰威严即胡文定公"私事公事，一切苦森"⑱。

校　注

① 见《周易·家人》。

② 见《礼记·大学第四十二》。

③ 见《礼记·中庸第三十一》。"反身不诚"作"反诸身不诚"。

④ 见《孟子·离娄章句上》。

⑤ 见《孟子·尽心章句下》。

⑥ 见《周元公集·通书·家人睽复无妄第三十二》《近思录·治体》。

⑦ 见《周易·家人·象传》。

⑧ 武阳朱汉上：即朱震（1072—1138）。字子发，荆门军（今湖北荆门）人，一说邵武（今属福建）人。宋徽宗政和五年（1115）进士，官至翰林学士。早年师从谢良佐，精于《周易》《春秋》，著有《汉上易传》等。《宋史》卷435有传。

⑨ 见朱震《汉上易传·下经·家人》注解。

⑩ 抚字：抚养，养育。

⑪ 同气：有血统关系的亲属，多指同胞兄弟。

⑫ 睽:违离,不和。

⑬ 见《周元公集·通书·家人睽复无妄第三十二》《近思录·治体》。"家人睽"皆作"家人离"。

⑭ 张公艺(578—676):唐郓州寿张(今河南台前)人。历北齐、北周、隋、唐四代,以修身齐家、九代同居闻名于世。旧、新《唐书》之《孝友列传》均录其事。

⑮ "唐张公艺"至"家道雍睦矣":见《小学集注·外篇》,文有节略。又见司马光《家范·治家》。

⑯ 见《周易·大有》。

⑰ 见《伊川易传·周易下经上·家人》《论孟精义·孟子精义·尽心章句下》《近思录·家道》《大易粹言·家人》,文有节略。"不伏"皆作"不服"。

⑱ 见刘清之《戒子通录·胡文定》。

一〇

养心者事亲之本

　　曾子曰：“孝子之养老也，乐其心，不违其志，乐其耳目，安其寝处，以其饮食终养之。是故父母之所爱亦爱之，父母之所敬亦敬之，至于犬马尽然，而况于人乎？”①曾子养曾晳，必有酒肉。将彻，必请所与，问有余，必曰“有”。曾元养曾子，必有酒肉，将彻，不请所与，问有余，曰“亡矣，将以复进也”。夫曾子，养志者也，曾元，养口体者也。孟子谓：“事亲若曾子者可也。”②孔子曰：“啜菽，饮水，尽其欢，斯之谓孝。”③孟子曰：“不得乎亲不可以为人，不顺乎亲不可以为子。”④而《孝经》云：“父有争，子则身不陷于不义。故当不义，则子不可以弗争于父，从父之令，又焉得为孝乎？”⑤然父子主恩，非使之犯颜而逆谏。《礼》曰：“父母有过，下气怡色，柔声以谏。”⑥子曰“事父母几谏”，言谏于微，则过未著而其从易也；“见志不从，又敬不违”，言当起敬起孝[一]，不违几谏之初心，期终以感动之也；“劳而不怨”，言身履勤苦，自怨而慕，庶几亲心之回，不敢怨及父母也。⑦《礼》曰：“与其得罪于乡党州闾，宁熟谏。父母怒而挞之流血，不敢疾怨，起敬起孝。"⑧此养志之孝也。

子 注

［一］起,犹更也。

校 注

① 见《礼记·内则第十二》,文有节略。"终养"作"忠养"。

② "曾子养曾晳"至"若曾子者可也":见《孟子·离娄章句上》。

③ 孔子:原作"子路",按《礼记·檀弓下第四》:"子路曰:'伤哉,贫也。生无以为养,死无以为礼也。'孔子曰:'啜菽,饮水,尽其欢,斯之谓孝。敛手足形,还葬而无椁,称其财,斯之谓礼。'""子路"当为"孔子",据改。

④ 见《孟子·离娄章句上》。

⑤ 见《孝经·谏诤章第十五》,文有节略。

⑥ 见《礼记·内则第十二》。

⑦ "子曰"至"怨及父母也":见《论语·里仁第四》。

⑧ 见《礼记·内则第十二》,文有节略。按"起敬起孝"后原有四库馆臣按语"案:礼曰以下原本误作注文,今改正",今从其改,删其语。

一一

信者交友之本

　　《诗序》曰："自天子至于庶人，未有不须友以成者。"① 曾子曰："君子以友辅仁。"② 舜敷五教③，一曰朋友有信。子夏④曰："与朋友交，言而有信，虽曰未学，吾必谓之学矣。"⑤《大学》曰："与国人交止于信。"⑥ 则又不独为朋友言也，是故圣人以信易食⑦。胡衡麓谓："信，诚实是也。"伊川曰："诚则信矣，信则诚矣。"⑧ 杨龟山谓："一不信，则舟中之人尽为敌国，以事上则上疑，以交朋友则朋友疑，至于无往而不为人所疑，道何可行乎？"⑨ 若夫尾生期女子于桥下，水至不去，抱柱溺死⑩，非无信也，又须信近于义可也。

校　注

① 见《诗经·伐木》。

② 见《论语·颜渊第十二》："曾子曰：'君子以文会友，以友辅仁。'"

③ 五教：五种伦理道德。即父子有亲，君臣有义，夫妇有别，长幼有叙，朋友有信。《孟子·滕文公章句上》："人之有道也，饱食，暖衣，逸居而无教，则近于禽兽，圣人有忧之，使契为司徒，教以人伦，父子有

亲,君臣有义,夫妇有别,长幼有叙,朋友有信。"父义、母慈、兄友、弟恭、子孝也称五教。《尚书·舜典》:"慎徽五典,五典克从。"王肃注云:"五典:五常之教,父义、母慈、兄友、弟恭、子孝。"

④ 子夏(前507—?):卜氏,名商。春秋末晋国温(今河南温县西南)人。孔子弟子,孔门十哲之一。精通文学,相传《毛诗》《春秋公羊传》《春秋谷梁传》等经传是经他传授的,有《子夏易传》传世。

⑤ 见《论语·学而第一》。

⑥ 见《礼记·大学第四十二》:"为人君止于仁,为人臣止于敬,为人子止于孝,为人父止于慈,与国人交止于信。"

⑦ 圣人以信易食:见《论语·颜渊第十二》:"子贡问政。子曰:'足食,足兵,民信之矣。'子贡曰:'必不得已而去,于斯三者何先?'曰:'去兵。'子贡曰:'必不得已而去,于斯二者何先?'曰:'去食。自古皆有死,民无信不立。'"

⑧ 见《二程遗书·畅潜道录》《晁氏客语》。

⑨ 见《龟山集·余杭所闻一》《论孟精义·孟子精义·离娄章句上》,文有节略。

⑩ 见《庄子·盗跖第二十九》:"尾生与女子期于梁下,女子不来,水至不去,抱梁柱而死。"

一二

正君心者治国之本

鲁哀公①问政于孔子,孔子对曰:"政者,正也。君为政,则百姓从之矣。君之所为,百姓之所从也。君所不为,百姓何从?"②孟子曰:"人不足与适也,政不足与间也,惟大人为能格君心之非。君仁莫不仁,君义莫不义,君正莫不正,一正君而国定矣。"[一]③荀子曰:"君者,人之源也。源清则流清,源浊则流浊。"④明道云:"天下治乱系乎人君仁不仁耳。离是,而非则生于其心,必害于其政,岂待乎作之于外哉?昔者孟子三见齐王而不言事,门人疑之,孟子曰:'我先攻其邪心。'心正,则天下之事从而理也。夫政事之失,用人之非,智者能更之,直者能谏之,然非心存焉,则一事之失,救而正之,后之失者,将不胜救矣。格其非心,使无不正,非大人其孰能之?"⑤杨龟山曰:"孟子言:'人不足与适也,政不足与间也。惟大人为能格君心之非。'盖人与政俱不足道,则须使人君心术开悟,然后天下事可循序整顿。然格君心之非,须要大人之德。大人过人处,只是正己。正己,则上可以正君,下可以正人。今之贤者多尚权智,不以正己为先,纵得好时节,终是做不彻。或谓权智之人亦可以救时,据某所见,正不欲得如此人在人君左右,坏人君心术。"⑥又曰:"人臣事君,岂可佐以刑名之说？是使人主失仁心也。无仁心,则不足以得人。能使其君视民如伤,则王道行矣。"⑦又曰:"孟子与人君言,皆所以扩其善心而格其非,不止就事论事。如论齐王之爱牛,而曰'是心足以王';论王之好乐,而使之'与百姓同乐';论王之好货、好色、好勇,而陈周之先王之事。"⑧临卭计虞卿[二]⑨,西蜀大儒也,有云:"人主不宜有所好。故好征战,则孙武⑩、白起⑪之徒出,而民残于干戈矣;好刑名,则韩非、张汤⑫之徒出,而民苦于刻核⑬矣;好聚敛,则桑羊⑭、皇甫镈⑮之徒出,而民困于掊克矣;好顺从,则张禹⑯、胡广⑰之徒出,而民敝于夸大矣。"[三]⑱邵康节曰:"邪正之由,系乎上之所好也。上好德则民用正,上好佞则民用邪。邪正之由,有自来也。"⑲成王戒君陈⑳,亦曰:"违上所命,从厥攸好。"㉑言不从令而从其好也。范太史曰:"所用之人,所行之政,皆出于君心。人不足责,政不足非,此由臣不能正君。君心不正,是以如此。惟得大人,然后可以正君心,此非小人之所能也。"孟子云:"居仁由义,大人之事备矣。"㉒大人之事,正己而物正者也。居仁由义,先自治而后治人,先正己而物自正,故能正君。不正己,则不能正人,岂能正君?[四]昔司马温公论汉孝元㉓"优柔不断,谗佞用权,当时之大患也,而贡禹㉔不以为言。恭谨节俭,孝元素志,而禹孜孜言之，何哉"²⁵？又要在识其偏处之审尔。东坡论唐陆宣公²⁶云："德宗以苛刻为能，而谏之以忠厚；以猜疑为术，而劝之以推诚；好用兵，而以销兵为先；好聚财，而以散财为急。"²⁷若宣公，可谓善正其偏者也。

子　注

[一] 胡衡麓曰："莫难强如怠心，莫难制如欲心，莫难降如骄心，莫难平如怒心，莫难抑如忌心，莫难正如僻心，然皆放心也。大人格君心之非者，格此等也。'格'犹'捍'云尔。未至乎大人，而当大人之任，亦当勉焉。使君心常收而不放，则善日起，恶日销，治可立，安可保矣。"²⁸

[二] 名用章。

[三] 欧阳文忠公谓："鬼谷子²⁹驰说诸侯，必因其喜怒、哀乐、好恶而捭阖之，故天下诸侯无不在其术中者。惟不见其所好者，则不可得而说也。"³⁰苏秦、张仪得其学而为纵横。

[四] 张敬夫云："格之为言，感通至到也。《书》曰：'格于上帝。'盖君心之非，不可以气力胜，必也感通至到，而俾之自消靡焉，所谓格也。盖积其诚意，一动一静，一语一默，无非格之之道也。若心非未格，虽易其人才，更其政事，幸其见听而肯改易，他日之所用所行，亦未必是也。何者？其本源不正，不可胜救也。心非既格，则人才、政事将自日新矣。然而格君之业，非大人则不能。若在己之非犹有未之能克者，而将何以尽夫感通之道哉？后世论治者不过及于人才、政事而止矣，孰知其本在于君心？而又孰知格君之本乃在于吾身乎？'惟大人为能格君心之非'，孟子斯言，真万世不可得而易者也。"³¹

校　注

① 鲁哀公（？—前486）：名蒋，春秋时鲁定公之子。周敬王二十六年（前494）即位，共在位27年，卒谥哀。

② 见《礼记·哀公问第二十七》。"君为政，则百姓从之矣"作"君为正则百姓从政矣"。

③ 见《孟子·离娄章句上》。

④ 见《荀子·君道篇第十二》。

⑤ 见《近思录·君道》。"心正，则天下之事从而理也"作"心既正，然后天下之事可从而理也"。又见于《豫章文集·二程先生语录》《二程外书·罗氏本拾遗》《论孟精义·孟子精义·离娄章句上》，文后皆注为"尹川"。

⑥ 见《论孟精义·孟子精义·离娄章句上》。又见《龟山集·余杭所闻》，"不以正己"作"不把正己"。

⑦ 见《龟山集·荆州所闻》，文有节略。按："失仁心""无仁心"，"仁"字原皆作"人"，据《龟山集》改。

⑧ "孟子与人君言"至"先王之事"：见《论孟精义·孟子精义·梁惠王章句上》。又见《龟山集·荆州所闻》。"孟子论齐王爱牛"见《孟子·梁惠王章句上》。"论齐王好乐、好货、好色、好勇"见《孟子·梁惠王章句下》。

⑨ 计虞卿：生卒年不详。真宗天禧年间（1017—1021）进士及第，历任秘书丞、延州通判、知龚州，官至都官员外郎。以博学称，尤精《左氏春秋》。

⑩ 孙武：字长卿，春秋时期齐国乐安（今山东广饶）人。中国古代著名军事家，著《孙子兵法》13篇，被誉为"兵学圣典"。后人尊称其为孙子、孙武子、兵圣、东方兵学鼻祖。

⑪ 白起（？—前257）：又名公孙起，战国时秦国郿县（今陕西眉县）人。

好武善用兵，与王翦、廉颇、李牧并称战国四大名将。《史记》卷73有传。

⑫ 张汤(？—前115)：西汉杜陵(今陕西西安东南)人。官至廷尉、御史大夫。喜法律，用法以严苛著称，为官清廉俭朴，既以酷吏著名，亦是廉吏典范。《史记》卷122有传。

⑬ 刻核：苛刻。

⑭ 桑羊：即桑弘羊(前152—前80)。西汉洛阳(今属河南)人。武帝时任搜粟都尉，领大司农，制订、推行盐、铁、酒国营专卖制度。昭帝时任御史大夫，与全国贤良文学之士就盐铁官营展开激辩，由桓宽记录整理为《盐铁论》。

⑮ 皇甫镈：唐代泾州临泾(今甘肃镇原)人，一说安定朝那(今甘肃灵台西北)人。唐德宗贞元(785—804)初进士。官至同中书门下平章事，为政以聚敛刻剥闻名。《新唐书》和《旧唐书》皆有传。

⑯ 张禹(？—前5)：字子文，西汉河内轵(今河南济源南)人。通经学。成帝时任丞相，封建昌侯，晚年特进天子师，国有大政，必咨之。成帝曾就王氏专权问题找他商议，张禹畏祸不敢直言，反引《春秋》之事为诡说。后人认为西汉亡于张禹。《汉书》卷81有传。

⑰ 胡广(91—172)：字伯始，东汉南郡华容(今湖北监利)人。安帝时举为孝廉，一任司空，再任司徒，三任太尉，官至太傅，历安、顺、冲、质、桓、灵6帝。《后汉书》卷44有传。唐、宋人认为其身居公辅之位，俯仰随时，持禄苟安，遂成东汉末年之祸。

⑱ 见李壁《王荆公诗注·神物》引苏颂语。又见《三朝名臣言行录·丞相苏公》引《谈训》，文有节略。

⑲ 见《皇极经世书·观物篇之五十七》。

⑳ 君陈：周公次子，姓姬名陈，君为尊称。周灭纣后，迁殷商遗民于成周，由周公亲自治理。周公卒，成王令君陈去接替周公，并用策书对其进行教导，史官录之成篇，名之《君陈》。

㉑ 见《尚书·君陈第二十三》。

㉒ 见《孟子·尽心章句上》。

㉓ 汉孝元:即汉元帝刘奭(前75—前33)。性柔仁,好儒学,在位17年(前49—前33),先后任贡禹、薛广德、韦玄成、匡衡等儒生为相。统治期间,西汉开始由盛而衰。

㉔ 贡禹(前124—前44):字少翁,西汉琅邪(治今山东省诸城)人。明经术,学攻《春秋公羊传》,官至御史大夫。曾多次上书指陈得失,要求元帝选贤能、罢倡乐、修节俭、轻赋役。《汉书》卷72有传。

㉕ 见《资治通鉴·汉纪二十·孝元皇帝上初元元年》:"臣光曰:……孝元践位之初,虚心以问禹,禹宜先其所急,后其所缓,然则优游不断。谗佞用权,当时之大患也,而禹不以为言;恭谨节俭,孝元之素志也,而禹孜孜言之,何哉?"

㉖ 陆宣公:即陆贽(754—805)。字敬舆,苏州嘉兴(今浙江嘉兴)人。年十八进士及第,后又中博学宏词科,累官翰林学士、中书侍郎、同平章事。性刚直,指陈朝政多中时弊。卒,谥宣,后世称为陆宣公。《新唐书》和《旧唐书》皆有传。

㉗ 见《苏文忠公全集·东坡奏议·乞校正陆贽奏议上进札子》,文有节略。

㉘ 见《致堂读史管见·唐纪·武宗五年》,文有节略。

㉙ 鬼谷子:春秋战国时期卫国朝歌(今河南淇县)人。相传姓王名诩,隐居于云梦山中的鬼谷,自称"鬼谷子"。以兵学名世,为纵横家鼻祖,苏秦、张仪皆师事之,著有《鬼谷子》。

㉚ 见欧阳修《集古录·唐李德裕平泉草木记》、《宋文鉴·跋平泉草木记》,文有节略。

㉛ 见《南轩先生孟子说·离娄上》,文有节略。

一三
审势者安天下之本

陆宣公云："立国之安危在势。"①濂溪曰："天下，势而已矣。势，重轻也。极重不可反，识其重而亟反之，可也。反之，力也。识不早，力不易也。力而不竞，天也。不识不力，人也。天乎，人也，何尤?"[一]②伊川云："混一之形，如万顷之泽，而善为治者，莫善乎静以守之，而或扰之，如风过乎泽，波涛汹动，平之实难。故一正则难倾，一倾则难正者，今日天下之势也。"③富郑公遗奏云："愿陛下审观天下之势。"④东坡曰："如周如唐，则外重而内轻；如秦如魏，则外轻而内重。内重之弊，必有奸臣指鹿之患⑤；外重之弊，必有大国问鼎之忧⑥。圣人方盛而虑衰，常先立法以救弊。"⑦董仲舒曰："三王⑧所祖不同[二]，非其相反，将以救溢扶衰，所遭之变然也。"[三]⑨章丞相⑩绍圣⑪初问陈了翁以当世之务，了翁曰："请以所乘舟为喻。偏重其可行乎? 移左置右，其偏一也。明此，其可行矣。"[四]⑫唐文宗⑬亦云："天下之势犹持衡，此首重则彼尾轻矣。"⑭窃谓岂独天下之势，一州一县皆然也。[五]

子　注

[一] 温公曰:"上行下效谓之风,熏蒸渐渍谓之化,沦胥委靡谓之流,众心安定谓之俗。及风化已失,流俗已成,则虽有辩智弗能谕也,强毅不能制也,重赏不能劝也,严刑不能止也,自非圣人得位而临之,积百年之功,莫之能变也。"⑮

[二] 夏尚忠,殷尚质,周尚文。

[三] 濂溪《拙赋》云:"呜呼! 天下拙,刑政彻,上安下顺,风清弊绝。"⑯岂非意欲救之以质欤? 窃谓今有志于天下者,宜于此赋致思焉。

[四] 杨龟山曰:"陈莹中言乘舟事最好。然元祐舟不知为甚装得太重。及绍圣时,不知却如何亦偏多载了。据此,两舟所载者,因何物得重,今当减去何物则适平,若被人问到此,须要处置始得。如是本分处置得事之人,必须有规矩绳墨,一一调和得是,不令错了。若只说得总脑便休,亦不济事。孟子言'天下可运于掌',如彼所言,天下诚可运于掌也。"⑰

[五] 自"推己及物"至"审势",凡六条,皆治道之要也。

校　注

① 见陆贽《陆宣公集·论关中事宜状》。
② 见《周元公集·通书·势第二十七》,文有节略。
③ 见《二程粹言·论政篇》,文有节略。
④ 见李焘《续资治通鉴长编》卷 336,神宗元丰六年闰六月丙申条记事。
⑤ 指鹿之患:《史记·秦始皇本纪》:"赵高欲为乱,恐群臣不听,乃先设验,持鹿献于二世,曰:'马也。'二世笑曰:'丞相误邪! 谓鹿为马。'问左右,左右或默,或言马以阿顺赵高。或言鹿者,高因阴中诸

言鹿者以法,后群臣皆畏高。"

⑥ 问鼎之忧:《左传·宣公三年》:"楚子伐陆浑之戎,遂至于雒,观兵于周疆。定王使王孙满劳楚子,楚子问鼎之大小轻重焉。"《史记·楚世家》:"楚王问鼎小大轻重,对曰:'在德不在鼎。'庄王曰:'子无阻九鼎!楚国折钩之喙,足以为九鼎。'"传说禹画九州,铸九鼎,从夏传至周,被视为王权象征。楚庄王问鼎,有代周之意。

⑦ 见《苏文忠公全集·东坡续集·上神宗皇帝书》。

⑧ 三王:夏禹、殷汤、周文王、武王的合称。

⑨ 见《汉书·董仲舒传》《资治通鉴·汉武帝建元元年》。"三王所祖不同"皆作"三王之道,所祖不同"。

⑩ 章丞相:即章惇(1035—1105)。字子厚,北宋建州浦城(今福建浦城)人。仁宗嘉祐四年(1059)进士。熙宁初,为编修三司条例官。历官三司使、翰林学士、参知政事、门下侍郎等。哲宗初,知枢密院事。高太后听政,黜知汝州。哲宗亲政,起为尚书左仆射兼门下侍郎,尽复熙宁新政,排斥元祐党人。徽宗即位,罢知越州,寻贬潭州,徙睦州,卒。《宋史》卷471有传。

⑪ 绍圣:北宋哲宗赵煦第二个年号(1094—1098)。

⑫ 见《三朝名臣言行录·谏议陈忠肃公》《续资治通鉴长编》卷485,哲宗绍圣四年四月乙未条,"移左置右"皆作"或左或右"。

⑬ 唐文宗:即李昂(809—840)。初名涵。唐穆宗次子,唐敬宗弟。敬宗被宦官杀害后,被拥立为帝。在位积极革除前朝弊政,企图铲除宦官势力,任用心腹李训、郑注等发动"甘露之变",失败后被软禁,病死大明宫。

⑭ 见《新唐书·李石传》。

⑮ 见《温国文正公文集·谨习疏》。

⑯ 见《周元公集·拙赋》。

⑰ 见《龟山集·余杭所闻》《三朝名臣言行录·谏议陈忠肃公》。

卷　中

一四
正名分者为政之本

　　冉子退朝，子曰："何晏①也?"对曰："有政。"子曰："其事也。"②范太史曰："政者，治天下之法度也。"③胡衡麓曰："夫政者，凡纪纲法度、举错因革、维持社稷、康保人民者是也。有司所掌笾豆④、出纳⑤、簿书、期会⑥，文为之末者耳。"夫政与事，相须以成者也。《周礼》，周公致治之大法，上而论道经邦之大，下而醯醢⑦酱酒之微，无一不备，可见矣。苟通于事而不知为政，绩用虽成，难乎免于规模卑而气象俗，故士君子鄙之者以此，又须明治道为主也。名分者何?《易》曰："天尊地卑，乾坤定矣。卑高以陈，贵贱位矣。"⑧邵康节谓："尊卑贵贱之分著而天下不治，未之有也。夫黄帝、尧、舜垂衣裳而天下治，盖取诸乾坤，惟圣人为能循天之理。"孙泰山曰："乾者，天道也，君道也，父道也。坤者，地道也，臣道也，子道也。乾坤之象既立，君臣之位既定，父子之序既明，万古而不可易者也。在昔周道微弱、诸侯强大时，王号令不行，礼乐征伐不自天子出，坏法易纪者有之，弑君贼父者有之，盗国窃号者有之。孔子患其然也，于是赞《易》道，修《春秋》，以正君臣，以笃父子，以明王道，以救乱世。"[一]⑨朱汉上曰："君尊臣卑，父尊子卑，夫尊妇卑，谓之三纲。三纲不正，天地反覆。高者贵，卑者贱，则贵贱之位分矣。"⑩温公作《通鉴》，首以名分为主，曰："礼莫大于分，分莫大于名。"⑪又曰："昔仲叔于奚⑫有功于卫，辞邑而请繁缨⑬，孔子以为不如多与之邑，惟器与名不可以假人。卫君待孔子而为政，孔子欲先正名，以为名不正，则民无所措手足。"⑭诚以名器既乱，则上下无以相有故也。伊川曰："名分正则天下定。"⑮又曰："君子观履之象⑯，以辩上下之分，定其民志。故上下之分明，而后民志有定，可以言治。民志不定，天下不可得而治也。"⑰胡文定公曰："夫名分者，致治之纲。正名定分者，立政之本。"[二]昔韩退之⑱为袁州刺史，力辞观察使之谨牒。[三]伊川判西京国子监⑲，不佥书转运司申状。[四]先贤岂好较此末度哉？诚以名分不可乱，故虽微必谨。大抵名分一乱，而望家齐国治，难矣。庄周谓"《春秋》以道名分"⑳，胡文定公取其说，以为一经之纲领云㉑。

子 注

［一］又曰：“黄帝观乾坤、创法度，衣之裳之，以辨君臣，以正上下，以明贵贱。帝尧奉之于后，虞舜载㉒观厥象，以尽其神，于是分其命数，异其等威，殊其采章，以登以降，然后一人之服，五等之制，焕然而备。俾臣无以僭其君，下无以陵其上，贱无以加其贵，僭陵篡夺之祸不作，虽四海之广，亿兆之众，上穆下熙，可高拱而视。故《易》曰：‘黄帝、尧、舜垂衣裳而天下治。’”㉓

［二］元祐初，三省㉔同密院㉕取旨除谏官、罢侍讲，先忠肃公在中司㉖，即上疏曰：“窃以国家所当恃㉗者在纲纪，大臣所宜守者在名分。纲纪正于上，则下无邪志；名分治于下，则政无多门。一有夺移，何患不起？今废置官吏，陛下大政而三省之事也，枢密院干非其职，逾法出位，横造议论，公然犯分。臣恐积微至著，交乱官守，渐行私意，以害政事。上则陛廉㉘之等慢，下则倾夺之患生，杜渐防微，实系国体。借有特旨，乃是圣恩优礼执政，欲合同众论之意，而大臣之节，自当引义辞免，惜朝廷纲纪，以安分守。”㉙先忠肃此疏，即曾子“思不出其位”㉚之义。因记昔太宗朝获西夏李继迁㉛母，时吕正惠公㉜为相，寇莱公㉝为副枢。上独召准与之谋，吕使人邀至，曰：“若边鄙常事，密院之职，端不敢与知。若军国大计，端位宰相，不可以莫之知也。”寇告欲斩以戒凶逆，吕请对，且言：“徒树怨仇而益坚其叛心，宜善养视以招徕继迁。”上用吕策。继迁寻死，其子竟内款㉞。因悟思不出其位，又须权事变之轻重可也。或谓吕、寇非同朝，俟考㉟。

［三］王元之㊱云：“退之为袁州刺史，故事，观察使牒部刺史皆曰‘故牒’。时王宏中㊲廉问江西，以吏部之贤，时自损曰‘谨牒’，而退之致书恳请宜如旧制。”㊳

［四］伊川判西京国子监，吏人押申转运司状，伊川曰：“国子监自系朝廷官，岂有台省倒申外司之理？从前人只计较利害，不计较事体。”竟

不金书^㊴。

校　注

① 晏:晚。

② 见《论语·子路第十三》。

③ 见《四书章句集注·孟子·离娄章句上》。"政者"作"仁政者"。

④ 笾豆:古代祭祀时盛祭品的两种器具,竹制为笾,木(或铜、陶)制为豆。

⑤ 出纳:财物的支出与收进。

⑥ 期会:谓在规定的期限内实施政令。多指有关朝廷或官府的财物出入。

⑦ 醯醢:醋酱。泛指调味品。

⑧ 见《周易·系辞上》。

⑨ 按:孙复此语不见诸其他史籍,孙复《春秋尊王发微·元年春王正月》云:"昔者幽王遇祸,平王东迁,平既不王,周道绝矣。观夫东迁之后,周室微弱,诸侯强大,朝觐之礼不修,贡赋之职不奉,号令之无所束,赏罚之无所加,坏法易纪者有之,变礼乱乐者有之,弑君戕父者有之,攘国窃号者有之,征伐四出,荡然莫禁。"

⑩ 见《汉上易传·系辞上》。

⑪ 见《资治通鉴·周威烈王二十三年》"臣光曰"。

⑫ 仲叔于奚:春秋时期卫国大夫,复姓仲叔,名于奚。

⑬ 繁缨:古代天子、诸侯所用的辂马的带饰。繁(pán),马腹带。缨,马颈革。

⑭ 见《资治通鉴·周威烈王二十三年》,文有节略。"孔子以为不如多与之邑"见《左传·成公二年》:"新筑人仲叔于奚救孙桓子,桓子是以免。既,卫人赏之以邑,辞,请曲县、繁缨以朝,许之。仲尼闻之

曰：'惜也！不如多与之邑。唯器与名不可以假人，君之所司也。名以出信，信以守器，器以藏礼，礼以行义，义以生利，利以平民，政之大节也。若以假人，与人政也。政亡则国家从之，弗可止也已。'"

"孔子欲先正名"见《论语·子路第十三》："子路曰：'卫君待子而为政，子将奚先？'子曰：'必也正名乎……名不正，则言不顺；言不顺，则事不成；事不成，则礼乐不兴；礼乐不兴，则刑罚不中；刑罚不中，则民无所错手足。'"

⑮ 见《二程遗书·少日所闻诸师友说》《二程遗书·附师说后》《论孟精义·论语精义·八佾第三》。

⑯ 观履之象：观察履卦的卦象。履卦是《易经》六十四卦中的第十卦，上乾下兑。儒家将履卦之"履"诠释为"礼"，礼的功能是分等级贵贱、亲疏远近。其卦《象》云："上天下泽，履，君子以辨上下、定民志。"

⑰ 见《伊川易传·周易上经上·履》《大易粹言·履》。

⑱ 韩退之：即韩愈（768—824）。字退之，河内河阳（今河南孟州）人，世称韩昌黎。"唐宋八大家"之一。唐德宗贞元进士。宪宗时迁刑部侍郎，后被贬为潮州刺史。穆宗时官至吏部侍郎。卒，赠礼部尚书，谥文。《新唐书》和《旧唐书》皆有传。其辞观察使牒见《昌黎先生文集·袁州申使状》："使司牒州牒。右自今月二日后，每奉公牒，牒尾'故牒'字皆为'谨牒'字，有异于常。初不敢陈论，以为错误。今既频奉文牒，前后并同。在愈不胜战惧之至，伏乞仁恩特令改就例程，以安下情。谨奉状陈谢，谨录状上。"

⑲ 判西京国子监：下原有四库馆臣按语："案判西京，《宋史》作勾管西京。"按宋前期国子监以朝官差遣判监事，非侍从官领监事则称管勾国子监事。谢维新《古今合璧事类备要·后集·国子监》："国子监有判监事、有管勾监事，待制以上则为判，余为管勾。"朱熹《伊川先生年谱》据旧《哲宗实录》，元祐二年（1087）八月，程颐差管勾西京

国子监;又据《王公系年录》,元祐七年(1092)三月,程颐除直秘阁、判西京国子监。四库馆臣误,今删其按语。

⑳ 见《庄子·天下第三十三》:"《诗》以道志,《书》以道事,《礼》以道行,《乐》以道和,《易》以道阴阳,《春秋》以道名分。"

㉑ 胡安国《春秋传》卷首《述纲领》,认为发明《春秋》纲领者有孟子、董仲舒、王通、邵雍、张载、程颐七家,其中庄子所言"《春秋》经世,先王之志,圣人议而不辨"和"《春秋》以道名分"被视为纲领之一。

㉒ 载:始,开始。

㉓ 见孙复《孙明复小集·舜制议》,文有节略。"高拱而视"作"高拱而治"。

㉔ 三省:尚书省、中书省、门下省之合称。唐代以尚书令、中书令、侍中为三省长官,中书省取旨,门下省审核,尚书省执行,三省首长同为宰相,共议国政。宋初沿袭三省之名,政事实总归中书门下,宋神宗元丰改革官制,三省始各正其职。

㉕ 密院:即枢密院。宋沿五代旧制设置,掌军国机务、兵防、边备、军马以及中高级武官的裁用、考核、升降等,是最高军事机关,与中书门下合称为"二府"。中书门下称东府、政府,枢密院为西府、枢府。

㉖ 中司:下文"或谓吕、寇非同朝,俟考"后原有四库馆臣按语:"案:中丞,原本作'中司'。考《刘挚传》,元祐初为御史中丞,'中司'应是'中丞'之误,今改正。"清人李赓芸《炳烛编·中司》考云:"刘荀《明本释》'正名分者,为政之本'一条注云:'中丞原本作中司。考《刘挚传》,元祐初为御史中丞,中司应是中丞之误,改正。'不知宋时通称御史中丞为中司也。《宋史·职官志》、马端临《文献通考》'总阁学士直学'一门皆云:中兴后,学士率以授中司、列曹尚书、翰林学士之补外者……吕本中《紫微诗话》:正献公(吕公著也)自中司罢,后数年起知河阳,谢表云:三学士之职,尝忝兼荣中,执法之司,亦蒙直授。盖公尝为翰林学士兼侍读学士、宝文阁学士,官至侍郎,拜中

丞。"又叶梦得《石林诗话》卷中："刘丞相莘老殿试时，苏丞相子容为详定官。子容后尹南京，莘老复金判，在幕中相与欢甚。元祐初，莘老自中司入为左丞，子容犹为翰林学士承旨，及莘老迁黄门，子容始为左丞。"知"中司"乃御史中丞别称，四库馆臣误改"中司"为"中丞"，今回改。

㉗ 所当恃者在纲纪："恃"原作"持"，据刘挚《忠肃集·论三省枢密院差除奏》、赵汝愚《诸臣奏议·上哲宗论枢密院侵紊政体》改。

㉘ 陛廉：《汉书·贾谊传》："人主之尊譬如堂，群臣如陛，众庶如地。故陛九级上，廉远地，则堂高；陛亡级，廉近地，则堂卑。高者难攀，卑者易陵。"颜师古注："级，等也。廉，侧隅也。"登堂的台阶曰陛，堂边曰廉，此处代指君主与大臣。

㉙ 见《忠肃集·论三省枢密院差除奏》《诸臣奏议·上哲宗论枢密院侵紊政体》，文有节略。

㉚ 思不出其位：见《论语·宪问第十四》："蘧伯玉使人于孔子，孔子与之坐而问焉。曰：'夫子何为？'对曰：'夫子欲寡其过而未能也。'使者出。子曰：'使乎！使乎！'子曰：'不在其位，不谋其政。'曾子曰：'君子思不出其位。'"

㉛ 李继迁（963—1004）：本姓拓跋氏，唐赐姓李。银州（今陕西榆林市南）人，夏州党项族拓跋部首领。反对族兄李继捧献夏、绥、银、宥、静五州地予北宋，抗宋自立，母、妻被宋军俘获。降宋，赐名赵保吉，封为定难军节度使。后攻占灵州（今宁夏灵武西南）改为西平府，定为都城。其孙李元昊称帝后，谥为太祖。

㉜ 吕正惠公：即吕端（935—1000）。字易直，幽州安次（今河北廊坊）人。初仕后晋，入宋官至户部侍郎、同平章事。为相持重，识大体，以清简为务。卒，赠司空，谥正惠。《宋史》卷281有传。

㉝ 寇莱公：即寇准（961—1023）。字平仲，华州下邽（今陕西渭南）人。太平兴国五年（980）进士，性刚直敢谏。历任大理评事、同知枢密院

事、参知政事、同中书门下平章事等，官至中书侍郎兼工部尚书。封莱国公。卒，谥忠愍。《宋史》卷281有传。

㉞ "太宗朝获西夏李继迁母"事详见司马光《涑水记闻》卷2："保安军奏获李继迁母，太宗甚喜。是时寇准为枢密副使，吕端为宰相，上独召准与之谋。准退，自宰相幕次前过不入，端使人邀入幕中，曰：'向者主上召君何为？'准曰：'议边事耳。'端曰：'陛下戒君勿分言于端乎？'准曰：'不然。'端曰：'若边鄙常事，枢密院之职，端不敢与知；若军国大计，端备位宰相，不可以莫之知也。'准以获继迁母告，端曰：'君何以处之？'准曰：'准欲斩于保安军北门之外，以戒凶逆。'端曰：'陛下以为何如？'准曰：'陛下以为然，令准之密院行文书耳。'端曰：'必若此，非计之得者也。愿君少缓其事，文书勿亟下，端将覆奏之。'即召阁门吏，使奏'宰臣吕端请对'。上召入之，端见，具道准言，且曰：'昔项羽得太公，欲烹之，汉高祖曰："愿遗我一杯羹。"夫举大事者，固不顾其亲，况继迁胡夷悖逆之人哉！且陛下今日杀继迁之母，继迁可擒乎？若不然，徒树怨仇而益坚其叛心耳。'上曰：'然则奈何？'端曰：'以臣之愚，谓宜置于延州，使善养视之，以招徕继迁，虽不能即降，终可以系其心，而母死生之命在我矣。'上抚髀称善，曰：'微卿，几误我事。'即用端策。其母后疾死于延州，继迁寻亦死，其子竟纳款请命。"内款：归降，降服。

㉟ 或谓吕、寇非同朝，俟考：按《续资治通鉴长编》卷25，太宗雍熙元年九月"是月"条注文，李焘认为吕端与寇准不同朝为相，并考证云："按司马光《记闻》有此，吕诲《补传》及其祖《端传》所载并同。考验乃与正史不合，获继迁母实雍熙元年九月，此时端犹未参政，准亦未入枢府。淳化二年四月，准始为枢副，九月改同知。淳化四年六月准罢，端始参政。五年九月准亦参政，与俱在中书。至道元年四月端拜相，准参政如故。至道二年七月，准罢参政，端居相位如故。咸平元年十月，端罢相。端在中书首尾凡六年，其初为参政，准即罢枢

副矣。《补传》及《记闻》必误。况获继迁母时，端及准俱未显也，今不取。淳化五年四月，诏削夺继迁所赐姓名，或准因事建议欲斩继迁母，而端救之。然是年九月准始参政，附此事于九月后乃可，或附至道元年九月复夺所赐姓名时。兼二人并居政府，所云宰相及枢密等事仍须删改，庶不甚抵牾，更详之也。"

㊱ 王元之：即王禹偁（954—1001）。字元之，济州巨野（今山东巨野）人。北宋太平兴国八年（983）进士，历任右拾遗、左司谏、知制诰、翰林学士。因敢言直谏屡受贬谪，后贬至黄州，故世称"王黄州"。《宋史》卷293有传。

㊲ 王弘中：即王仲舒（762—823）。字弘中，唐并州祁县（今属山西）人。嗜学工文。唐德宗贞元十年（794）登贤良方正高第，官终江西观察使。《新唐书》和《旧唐书》皆有传。

㊳ 见王禹偁《小畜集·答丁谓书》。时自损："时"，作"特"。

㊴ 见《二程遗书·杨遵道录》："先生因言：'今日供职，只第一件便做他底不得。吏人押申转运司状，某不曾签。国子监自系台省，台省系朝廷官。外司有事，合行申状，岂有台省倒申外司之理？只为从前人只计较利害，不计较事体，直得恁地。'"又见《论孟精义·论语精义·子路第十三》《近思录·政事篇》。

一五
防微者销患之本

《易》曰："水在火上，既济，君子以思患而豫防之。"①
朱汉上曰："水火相逮而后济。然既济之极，水火相反其
初，故既济之象，未济②藏焉，君子不可不思虑，以豫防其
患。"③伊川曰："圣人为戒，必于方盛之时。方盛虑衰，则
可以防其满极而图其永久。至于既衰而后戒，则无及矣。
自古天下治安，未有久而不乱者，盖不能戒于其盛也。"④
刘元城云："今日夏至，六阳至此而极。万物繁鲜，可谓盛
矣。然一阴已生于九地之下，他日天地沍寒⑤，肃杀万
物，盖从今日始。物禁太盛者，乃衰之始也。正如齐自太
公已来⑥，无盛于桓公⑦之时。桓公七年，始霸而会诸侯，
十四年，陈公子完⑧来奔，是年岁在己酉，而不知有齐国
者，由此人也。又《经》云：'己酉至齐简公⑨之四年，岁在
庚申，田恒⑩弑其君，遂专齐国。'自己酉至庚申，一百九
十二年⑪，其事始验。"[一]⑫。范太史谓："有国家者，当防
微杜渐，若祸难已成，虽圣人亦未如之何也。"⑬王荆公
谓："坏崖破岩之水，源自涓涓；干云蔽日之木，起于青葱。
禁微者易，救末者难。"⑭《坤》初六曰："履霜坚冰至。

《象》曰：'履霜坚冰，阴始凝也。驯致其道，至坚冰也。'"⑮《文言》曰："积善之家，必有余庆；积不善之家，必有余殃。臣弑其君，子弑其父，非一朝一夕之故，其所由来者渐矣，由辩之不早辩也。《易》曰：'履霜坚冰至'，盖言顺也。"⑯伊川曰："天下之事，未有不由积而成。家之所积者善，则庆及子孙；所积不善，则殃流于后世。其大至于弑逆之祸，皆由积累而至，非朝夕所能成也。明者知冰霜之戒，辩之于早，不使顺长，则天下之恶无由成矣。霜而至冰，小恶而至大，皆事势之顺长也。"[二]⑰温公进《重微规》云："《虞书》曰：'兢兢业业，一日二日万几。'几之为言微也，言当戒惧万事之微也。夫水之微也，捧土可塞。及其盛也，漂木石，没丘陵。火之微也，勺水可灭。及其盛也，焦都邑，燔山林。故治之于微，则用力寡而功多。治之于盛，则用力多而功寡。是故圣帝明王皆销恶于未萌，弭祸于未形，天下阴被其泽，而莫知其所以然也。夫宴安怠惰，肇荒淫之基；奇巧珍玩，发奢泰之端；甘言卑辞，启侥幸之涂，附耳屏语，开谗贼之门；不惜名器，导僭逆之源；假借威福，授陵夺之柄。凡此六者，其初甚微，朝夕狎玩，未睹其害。日滋月益，遂至深固。比知而革之，用力百倍矣。"[三]⑱范太史《唐鉴》云："太宗⑲问褚遂良⑳曰：'舜造漆器，谏者十余人，此何足谏？'对曰：'奢侈者，危亡之本。漆器不已，将以金玉为之。忠臣爱君必防其渐，若祸乱已成，无所复谏矣。'"㉑明皇㉒以高力士㉓为右监门将军，初太宗定制，内侍省㉔不置三品官，黄衣廪食，守门传命而已，至是以诛萧㉕、岑㉖功赏之。是后，宦官稍增至三千余人，除三品将军者寖多，衣绯紫者㉗千余人，宦官之盛自此始。夫中人㉘不可假以威权，盖近而易以为奸也。明皇不戒履霜之渐，而轻变太宗之制，崇宠宦者，增多其员，自是已后，寖干国政。其源一启，末流不可复塞，唐室之祸基于开元[四]㉙。平卢节度使王元志㉚薨，肃宗㉛遣中使往抚慰将士，且就察军中所欲立者，授以旌节。李怀玉[五]㉜为裨将，杀元志之子，推侯希逸㉝为平卢军使，朝廷因以希逸为节度副使。节度使由军士废立自此始。温公谓：“自是之后，积习为常，君臣循守以为得策，谓之姑息，乃至偏裨士卒杀逐主帅亦不治其罪，因以位任授之，然则爵禄废置、杀生予夺，皆不出于上而出于下，乱之生也，庸有极乎！”㉞又云：“其始也，取偷安于一时而已。及其久也，则众庶习于闻见，以为事理当然，不复论尊卑之序、是非之理，陵夷至于五代，天下荡然。”㉟南丰曾子固㊱谓：“时天子之势屈于方镇之兵，方镇之势屈于所部之兵。至其甚也，将之废置出于兵。至于五代，国之废置出于兵，兵之祸未有甚于此也。”[六]㊲窃观自古祸乱之源，莫不由忽微以至著，可不为之永鉴哉！

子　注

[一]朱汉上谓：“阴阳消长，循环无穷。”㊳

[二] 杨龟山曰:"夫坤之初,阴始凝也,未至乎坚冰而卒乎坚冰者,理之必
至也。辩之者不于始凝之时,至于坚冰而后辩,则鲜不及矣。若鲁
昭公[39],高贵乡公[40]是也。自古乱臣贼子,其初岂有意哉?驯致其
道以至于极耳。故《易》于小人几微之际,每致意焉。《姤》[41]之辞
曰:'女壮,勿用取女。'夫姤之初,阴始生也。女也者,阴始生之象
也。始生,未至于壮也,而用壮之道焉,犹《坤》所谓'履霜坚冰'是
也,故曰'勿用取女'。盖取之,则引而与之齐;引而与之齐,则终末
如之何也已。昔阳城[42]之于唐,其任职非不久也。其初,裴延龄[43]
未用也,不于未至之时止之,至天子将用为相,乃欲取白麻[44]裂之而
哭于庭,岂不晚乎?"[45]

[三] 又云:"昔扁鹊[46]见齐桓侯[47],曰:'君有疾在腠理[48],不治将深。'桓
侯不悦。及在血脉,在肠胃,桓侯皆不信。及在骨髓,扁鹊望之,遂
逃去。徐福[49]言霍氏[50]太盛,宜以时抑制,汉宣帝[51]不从。及霍氏
诛,人为讼其功,以为'曲突徙薪无恩泽,焦头烂额为上客'。故未
然之事常见弃,及其已然,又无及矣。"[52]

[四] 张横浦《廷策》曰:"阉寺闻名,国之不祥也。尧、舜阉寺不闻于《典》
《谟》[53],三王阉寺不闻于《誓》《诰》[54],竖刁[55]闻于齐而齐乱,伊戾[56]
闻于宋而宋危。今此曹名字稍稍有闻,此臣所以忧也。"[57]横浦所
言,亦防微之道尔。窃谓左右近习,名迹至于昭著,必有致之之由,
其可忽诸?凡遇下者,皆宜推类而致警也。

[五] 赐名正己。

[六] 胡衡麓曰:"阴阳之运,天地之化,物理人事之终始,皆自芒忽毫厘,
至不可御。故修德者矜细行,图治者忧未然,尧、舜君臣,反复警省,
未尝不以几为戒。故折勾萌[58],则百寻之木不能成矣;忽蚁穴,则千
丈之堤不能固矣。君子所以贵于见几而作也。"[59]

校 注

① 见《周易·既济》。既济为《周易》六十四卦中之六十三卦，卦体为上坎下离，坎为水，离为火，是水在火上。

② 未济：未济为《周易》六十四卦的最后一卦，卦体为坎下离上，水在火下，与既济卦刚好相反。

③ 见《汉上易传·下经·既济》，文有节略。"相反其初"作"将反其初"。

④ 伊川语见《二程粹言·论政篇》《伊川易传·周易上经下·临》《大易粹言·临》。

⑤ 冱寒：严寒冻结。

⑥ 太公：即姜尚，又称姜子牙，尊称太公望。本姓姜，因封地在吕，从封为姓，故曰吕尚。辅佐周文王和武王修德振武、兴周灭商。后被分封为齐国君主。其事见《史记·齐太公世家》。

⑦ 桓公：即齐桓公姜小白（？—前643）。齐襄公之弟。襄公乱政，他避祸奔莒。襄公被杀后，回国夺取君位，任用管仲进行改革，成为春秋首霸。

⑧ 陈公子完：又名田敬仲（前705—？）。陈厉公之子。齐桓公十四年（前672）陈国内乱，他出奔至齐，被桓公任为工正，改姓田，为齐国田氏之祖。

⑨ 齐简公（？—前481）：姓姜名壬，悼公之子。在位期间，宠信阚止。前481年，田常杀阚止，简公也被俘杀，大权尽入田氏之手。

⑩ 田恒：即田成子。又名田常、陈恒、陈成子，陈完的后代。齐简公四年（前481）杀死简公，拥立齐平王，任相国，尽杀公族势强者，扩大封地，从此齐国由陈氏专权，史称"田氏代齐"。

⑪ 一百九十二年："二"原作"三"。按齐桓公十四年，岁在己酉，为周惠王五年，即公元前672年；齐简公四年，岁在庚申，为周敬王三十

九年，即公元前481年，其间为192年，《元城语录》即作"一百九十二年"，今据改。

⑫ 见《元城语录》卷下，文有节略。按"又《经》云"至"其事始验"，实与上文相连，原作小字注文，今改作大字正文。

⑬ 见《论孟精义·论语精义·卫灵公第十五》。

⑭ 见王安石《临川先生文集·风俗》。按王安石此语引自丁鸿《日食论窦兄弟疏》，见《后汉书·丁鸿传》："夫坏崖破岩之水，源自涓涓；干云蔽日之木，起于葱青。禁微则易，救末者难，人莫不忽于微细，以致其大。"

⑮ 见《周易·坤》。

⑯ 见《周易·坤》。

⑰ 见《伊川易传·周易上经上·坤》，文有节略。

⑱ 见《温国文正公文集·重微》，文有节略。《重微》是司马光嘉祐六年（1061）八月十七日所上《进五规状》之一，故刘荀称之《重微规》。

⑲ 太宗：即唐太宗李世民（599—649）。李渊次子，李渊称帝时，封为秦王。后发动玄武门政变，杀太子建成，逼父退位，自己即帝位，改元贞观。在位期间，社会安定，国力强盛，史称"贞观之治"。

⑳ 褚遂良（596—658）：字登善，祖籍阳翟（今河南禹州）人，后迁钱塘（今浙江杭州）。以擅书得唐太宗李世民器重，官至吏部尚书，封河南郡公，人称"褚河南"。书法与欧阳修、虞世南、薛稷并称"初唐四大家"。

㉑ 见范祖禹《唐鉴·太宗三》，贞观十七年二月条。

㉒ 明皇：即唐玄宗李隆基（685—762）。唐高宗李治和武则天的嫡孙。延和元年（712）受禅即位。初期勤政图治，史称"开元之治"。晚年奢侈荒淫，怠于朝政，任用佞人，政治腐败，爆发"安史之乱"，唐朝由盛转衰。

㉓ 高力士（684—762）：本名冯元一，幼年入宫，宦官高延福收为养子，

改名高力士。因助玄宗平定韦皇后和太平公主之乱，深得玄宗宠信，乃至参决大事，决定将相进退。累官至骠骑大将军、开府仪同三司，封齐国公，为唐朝宦官参政之始。

㉔ 内侍省：古代宦官机构，掌管宫内事务，设有内侍等官，以太监充任。始设于隋，唐沿袭不改。

㉕ 萧：即萧至忠(？—713)。沂州(今山东临沂)人。唐中宗时依附权臣武三思，官至中书令。睿宗即位，又亲附太平公主，再拜中书令，封国公，因参与谋废李隆基事，被诛。

㉖ 岑：即岑羲(？—712)。字伯华，南阳棘阳(今河南新野)人。宰相岑文本之孙。进士出身。唐中宗、睿宗朝官至中书侍郎、同中书门下三品。亲附太平公主，转侍中，封南阳郡公，因参与太平公主谋废李隆基事，被诛。

㉗ 衣绯紫者：指四品和五品以上的官员。唐代以服色定官品，三品以上官员服紫，四品、五品以上服绯。开元：唐玄宗李隆基的第二个年号，共29年(713—741)。

㉘ 中人：阉人，宦官。

㉙ "明皇以高力士为右监门将军"至"祸基于开元"：见《唐鉴·玄宗上》，文有节略。

㉚ 王元志：即王玄志(？—758)。宋避宋始祖赵玄朗名讳，清避康熙皇帝玄烨名讳，改"玄"为"元"。唐安东都护。天宝末年，安禄山叛唐，任其亲信徐归道为平卢节度。玄志与平卢裨将侯希逸攻杀徐归道，朝廷以玄志为平卢节度使。

㉛ 肃宗：即唐肃宗李亨(711—762)。唐玄宗第三子。安史之乱，玄宗逃往四川，他即位于灵武。在位期间，宠信张皇后，重用宦官。宦官李辅国、程元根发动事变，杀张皇后等，拥立太子李豫，李亨惊忧而死。

㉜ 侯希逸(720—781)：唐营州(今辽宁朝阳)人。初为州裨将，平卢节

度使王玄志卒,副将李正己杀玄志子,拥其为帅,被唐肃宗命为节度使。后历官检校工部尚书、检校尚书右仆射、司空,封淮阳郡王。

㉝ 李怀玉:即李正己(733—781)。唐东北高句丽人。初为营州(今辽宁朝阳)副将,后杀平卢节度使王玄志子,拥戴侯希逸为帅。又逐侯希逸,代宗授其为节度使,赐名正己。历官检校司空、同中书门下平章事、司徒兼太子太保,封饶阳郡王。

㉞ 见《资治通鉴·唐肃宗乾元元年》,文有节略。

㉟ 见《温国文正公文集·谨习疏》,文有节略。

㊱ 南丰曾子固:即曾巩(1019—1083)。字子固,北宋建昌南丰(今江西南丰)人。宋仁宗嘉祐二年(1057)进士,历官至中书舍人、龙图阁学士。《宋史》卷319有传。

㊲ 见曾巩《元丰类稿·请西北择将东南益兵札子》,文有节略。

㊳ 见《汉上易传·临》。

㊴ 鲁昭公(前561—前510):名稠,鲁襄公之子。公元前542年,襄公死,被季武子立为国君,执政权掌握在季氏手中,昭公徒具君主之名。昭公即位的第五年,季武子四分公室,孟孙氏、叔孙氏各据其一,政令出于三桓,民间预言其将失国。公元前517年,公室与季氏矛盾激化,昭公亲自率兵讨伐,被三桓合力击败,逃亡齐国,后病死于晋国。

㊵ 高贵乡公:即曹髦(241—260)。字彦士,三国时魏文帝曹丕之孙。初封高贵乡公,公元254年称帝,朝政由司马师控制。司马师死,其子司马昭续专朝政,曹髦不甘坐受废辱,于公元260年亲率宫廷宿卫数百人,企图杀死司马昭,夺回政权,事败为司马昭所杀。

㊶ 姤:《周易》第四十四卦卦名,卦体为巽下乾上。

㊷ 阳城(736—805):字亢宗,唐定州北平(今河北顺平县)人。隐居不仕,李泌为相,荐为著作郎。迁谏议大夫,居位八年无所谏。唐德宗欲任裴延龄为相,则犯颜直谏。《新唐书》和《旧唐书》皆有传。

㊸ 裴延龄(728—796):唐河中河东(今山西永济西)人。曾任集贤院直学士等职。后任户部侍郎判度支,以苛刻剥下附上为功,遭宰相陆贽反对。德宗信用不疑,反斥逐陆贽。《新唐书》和《旧唐书》皆有传。

㊹ 白麻:指用白麻纸书写的诏书。凡立皇后、太子,除免三公将相及放赦、讨伐,皆用白麻书写。《唐会要·翰林院》:"凡白麻制诰,皆在廷代言,命辅臣,除节将,恤灾患,讨不庭,则用之……凡将相出入,皆翰林草制,谓之白麻。"

㊺ 见《龟山集·答陈莹中·其三》,文有节略。

㊻ 扁鹊:原名秦越人,春秋战国时代名医。《史记》卷105有传。

㊼ 齐桓侯(前400—前356):又称田侯午,田和之子。

㊽ 腠理:皮肤的纹理。

㊾ 徐福:西汉茂陵(今陕西兴平市南)人,曾三次上书汉宣帝抑制霍光权势。霍氏灭,宣帝赐其帛十匹,后以为郎官。

㊿ 霍氏:指西汉权臣霍光(?—前68)。字子孟,河东郡平阳县(今山西临汾)人。汉昭帝皇后上官氏外祖父、汉宣帝皇后霍成君之父。官拜大将军、大司马,辅佐汉昭帝;废立昌邑王刘贺,拥立汉宣帝,掌权摄政。后霍家谋反,全族被诛灭。

51 汉宣帝:即刘询(前92—前49)。汉武帝曾孙。幼遭巫蛊之祸,生长民间。昭帝死,为霍光所立。在位励精图治,史称"宣帝中兴"。

52 见《温国文正公文集·重微》。按司马光所叙事见《汉书·霍光金日磾传》。

53 《典》《谟》:《尚书》中《尧典》《舜典》《大禹谟》《皋陶谟》等篇的并称。

54 《誓》《诰》:《尚书》中《甘誓》《汤誓》《秦誓》《牧誓》《费誓》与《仲虺之诰》《汤诰》《大诰》《康诰》《酒诰》《召诰》《洛诰》《康王之诰》等篇的并称。

(55) 竖刁:亦作竖刀、竖貂。春秋时期齐桓公近臣。知齐桓公好色,自宫净身,为桓公主管宫内之事。管仲死后,与易牙、开方专权,囚禁桓公。桓公死,又与易牙等杀群臣,逼走太子,立公子无亏,齐国遂乱。

(56) 伊戾:姓惠墙,名伊戾。春秋时宋国宋平公近侍。曾为太子痤内师,因不受宠信,构陷太子痤勾结楚国谋反以早即王位,宋平公中计,囚太子痤,太子痤自缢。后宋平公知太子是遭诬陷,遂烹杀伊戾。

(57) 见《横浦集·状元策一道》。

(58) 勾萌:弯曲的幼芽。

(59) 见《致堂读史管见·周纪·威烈王二十三年》。

一六
达人情去利心者行事之本

孟子谓："得民心有道，所欲与之聚之，所恶勿施尔也。"①唐陆宣公曰："仲尼以谓'人情者，圣王之田'，言理道所由生也。时之否泰，事之损益，万化所系，必因人情。"②明道曰："圣人创法，必本诸人情，极乎物理。"③邵康节曰："谁云万事广，岂出人情间。"④又曰："人达人情，无寡无广。天下之事，如指诸掌。"⑤韩持国[一]⑥有云："治天下不必过求高远，止在审识人情而已。识人情不难，以己之心推人之情，则可见矣。大凡贫则思富，苦则思乐，困则思息，郁则思通。"⑦邵康节诗云："己之欲处人须欲。"⑧先忠肃公谓："民之所不欲，决不可势力强而成也。"[二]⑨若夫"违道以干百姓之誉"[三]⑩，屈意以为牢笼之事[四]⑪，则又圣贤之所深戒。夫利者，伊川谓"不独财利之利，如作一事，须寻自家稳便处，皆利心也。圣人以义安处便为利"[五]⑫。又曰："子罕言利，非使人去利而就害也。盖人不当以利为心。《易》曰：'利者义之和。'以义而致利斯可矣。"⑬又曰："心存乎利，取怨之道也。盖欲利于己，必有损于人。"⑭又曰："义利云者，公与私之异也。人才有意为公便是私心。"[六]⑮又曰:"虽公天下事,若用私意为之,便是私。"⑯又曰:"为名与为利,清浊虽不同,然其利心一也。"[七]⑰横渠曰:"有心而为之,虽善犹意也。有意为善,利之也,假之也,况有意于未善者乎?"[八]⑱孟子曰:"哭死而哀,非为生者也。经德不回⑲,非以干禄也。言语必信,非以正行也。"[九]⑳董仲舒曰:"仁人,正其谊不谋其利[一〇],明其道不计其功。"[一一]㉑圣贤惟义当为而为之,初无希功、求名、要誉、自私、矜己之心。夫功业如管夷吾㉒,圣门之徒羞道焉者,以其利心而已。杨龟山谓:"王霸之分,其义利之间乎?一毫为利,则不足为王矣。"[一二]㉓

子 注

[一] 维。

[二] 东坡《论新法书》云:"议者谓民可乐成,难与虑始,故坚执不顾,期于必行。此乃战国贪功之人,行险侥幸之说,未及乐成,而怨已起矣"㉔。窃谓此商鞅一切之政,得罪于天下后世,独荆公取之,所以致正论之不合也。后人以不恤人言为政者,是不悟商君遗法耳。

[三] 此益戒舜语。东莱以谓但才说干,便不正矣㉕。

[四] 此李文靖公所戒。窃谓人所以如此者,不过欲众皆说之耳。然终不能者,盖善不善各从其类,徒操术之不正也,在圣人则有以处此矣。"子贡问曰:'乡人皆好之,何如?'子曰:'未可也。''乡人皆恶之,何如?'子曰:'未可也。不如乡人之善者好之,其不善者恶之。'范太史谓:'未有善人,而不善人亦好之;未有不善人,而善人亦好之也。

皆好之未可也，谓其近于乡愿㉖也；皆恶之未可也，谓其近于独立也。善人好之，不善人恶之，其善善恶恶，岂不明哉！人君以此察臣下，则忠邪可知也。'"㉗大抵观人当用此法，则贤否得其概矣。

［五］张敬夫云："学者潜心孔、孟，必得其门而入，莫先于义利之辨，非特名位货殖之慕而后为利。凡处君臣、父子、夫妇，以至朋友、乡党之间，起居话言之际，意之所向，一涉于徇己自私，是皆利也。其事虽善，而内交要誉㉘或萌于中，是亦利而已矣。"㉙

［六］或问于伊川："圣人莫是任理而不任意否？"曰："然"。㉚朱汉上曰："天地之覆载，日月之照临，四时之消长，鬼神之吉凶，岂有意为之哉？大人之道，与天地日月、四时鬼神合，故顺至理而推行之。"㉛陈履常㉜尝谓："士大夫视天下不平之事，不当怀不平之意。平居愤愤，切齿扼腕，诚非为己。一旦当事而发之，如决江河，其可御耶？必有过甚覆溺之忧。"㉝窃谓陈子之论，即《大学》"有所忿懥㉞，则不得其正"㉟之义，要当廓然大公，物来而顺应之。

［七］明道曰："君子惟患无善之可称，当汲汲为善，非求名也。有实则有名，名实一也。若夫好名，则徇名为虚矣。如君子疾没世而名不称，谓无善可称耳，非徇名也。"㊱

［八］胡衡麓曰："善不可以利为，为利而为善，则无善之理。故孝而有利心，不成乎孝矣；忠而有利心，不成乎忠矣。何者？心无二用，利轻则义重，利绝则义纯，一有利心参乎其间，未有不反为利所胜者。故当辞而思受，则辞必不果，临战而思生，则战必不力，无不然者。"㊲

［九］吕与叔谓："君子常一其德，不为回邪，非求福禄也。不欲欺人，非以正行为名也。本于至诚为善，无求于外也。"㊳杨龟山谓："'圣人，人伦之至也。'于君臣、父子、夫妇、兄弟、朋友之间，各尽其道。至以其身为天下用，岂为功名爵禄哉？盖君臣者，人伦之大，为臣义当如此也。故三代之学，皆所以明人伦。人伦明于上，则人知自尽。"㊴刘元城语黄子虚㊵："事君之义，不当视其所遇之厚薄，而制施服之轻

重。"钱宣靖④言："高尚之人固不以名位为光宠，忠正之士亦不以穷达易志操，其或以爵禄恩遇之故而效忠于上，此中人以下者之所为也。"⑫胡衡麓曰："莅官称职，排难解纷，虽勋塞宇宙，皆分所当为，苟计劳绩之小大以希赏焉，与奴仆宣力而责恩于主人者何异？故凡为人臣，当自效，不当萌受赏之心，而人君于臣下之功，则不可丝毫忘也。"⑬窃谓非特君臣之义如此，凡在上者使人，在下者事上，皆当然也。

[一〇] 范太史谓："圣人惟言利物之利，不言利己之利。"⑭

[一一] 韩门下维谓："圣人功名，因事始见，不可有功名心。"⑮窃谓天下本无事，功利之心一萌，欲安靖难矣。人喜闻而乐道者，诚可快于一时，然未有无后患者。靖康之祸⑯原于荆公功利之说，遗患至今。先儒谓董仲舒所以度越诸子也。

[一二] 张敬夫云："大抵王者之政，皆无所为而为之，霸者则莫非有为而然也。齐桓、晋文⑰之事，其间岂无可喜者？要莫非有所为而然，考其迹而其心术所存固不可掩也。"⑱

校　注

① 见《孟子·离娄章句上》。

② 见《陆宣公集·奉天论前所答奏未施行状》。

③ 见《二程文集·论十事札子》。

④ 见《伊川击壤集·秋怀三十六首》："饮酒不甚多，数杯醺心颜。未醺不可止，既醺劝亦难。谁云万物广，岂出天地关。谁云万事广，岂出人情间。"

⑤ 见《伊川击壤集·人情吟》。

⑥ 韩持国：即韩维（1017—1098）。字持国，北宋雍丘（今河南杞县）人。韩亿之子，以父荫入仕，欧阳修荐为检讨。哲宗时官至门下侍

郎，以太子少傅致仕。《宋史》卷313有传。

⑦ 见韩维《南阳集·附录·行状》《三朝名臣言行录·门下侍郎韩公》。《南阳集·进答宣问札子》作："窃以为治天下之道，不必过求高远，止在审人情而已。识人情不难，以己之心推人之情，则可见矣。大凡人情，贫则思富，苦则思乐，劳则思息，郁塞则思通。"

⑧ 见《伊川击壤集·首尾吟》："尧夫非是爱吟诗，诗是尧夫忖度时。先见固能无后悔，至诚方始有前知。己之欲处人须欲，心可欺时天可欺。只被世人难易地，尧夫非是爱吟诗。"

⑨ 见《忠肃集·论助役法分析疏》，原文作："民之所不欲，古今未有可以势力强而成者也。"

⑩ 违道以干百姓之誉：见《尚书·大禹谟》："益曰：'吁，戒哉！儆戒无虞，罔失法度，罔游于逸，罔淫于乐。任贤勿贰，去邪勿疑，疑谋勿成，百志惟熙。罔违道以干百姓之誉，罔咈百姓以从己之欲。'"

⑪ 屈意以为牢笼之事：见《皇朝事实类苑·名臣事迹·李文靖》《五朝名臣言行录·丞相李文靖公》引杨文公《谈苑》："沆在相位，接宾客常寡言。马亮与沆同年生，又与维善，语维曰：'外议以大兄为无口匏。'维乘间尝达亮语，沆曰：'吾非不知也……苟屈意妄言，即世所谓笼罩，笼罩之事，仆病未能也。'"又见《豫章文集·遵尧录五·李沆》《续资治通鉴长编》卷56。

⑫ 见《二程遗书·己巳冬所闻》《近思录·出处》《论孟精义·论语精义·子罕第九》，文有节略。

⑬ 见《豫章文集·二程先生语录》《二程外书·罗氏本拾遗》《论孟精义·论语精义·子罕第九》。又见《大易粹言·乾》引《语解》。

⑭ 见《程氏经说·论语解·里仁》《论孟精义·论语精义·里仁第四》。

⑮ 程颐此语本不相连。"义利云者，公与私之异也"见《二程粹言·论道篇》；"人才有意为公，便是私心"见《二程遗书·刘元承手编》《近

思录·政事》。

⑯ 见《游廌山集·师语二》《二程遗书·二先生语五》《近思录·警戒》。

⑰ 见《论孟精义·论语精义·颜渊第十二》《二程遗书·刘元承手编》《近思录·论学》。

⑱ 见《张子全书·正蒙·中正篇第八》《论孟精义·论语精义·子罕第九》《论孟精义·孟子精义·尽心章句上》，文有节略。有意于未算："有"原作"存"，据上诸书改。

⑲ 经德不回：德行正直。经德，施行道德；不回，正直，不邪僻。

⑳ 见《孟子·尽心章句下》。

㉑ 见《汉书·董仲舒传》《汉纪·前汉孝武皇帝纪二》。

㉒ 管夷吾：即管仲（？—前645）。名夷吾，字仲。谥号敬，又称管敬仲。颖上（今属安徽）人。早年经商，后由鲍叔牙推荐相齐桓公，执政四十年，使齐桓公"九合诸侯，一匡天下"，成为春秋首霸。但孔子弟子曾西并不欣赏他。《孟子·公孙丑章句上》："或问乎曾西曰：'吾子与子路孰贤？'曾西蹵然曰：'吾先子之所畏也。'曰：'然则吾子与管仲孰贤？'曾西艴然不悦，曰：'尔何曾比予于管仲！管仲得君如彼其专也，行乎国政如彼其久也，功烈如彼其卑也，尔何曾比予于是？'"

㉓ 见《论孟精义·孟子精义·告子章句下》。又见《龟山集·荆州所闻四十》。

㉔ 见《苏文忠公全集·东坡续集·上神宗皇帝书》，文有节略。

㉕ 按严修能手写宋本吕祖谦《东莱书说·大禹谟第三》云："'罔违道以干百姓之誉'，这是一个不偏于人。'罔咈百姓以从己之欲'，这是一个不偏于己。人君非不欲得百姓之誉，才说干字，便有私意。"时澜《增修东莱书说·大禹谟第三》与此不同："'罔违道以干百姓之誉'，谓不偏于人也。'罔咈百姓以从己之欲'，谓不偏于己也。

人君因百姓之誉,可以验己之治,但谓之干,则不可至于咈人从欲徇己也。"刘荀此处仅指此大意。

㉖ 乡愿:儒家对无节操者的贬称,向来是指言行不一、阿谀奉承、同流合污、没有骨气的小人。《论语·阳货》:"乡愿,德之贼也。"北宋邢昺注:"谓人不能刚毅,而见人则愿其趣向容媚而合之,言此所以贼德也。"《孟子·尽心下》:"言不顾行,行不顾言……阉然媚于世也者,是乡愿也。"《朱子语类·孟子十一》:"乡愿是个无骨肋底人,东倒西擂,东边去取奉人,西边去周全人,看人眉头眼尾,周遮掩蔽,惟恐伤触人。"

㉗ "子贡问曰"至"则忠邪可知也":见《论孟精义·论语精义·子路第十三》,文有节略。

㉘ 内交要誉:结交猎取荣誉。

㉙ 见张栻《南轩集·孟子讲义序》,文有节略。

㉚ 见《论孟精义·论语精义·子罕第九》。又见《二程外书·陈氏本拾遗》。

㉛ 见《汉上易传·乾》。

㉜ 陈履常:即陈师道(1053—1102)。字履常,一字无己,号后山居士,彭城(今江苏徐州)人。自少好学,受业于曾巩。经苏轼等人荐举,为徐州教授,官至秘书省正字。《宋史》卷444有传。

㉝ 见陈师道《后山集·上苏公书》。

㉞ 懥(zhì):愤怒。

㉟ 见《礼记·大学第四十二》。

㊱ 见《论孟精义·论语精义·卫灵公第十五》。按"君子惟患无善之可称,当汲汲为善,非是使人求名也",又见于《二程遗书·刘元承手编》;"有实则有名,名实一物也。若夫好名者,则徇名为虚矣。如'君子疾没世而名不称',谓无善可称耳,非徇名也",又见于《二程遗书·师训》。

㊲ 见《致堂读史管见·梁纪·武帝二年》。

㊳ 见《论孟精义·孟子精义·尽心章句下》，文有节略。

㊴ 见《龟山集·神宗日录辨》，文有节略。

㊵ 黄子虚：即黄策（1070—1132）。字子虚，自号随缘居士。元祐六年进士，授杭州司理参军，改雍丘县主簿、齐州州学教谕。坐元祐党籍，贬登州。复官通判严州，官至直秘阁。

㊶ 钱宣靖：即钱若水（960—1003）。字沧成，又字长卿，北宋河南府新安（今属河南）人。雍熙二年（985）进士，历任知制诰、翰林学士、知审官院、同知枢密院事、知开封府等。卒，谥宣靖。《宋史》卷 266 有传。

㊷ 见《五朝名臣言行录·枢密钱宣靖公》。又见《续资治通鉴长编》卷 41，太宗至道三年六月甲辰条记事。

㊸ 见《致堂读史管见·晋纪·武帝八年》。

㊹ 见吕祖谦《周易系辞精义·下系》。

㊺ 见《三朝名臣言行录·门下侍郎韩公》、王称《东都事略·韩维传》。

㊻ 靖康之祸：又称"靖康之难""靖康之变""丙午之耻"。靖康元年（1126）闰十一月，金军攻陷北宋都城汴京，次年下令废徽、钦二帝，扶植傀儡张邦昌建立伪楚政权。在汴京大肆搜刮掠夺后，四月俘徽、钦二帝和宗室后妃、大臣三千余人，携大量金银财物北归，北宋灭亡。

㊼ 晋文：即晋文公重耳（前 697—前 628）。春秋时晋国国君，献公之子。为公子时，因献公立幼子为嗣，被迫流亡国外 19 年。后在秦国支持下回国继位，选贤任能，整顿内政，国力大增。因平定周室内乱，接襄王复位，获"尊王"美名。城濮之战大败楚军，旋主持践土（今河南原阳西南）之会，成为春秋五霸之一。

㊽ 见《南轩集·汉家杂伯》，文有节略。

一七
不求备者待人之本

　　《伊训》曰："与人不求备。"① 周公曰："无求备于一人。"② 孔子曰："君子易事而难说③ 也。说之不以道，不说也。及其使人也，器④ 之。小人难事而易说也。说之虽不以道，说也。及其使人也，求备焉。"⑤ 子张曰："君子尊贤而容众，嘉善而矜不能。"〔一〕⑥ 孟子谓："物之不齐，物之情也。"〔二〕⑦ 《中庸》曰："君子以人治人，改而止。"⑧ 邵康节诗云："以圣责人，固难全备。以人望人，自有余地。"吕与叔谓⑨："持一法以待物，则物必有穷而人狭矣。"⑩ 横渠云："以责人之心责己则尽道，以爱己之心爱人则尽仁，以众人望人则易从。"⑪ 范忠宣尝戒子弟曰："人虽至愚，责人则明。虽有聪明，恕己则昏。但常以责人之心责己，恕己之心恕人，不患不到圣贤地位。"⑫ 或问"人当无利心，然后为君子"，杨龟山曰："以此自为可也。以此责人，恐不胜责矣。"〔三〕⑬ 韩魏公云："中等以下人，见利则趋，是其常情，不须怪。"又云："知其为小人，便以小人处之，更不须较。"⑭ 龟山、魏公之论，深得圣人待物之意。若论取友诲人之道，则义有殊矣。〔四〕

子　注

[一] 韩魏公知欧阳文忠公不以《系辞》为孔子书,中书相会累年,未尝与之言及。⑮

[二] 夫以己之长而方人之短者,由不知此义故也。

[三] 龟山之论,即魏和治⑯所谓"人之材德各殊,不可以一节取。俭素自处则可,以之格物,所失或多"⑰之义。胡衡麓尝语余曰:"利之一字,惟圣人无之。然有仗义而行者,亦有分数多寡而行之者,君子也。全有此一字者,小人也。"

[四] 取友必端,欲其益于己也。叩其两端而竭焉,竭上下两端,诲人必以尽也。子思曰:"夫圣人之官人,犹匠之用木也,取其所长,弃其所短。故杞梓连抱而有数尺之朽,良工不弃。"⑱盖择材与取友之义,又不同也。因并记之。

校　注

① 见《尚书·伊训》。

② 见《论语·微子第十八》。

③ 说:同"悦",欢心,喜欢。

④ 器:器重。

⑤ 见《论语·子路第十三》。

⑥ 见《论语·子张第十九》。

⑦ 见《孟子·滕文公章句上》。

⑧ 见《礼记·中庸第三十一》。

⑨ 见《论孟精义·论语精义·里仁第四》:"持一法以平物,则物必有穷,仁术狭矣。"

⑩ 见《伊川击壤集·庶几吟》。"固难全备"作"固未完备"。

⑪ 见《张子全书·正蒙·中正篇第八》，文有节略。

⑫ 见范公偁《过庭录》、李昌龄《太上感应篇》卷19、《戒子通录·戒子弟言》、《三朝名臣言行录·丞相范忠宣公》、《少仪外传》卷上。

⑬ 见《龟山集·荆州所闻》。"或问"作"或谓"。

⑭ "韩魏公云"及"又云"：见王岩叟《韩魏公别录》卷中。

⑮ 见《少仪外传》卷上、《三朝名臣言行录·丞相魏国韩忠献王》引《魏公别录》："韩魏公知欧阳永叔不以《系辞》为孔子书，又多不以《文中子》为可取，中书相会累年，未尝与之言及也。"又见《戒子通录·辨志录》。

⑯ 和洽：字阳士，三国时汝南西平(今河南西平)人。曹操定荆州，辟为丞相掾属，后迁侍中、郎中令。魏明帝时封西陵乡侯，转任太常。卒，谥简侯。《三国志》卷23有传。

⑰ 见《资治通鉴·汉纪五十八·孝献皇帝建安十四年》、邵博《邵氏闻见后录》卷10："丞相掾和洽言于曹操曰：'天下之人，材德各殊，不可以一节取也。俭素过中，自以处身则可，以此格物，所失或多。'"

⑱ 见孔鲋《孔丛子·居卫第七》。

一八

宽而有制者御众之本

孔子曰："宽则得众。"①又曰："居上不宽，吾何以观之哉！"②胡衡麓曰："宽，居上之道；不宽，犹以寻常之沟蓄巨鱼也，其能有之乎？"宽者，容德也。犹海之负水，地之负物，天之遍覆也。苟以纵弛为宽，失之远矣。邵康节云："芝兰芬芳，麒麟凤凰，此类之人，鲜有不臧。狼毒野葛，枭鸮蛇蝎，此类之人，鲜有不孽。天无私覆，地无私载，俱能含养，始知广大。"③然蛇虎能害人，则必置之薮泽山林者，乃所以全其生也。是故宽而有制，则民知防范而不敢过。否则，人情放肆，其势必至纠之以猛。[一]故《易》曰："小惩而大诫，小人之福也。"④皋陶虽告舜"御众以宽"，继之以"刑故无小"⑤。刘元城以谓："故犯典刑，事虽细微，必置于法，乃尧舜三代以来不易之道。"⑥孔明相蜀，赦不妄下而国治⑦。王通谓："无赦之国，其刑必平。"⑧吕献可[二]谓："数子岂无好生恶杀之心意，盖知辅政之道，本期于无刑尔。"[三]⑨伊川曰："圣王为治，设刑法以齐众，明教化以善俗。刑罚立则教化行矣，教化行而刑罚措矣。虽曰尚德而不尚刑，顾岂偏废哉？"⑩曾子谓：

"细人之爱人也以姑息。"⑪观圣贤之意，与世人以惠奸为宽者异矣。[四]

子 注

[一] 昔人有云："强之弊实生于宽，救之必于崇宽之时；弱之弊实生于猛，救之必于尚猛之日。强弱之相乘，宽猛之相代，犹昼之有夜，理所必至。"⑫杨龟山谓："宽亦须有制始得。若百事不管，惟务宽大，则胥吏舞文弄法，不成官府。须要权常在己，操纵予夺，总不由人，尽宽不妨。"⑬或问欧阳文忠公："为政宽简则弛废，何也？"曰："以纵为宽，以略为简，则弛废而民受其弊。吾之所谓宽者，不为苛急耳。所谓简者，不为繁碎耳。"识者以为知言。⑭

[二] 名诲。

[三] 汉王符谓："贼良民之甚者，莫大于数赦赎，恶人昌而善人伤矣。"⑮范太史论数赦之害，"良民不被泽而罪人获宥，政之偏党，莫甚于此"⑯。

[四] 濂溪曰："天以春生万物，止之以秋。物之生也，既成矣，不止则过焉，故得秋以成。圣人之法天，以政养民，肃之以刑。民之盛也，欲动情胜，利害相攻不止，则贼灭无伦焉，故得刑以治。"⑰此亦董仲舒所谓"阳不得阴之助，不能独成岁功"⑱之意。盖刑乃天之道，圣人不得已而用之。所以弼教⑲也，但贵乎厥中耳。

校 注

① 见《论语·阳货第十七》："恭则不侮，宽则得众。"又见《论语·尧曰第二十》："宽则得众，敏则有功。"

② 见《论语·八佾第三》，文有节略。

③ 见《伊川击壤集·偶书》，文有节略。"枭鹗"作"枭鸩"。

④ 见《周易·系辞下》。

⑤ 见《尚书·大禹谟》："皋陶曰：'帝德罔愆，临下以简，御众以宽，罚弗及嗣，赏延于世，宥过无大，刑故无小。'"

⑥ 见刘安世《尽言集·论御药李倬不合用内降请地乞付有司根治事第二》《诸臣奏议·上哲宗论李倬妄干求内降挟私罔上》。

⑦ 见《三国志·后主传第三》陈寿评曰："诸葛亮虽达于为政，凡此之类，犹有未周焉。然经载十二而年名不易，军旅屡兴而赦不妄下，不亦卓乎！"又《华阳国志·刘后主志》："初丞相亮时，有言公惜赦者，亮答曰：'治世以大德，不以小惠，故匡衡、吴汉不愿为赦。先帝亦言吾周旋陈元方、郑康成间，每见启告，治乱之道备矣，曾不语赦也。若景升、季玉父子，岁岁赦宥，何益于治！'故亮时，军旅屡兴，赦不妄下也。"

⑧ 见王通《中说·王道篇》。

⑨ 见《诸臣奏议·上神宗论重辟数多》："孔明相蜀，不赦而国治，王通谓无赦之国，其刑必平。数子者，皆知识几深，通乎世务，岂无好生恶杀之意？盖知辅政之道，本于无刑矣。"

⑩ 见《二程粹言·论政篇》。"设刑法"作"修刑罚"。

⑪ 见《礼记·檀弓上第三》。

⑫ 语见秦观《淮海集·治势上》："虽然御强势者必以宽，而强之弊实生于宽，御弱势者必以猛，而弱之弊实生于猛……是故救强之弊必于崇宽之时，救弱之弊必于尚猛之日。夫强弱之相乘，宽猛之相代，犹东之有西，昼之有夜，理之所必至，事之所固然也。"知"昔人"当是秦观。

⑬ 见《龟山集·余杭所闻二·十三》。

⑭ 见《三朝名臣言行录·参政欧阳文忠公》《欧阳文忠公集·附录·

朱子考欧阳文忠公事迹·连典大郡》《仕学规范·莅官》。"为政宽简则弛废"皆作"为政宽简而事不弛废"。

⑮ 见王符《潜夫论·述赦第十六》:"今日贼良民之甚者,莫大于数赦。赦赎数,则恶人昌而善人伤矣。"

⑯ 见《唐鉴·太宗一》范祖禹曰:"数赦之害,前世论之详矣。夫良民不被泽而罪人获宥,政之偏党,莫甚于此。"

⑰ 见《周元公集·通书·刑第三十六》。

⑱ 见《汉书·礼乐志第二》:"董仲舒对策言:'王者欲有所为,宜求其端于天。天道大者,在于阴阳。阳为德,阴为刑……以此见天之任德不任刑也。阳出布施于上而主岁功,阴入伏藏于下而时出佐阳。阳不得阴之助,亦不能独成岁功。王者承天意以从事,故务德教而省刑罚。刑罚不可任以治世,犹阴之不可任以成岁也。'"又见《汉书·董仲舒传》,文字略有不同。

⑲ 弼教:辅助教化。

一九

察良心者用刑之本

《书》曰："惟民生厚，因物有迁。"[一]①子曰："性相近也，习相远也。"②虽有恶人，被以盗贼之名，必艴然不悦者，可见其良心固在，由气禀之昏，利欲易以陷溺其心，所以成王有"无忿疾于顽"③之训也。蛮夷猾夏，寇贼奸宄，圣人虽不赦④；四凶⑤有罪，大舜虽必诛，而用刑之际，则曰："钦哉，钦哉，惟刑之恤哉。"⑥曾子⑦告士师⑧，亦曰："如得其情，则哀矜而勿喜。"异乎后世牛羊视人，恃刑为政，以杀为嬉者。[二]又况不仁之人，疾之已甚，则有致乱之道焉。今或言非法严不能以致太平，胡不引亡秦之事以观之？[三]夫远小人之道，亦莫不然。《大学》曰："小人闲居为不善，无所不至。见君子而后厌然揜其不善而著其善。"⑨盖亦知善之可好，恶之可恶，其良心未始亡也。知诱物化，为人欲所胜耳。《易》曰："君子以远小人，不恶而严。"⑩朱汉上谓："不恶，故不可得而疏。严，故不可得而亲，其亦莫之怨，亦莫敢侮，而君子小人各得其所矣。"⑪温公谓张正彦⑫曰："自有天地已来，君子小人并生于世。一否一泰，纷然杂揉，顾人取舍如何耳。"⑬胡文定公曰："今人善者喜受之，恶者怒绝之，是不能体物，岂得与天地相似？"又曰："自天圣已后，善恶分为朋党。善者常弱，恶者常强。韩魏公执政，销去朋党，混用善恶。但是内君子外小人，天下必治，何必弃绝之？"此能体天理人欲者也。^[四]或问："何故治世少而乱世多耶？君子少而小人多耶？"邵康节曰："岂不知阳一而阴二乎？天地尚由是道而生，况其人与物乎？"⑭杨龟山曰："乱世不能无君子，治世不能无小人，特其消长异耳。此天地之义，阴阳之理也。故治世能使小人不为恶而已，不能绝之使无也。"^[五]⑮

子　注

[一] 吕伯恭曰："若不去本原上看商民，但见得商民薄成王；就本原上看商民，虽染习如此，其受生之初未尝不厚。元本自好，只因物以迁，便如此。"

[二] 伊川谓："君子常失于厚，小人常失于薄；君子过于爱，小人伤于忍。"⑯范太史曰："用刑宁失之于宽，不可失之于急；宁可失之于略，不可失之于详。"⑰先忠肃公送伯祖父学易先生宰蕲水诗有云："锄强洗恶勿著意，鱼逃至清人忌察。化以诚心磨以久，教而后刑不怨杀。"⑱此吾家理县法也。岂特可施于百里哉？子孙宜守之。明道作县，凡坐处皆书"视民如伤"四字。杨龟山谓："观其用心，应是不错决挞了人。"⑲

[三] 秦时发闾左戍渔阳，屯大泽乡。阳城人陈胜、阳夏人吴广为屯长。会天大雨，度已失期，法当斩。胜、广因天下愁怨，乃杀将尉，令徒属

曰："公等皆失期,假令毋斩,而戍死者固什六七。且壮士不死则已,死则举大名耳。"众皆从之。^⑳沛人刘邦^㉑起兵于沛下,相人项梁^㉒起兵于吴,狄人田儋^㉓起兵于齐,二世行督责益严,税民深者为明吏,杀人众者为忠臣。刑者相半于道,而死人日成积于市,秦民益骇惧思乱^㉔。刘元城论唐甘露之祸^㉕过在于以死逼人,"凡可以救死,则无不为也。当时只贬黜之,其祸未必至此"^㉖。东坡曰："梁统^㉗言高、惠、文、景以重法兴,哀、平以轻法衰,因乞增重法律,赖当时不从其议。统以东京名臣,一出此言,遂获罪于天。其子松、竦^㉘皆死非命,冀^㉙卒族灭。悲夫。"^㉚窃观自古酷吏鲜有能免祸者,亦可监矣。圣人"余庆余殃"^㉛之训,孟氏"出尔反尔"^㉜之戒,可不敬惧欤!

[四] 夫元祐党祸,起于熙宁新法之行、流俗乱常之说。先忠肃公时任御史,尝论及造端者矣。其略曰："今天下有二人之论,有安常习故乐于流俗之论,有变古更法喜于敢为之论。彼以此为乱常,此以彼为流俗,畏义者以并进为可耻,嗜利者以守道为无能。二势既立,士无归趋。臣谓此风不可寖长,东汉党锢、李唐朋党之祸,盖始于斯。"^㉝元祐之初议罢新法,昔日缘法而进者,势不得不撼摇时主。议者虑人存则法不能罢,势不得不远之。事已定后,虽欲调停而卒不能者,亦势然耳。盖与天圣事体又不同也。或谓元祐诸公有以激成者,误矣。

[五] 杨龟山曰："自姤至剥,阴之进极矣^㉞。坤顺而艮止,剥之所以成象^㉟也。观剥之象,则知所以治剥矣。消息盈虚,无时而不然,独于剥言之者,盖君子小人相为消长,至剥而极矣。此成败之机,而邦之兴丧系焉。虽动息语默之微,一失其机,不可复救矣,况施于事乎?东汉之衰,君子欲以力胜之,引奸凶而授之柄,卒至于俱丧两败,而国随以亡,不知此故也。后之治剥者,可不监哉。"^㊱又云："复之成卦,坤上而震下^㊲,动以顺行,亦犹是尔。观四时阴阳之运、寒暑之变,天且不能暴为之,况于人乎?故豫^㊳之《彖》曰:'豫顺以动,故天

地如之。'正谓此也。"㊴先忠肃公谓："古之贤人事君行道,必驯致之有渐,持久而后成,至于设施,皆有次序。"㊵子曰："欲速则不达,见小利则大事不成。"㊶谢上蔡谓："与四时俱者无近功,祈功于朝暮者,必不能岁计之有余,见小利,则必无成大事之理。"㊷胡衡麓谓："以后世观之,汉景削强大诸侯而吴楚反㊸,威、灵疾处士横议而党锢兴㊹,唐文宗不堪宦竖,用李训、郑注而仇士良之势张。"㊺。然则圣人之言不可不信。朱浮㊻言："物暴长者必夭折,功卒成者必亟坏,愿望化于一世之后。"㊼光武采纳其说。少康㊽、周宣㊾、燕昭㊿、卫文㈤皆由此选,其论世尚友,所以使人遐想企慕而不能已也。

校　注

① 见《尚书·君陈第二十三》。

② 见《论语·阳货第十七》。

③ 见《尚书·君陈第二十三》："王曰:'君陈:尔惟弘周公丕训,无依势作威,无倚法以削,宽而有制,从容以和。殷民在辟,予曰辟,尔惟勿辟;予曰宥,尔惟勿宥,惟厥中。有弗若于汝政,弗化于汝训,辟以止辟,乃辟。狃于奸宄,败常乱俗,三细不宥,尔无忿疾于顽,无求备于一夫,必有忍,其乃有济,有容,德乃大。'"

④ "蛮夷猾夏"句见《尚书·舜典第二》："帝曰:'皋陶:蛮夷猾夏,寇贼奸宄。汝作士,五刑有服,五服三就,五流有宅,五宅三居,惟明克允。'"

⑤ 四凶:按:四凶说法不一。《尚书》以共工、欢兜、鲧、三苗为四凶,《左传》以混沌、穷奇、梼杌、饕餮为四凶。《左传·文公十八年》："昔帝鸿氏有不才子,掩义隐贼,好行凶德,丑类恶物,顽嚚不友,是与比周,天下之民谓之浑敦。少皞氏有不才子,毁信废忠,崇饰恶言,靖谮庸回,服谗搜慝,以诬盛德,天下之民谓之穷奇。颛顼氏有

不才子，不可教训，不知话言，告之则顽，舍之则嚚，傲很明德，以乱天常，天下之民谓之梼杌……缙云氏有不才子，贪于饮食，冒于货贿，侵欲崇侈，不可盈厌，聚敛积实，不知纪极，不分孤寡，不恤穷匮，天下之民以比三凶，谓之饕餮。舜臣尧，宾于四门，流四凶族：浑敦、穷奇、梼杌、饕餮，投诸四裔，以御螭魅。”

⑥ 见《尚书·舜典第二》：“钦哉，钦哉，惟刑之恤哉。流共工于幽洲，放欢兜于崇山，窜三苗于三危，殛鲧于羽山，四罪而天下咸服。”

⑦ 曾子：即曾参（前505—前434）。字子舆，鲁国南武城（今山东嘉祥）人。曾点之子，孔子的学生，以孝行著称。后世将其与孔子、颜回、子思、孟子并称为“五大圣人”。

⑧ 士师：掌管刑狱的官员。《周礼·秋官司寇第五》：“士师之职，掌国之五禁之法，以左右刑罚：一曰宫禁，二曰官禁，三曰国禁，四曰野禁，五曰军禁。”曾子弟子阳肤曾任过此职。《论语·子张第十九》：“孟氏使阳肤为士师，问于曾子，曾子曰：‘上失其道，民散久矣。如得其情，则哀矜而勿喜。’”

⑨ 见《礼记·大学第四十二》。

⑩ 见《周易·咸》。

⑪ 见《汉上易传·下经·大畜》。

⑫ 张正彦：名恪，字正彦，高安（今江西高安）人。元丰二年（1079）进士，曾任齐州司法参军，官至朝请大夫。

⑬ 见《温国文正公文集·答齐州司法张秘校正彦书》，文有节略。

⑭ 见《皇极经世书·观物篇之五十九》。

⑮ 见《龟山集·答陈莹中·其三》。

⑯ 见《程氏经说·论语解·里仁》。

⑰ 见范祖禹《范太史集·乞宽刑札子》。

⑱ 见《忠肃集·长句送跂之官蕲水》。

⑲ “明道作县”句：见《龟山集·余杭所闻二·十三》。

⑳ "秦时发闾左"至"众皆从之"：见《史记·陈涉世家》，文有节略。

㉑ 刘邦（前256—前195）：即汉高祖。字季，沛县（今江苏沛县）人。曾任泗水亭长。秦末陈胜起义，刘邦起兵响应，称沛公，与项羽共击秦，攻占咸阳，被项羽封为汉王。后击败项羽称帝，建立汉朝。

㉒ 项梁（？—前208）：楚将项燕之子，下相（今江苏宿迁西南）人。陈胜起义后，他与侄项羽杀秦会稽郡守，在吴（今江苏苏州）起义。陈胜失败后，重建楚，立楚怀王孙熊心为王，仍称楚怀王。后战死定陶（今属山东）。

㉓ 田儋（？—前208）：战国末齐国王族。齐亡，与堂弟田荣、田横移居狄县（今山东高青东南）。陈胜、吴广起义后，儋击杀狄县令，自立为齐王，攻占齐国故地。秦将章邯围魏王于临济，儋带兵前往救助，败死。

㉔ "二世行督责"至"惧思乱"：见《史记·李斯列传》。陈胜、吴广起义后，各地响应，李斯怕秦二世怪罪，遂上书二世，说各地兵起，是因为二世不能修申、韩之术，行督责之道。书奏，"于是行督责益严，税民深者为明吏。二世曰：'若此则可谓能督责矣。'刑者相半于道，而死人日成积于市，杀人众者为忠臣"。

㉕ 甘露之祸：又称"甘露之变"，唐文宗任用郑注和李训打击宦官势力的事件。大和九年（835）十一月，文宗登紫宸殿朝见百官，宰相李训事先在左仗院埋下伏兵，令人奏告文宗，谎称左仗院石榴树上有天降甘露，诱骗仇士良等大宦官前往观看，企图将其一网打尽。仇士良看出破绽，急忙挟持文宗回宫，派出禁军大杀朝官，李训、郑注等皆被杀害。

㉖ 见《元城语录》卷下："甘露之事，盖亦疏矣……某意宦官知此谋久矣，故不可得而杀也。且天下之事有大于此者乎？凡可以救死，无不为也。若当时只贬黜之，其祸未必至此。乃以死逼人，而疏略如此，宜其败也。"

㉗ 梁统：字仲宁，东汉安定乌氏（今甘肃平凉西北）人。性刚毅，好法律。东汉光武时官拜太中太夫，主张重刑峻法。晚年出任九江太守（治今安徽中部地区），定封陵乡侯。《后汉书》有传。

㉘ 松、竦：梁统的儿子梁松和梁竦。梁松（？—61）娶光武弟女武阴长公主为妻，官至太仆，汉明帝永平四年（61）因串通郡县官吏徇私事发，被免官死于狱中。梁竦（？—83）字敬叔，梁松的弟弟。居家不仕，两女被汉章帝选入宫中立为贵人。窦太后临朝理政，担心梁氏得势，谋杀了梁竦两女，梁竦也遭陷害死于狱中。

㉙ 冀：即梁冀（？—159）。字伯卓，梁统的玄孙，梁竦的曾孙，顺帝梁皇后之兄。官拜大将军，为人专横残暴，挟持幼主，把持朝政二十余年。梁太后死后，汉桓帝与宦官单超等合谋迫梁冀自杀，并诛杀其族人。

㉚ 见《东坡志林·王嘉轻减法律事见梁统传》，文有节略。"高、惠、文、景、哀、平"指西汉的6位皇帝，即汉高祖刘邦（前202—前195年在位）、汉惠帝刘盈（前194—前188年在位）、汉文帝刘恒（前179—前157年在位）、汉景帝刘启（前156—前141年在位）、汉哀帝刘欣（前6—前1年在位）、汉平帝刘衍（1—5年在位）。

㉛ 余庆余殃：见《周易·坤》："积善之家必有余庆，积不善之家必有余殃。"

㉜ 出尔反尔：前后言行不一，反复无常。语出《孟子·梁惠王章句下》："邹与鲁哄。穆公问曰：'吾有司死者三十三人，而民莫之死也。诛之，则不可胜诛；不诛，则疾视其长上之死而不救，如之何则可也？'孟子对曰：'凶年饥岁，君之民老弱转乎沟壑，壮者散而之四方者，几千人矣。而君之仓廪实，府库充，有司莫以告，是上慢而残下也。曾子曰："戒之，戒之，出乎尔者，反乎尔者也。"夫民今而后得反之也。君无尤焉。君行仁政，斯民亲其上，死其长矣。'"

㉝ 见《诸臣奏议·上神宗乞谨好恶重任用》《宋文鉴·论人材》，文有

节略。又见于《续资治通鉴长编》卷224，神宗熙宁四年六月戊午记事。

㉞ 自姤至剥，阴之进极矣：姤和剥分别是《周易》六十四卦的第四十四卦和第二十三卦。姤卦卦象为乾上巽下，一阴爻五阳爻，一阴在下，五阳在上。从初六阴爻，经六二、六三、六四、六五4个阶段，变成五阴爻一阳爻，五阴在下，一阳在上，即剥卦。阴盛到了极点。

㉟ 坤顺而艮止，剥之所以成象：《周易》八卦皆主德：乾德健，坤德顺，震德动，巽德齐，坎德润，离德丽，艮德止，兑德悦。剥卦卦象是坤下艮上，故曰"坤顺而艮止"。

㊱ 见《龟山集·答陈莹中·其三》，文有节略。"俱丧两败"作"俱伤两败"。

㊲ 动以顺行：指《周易》六十四卦中的第二十四卦复卦。复卦由剥卦发展而来，卦象震下坤上，一阳在下，五阴在上，象征一阳来复。震德主动，坤德主顺，故复卦《象》云"动以顺行"。

㊳ 豫：《周易》六十四卦中的第十六卦，卦象坤下震上。震德主动，坤德主顺，故豫卦《象》云"豫，顺以动。故天地如之"，象征顺时而动。

㊴ 见《龟山集·答张子韶》。

㊵ 见《忠肃集·论助役法分析疏·分析第二疏》。《诸臣奏议》卷116作《上神宗分析曾布札子系第二状》，《宋文鉴》卷57作《论分析助役》。

㊶ 见《论语·子路第十三》。

㊷ 见《论孟精义·论语精义·子路第十三》。"成大事之理"作"见大之理"。

㊸ 汉景削强大诸侯而吴楚反：汉景帝初年，鉴于宗室诸侯势力日益强大，御史大夫晁错建议加强中央权力，实行削藩政策，吴王刘濞、楚王刘戊为首的七国藩王以"诛晁错，清君侧"为借口发动叛乱，史称"七国之乱"。

㊹ 威、灵疾处士横议而党锢兴:“威、灵”即东汉桓帝和灵帝,因避宋钦宗名讳,改桓为威。东汉桓帝、灵帝时,针对宦官乱政,士大夫讥评时政,激扬名声,天下形成清议风气,被宦官势力诬告为结党营私、非议朝政、煽动人心,桓帝、灵帝下令逮捕,并终身禁锢,史称“党锢之祸”。见《后汉书·党锢列传》。

㊺ 见胡宏《皇王大纪·三王纪·襄王》:“汉景削七国而吴、楚叛,东都疾横议而党锢兴,唐文宗切于除奸而训、注用。”

㊻ 朱浮(约6—66):字叔元,沛国萧(今安徽萧县)人。博学有才。初从光武帝刘秀为大司马主簿,官至大司空。明帝即位,被人控告赐死。

㊼ 见《后汉书·朱浮传》,文有节略。

㊽ 少康:夏朝第六任君主,相之子。寒浞杀相篡夺夏王位,相妻后缗有身孕,逃回娘家生子,是为少康。少康奋发图强,夺回王位,史称“少康中兴”。

㊾ 周宣:即周宣王(?—前782)。名静,周厉王之子。厉王暴政引起国人暴动,静在召公庇护下得以逃生。继位后任用召穆公、周定公等整顿朝政,复振周王室,史称“宣王中兴”。

㊿ 燕昭:即燕昭王(?—前279)。名职,战国时燕王哙之子。幼年被送往赵国当人质,燕王哙将王位让给大臣子之,燕国大乱,齐国趁机攻占燕国。职乘乱回国即位,励精图治,跻身七雄之列。

(51) 卫文:即卫文公(?—前635)。初名辟疆,后改名毁。卫宣公之孙。懿公时卫国内乱,辟疆先后避祸齐、宋两国。回国继位后礼贤下士,务本训农,通商惠工,重视教化,复兴卫国。

二〇

澄源者救弊之本

《易·大畜·六五》曰："豶豕^①之牙，吉。"伊川曰："六居君位，畜，天下之邪恶者也。以亿兆之众，发其邪欲之心，人君欲力以制之，虽密法严刑不能胜也。夫物有总摄，事有机会，圣人操得其要，则视亿兆之心犹一心，道之斯行，止之斯戢，故不劳而治，其用若豶豕之牙也。豕，刚躁之物也，强制其牙则力劳而不能止，虽絷之维之，不能使之变也。若豶去其势，则牙虽存而刚躁自止矣。其用如此，所以吉也。君子法豶豕之义，知天下之恶不可以力制也，则察其机，持其要，塞绝其本源，故不假刑罚严峻而恶自止。"^②唐陆宣公有云："投胶以变浊，不如澄其源而浊自变之愈也。扬汤以止沸，不如绝其薪而沸自止之速也。"^③又云："若不靖于本而务救于末，则救之所为，乃祸之所起也。"昔汉兴，诸侯强大，反者数起，贾谊《策》曰："窃迹前事，大抵强者先反。欲天下治安，莫若众建诸侯而少其力。力少则易使以义，国小则无邪心，令海内之势如身之使臂、臂之使指。割地定制，令齐、赵、楚各为若干国，王之子孙毕以次受祖之分地，地尽而止。其分地众而子孙少者，建以为国，空而置之，须其子孙生者，举使君之。寸地一人，天下无所利焉。^[一]如此则卧赤子天下之上而安，植遗腹，朝委裘，而天下不乱。"④主父偃⑤复祖其论，说武帝云："古者诸侯地不过百里，今诸侯连城数十，地方千里，缓则骄奢易为淫乱，急则阻其强而合从以逆京师。以法制割削，则逆节萌起，前日晁错是也。今诸侯子弟或十数，而適嗣⑥代立，余虽骨肉，无尺地之封。愿令得推恩分子弟，以地侯之。彼人人喜得所愿，实分其国，必自销弱。"⑦帝从其计，不行黜陟而藩国自析矣。^[二]又范太史论："自井田废而贫富不均，立法者未尝不欲抑富，而或益助之，不知富者所以能兼并，由贫者不能自立也；贫者不能自立，由上之赋敛重而力役繁也。后之为治者，三代之制虽未能复，惟省其力役，薄其赋敛，务本抑末，尚俭去奢，占田有限，困穷有养，使贫者有以自立，而富者不得兼之，此均天下之本也。不然，虽有法令，徒文具而已，何益于治哉。"^[三]⑧熙宁间，契丹横使来求代北旧疆，诏问韩魏公待御之方，公慨然曰："事至如此，难为从半涂⑨间理会，须讲所以致之之由。"^[四]⑩欧阳文忠公谓："善治病者，必医其受病之处，善救弊者，必塞其起弊之源。"⑪胡衡麓谓："攻病者不去病源而徒饮以药，虽目前暂得治安之效，亦终于危而已矣。"⑫皆至论也。

子 注

[一] 窃谓凡举事一有自私之心，欲人心服而事济也难矣。

[二] 今富家大室，一析户而家道鲜复其始者，良犹是也。

[三] 苏子由⑬云："州县之间，随其大小皆有富民，此理势之所必至。所谓'物之不齐，物之情也'。然州县赖之以为强，国家恃之以为固。能使富民安其富而不横，贫民安其贫而不匮，贫富相恃，以为长久，而天下定矣。王介甫不忍贫民而深疾富民，志欲破富民以惠贫民，不知其不可也。方其未得志也，为《兼并》之诗曰：'三代子百姓，公私无异财。人主擅操柄，如天持斗魁⑭。赋予皆自我，兼并乃奸回。奸回法有诛，势亦无自来。后世始倒置，黔首遂难裁。秦王不知此，更筑怀清台⑮。礼义日以偷，圣经久埋埃。法尚有存者，欲言时所咍。俗吏不知方，掊克乃为才。俗儒不知变，兼并可无摧。利孔至百出，小人私阖开。有司与之争，民愈可怜哉。'及其得志，专以此为事，设青苗法以夺富民之利。民无贫富，两税之外，皆重出息什二，吏缘为奸，公私皆病矣。"⑯东坡记唐村庄民允从言曰："宰相何苦以青苗钱困我，于官有益乎？"或对云："官患民贫富不均，富者逐什一益富，贫者取倍称，至鬻田质口不能偿，故为是法以均之。"允从笑曰："贫富之不齐，自古已然，虽天公不能齐也，子欲齐之乎？民之有贫富，犹器之有厚薄也。子欲磨其厚等其薄，厚者未动而薄者先穴矣。"负薪能谈王道，政谓允从辈耶⑰？胡衡麓曰："董仲舒欲以限田渐复古制，终不能行者，以人主自为兼并，无以异于秦。夫自为兼并，则何以使民之不兼并乎？"⑱又有在位者罗织富民，录其资财以归帑庾，自谓得抑强之术，其实官为兼并，欲民心服难矣。妄谓欲抑兼并，莫若师范太史之说，庶或可行于今也。

[四] 此乃今日之弊也。且如士风不振，须讲其致衰之由；将吏罢懦，须讲其致弱之由；财用阙乏，须讲其致匮之由；盗贼窃发，须讲其致寇之

由而救之。陆宣公所谓"莫究致弊之端,但思革弊之策"[19],欲去弊难矣。王朴[20]上周世宗《平边策》[21],明是理也。

校 注

① 豮豕:阉割过的公猪。

② 见《伊川易传·周易上经下·大畜》,文有节略。

③ 见《陆宣公集·论两河及淮西利害状》。下文"又云"同。

④ 见《汉书·贾谊传》,文有节略。又分见于贾谊《新书·藩强》和《五美》篇。植遗腹,朝委裘:古代君王薨逝而继嗣的君王还未出生,就把已故君王常穿的裘衣放在君王上朝时所坐的座位上,受群臣朝拜。

⑤ 主父偃(? —前126):复姓主父,名偃,临淄(今山东临淄)人。初学纵横之术,后学《周易》《春秋》及百家之言。游历诸侯国,不受礼遇。后至长安,上书汉武帝,主张行推恩令以削弱诸侯王势力,为武帝采纳。拜郎中,迁中大夫。后为齐相,因告齐王与姊奸事,齐王自杀,偃被族诛。《史记》《汉书》有传。

⑥ 適嗣:嫡系子孙。"適"(dí)通"嫡"。

⑦ 见《史记·平津侯主父列传》《汉书·严朱吾丘主父徐严终王贾传》、刘向《新序·善谋下》,文有节略。

⑧ 见《唐鉴·高祖下》,文有节略。

⑨ 涂:通"途",道路。

⑩ 见《三朝名臣言行录·丞相魏国韩忠献王》引《别录》,文有节略。"事至如此,难为从半涂间理会",《韩魏公别录》卷下作"事至于此,难于从半涂间理会"。

⑪ 见《欧阳文忠公集·居士集·准诏言事上书》。

⑫ 见《致堂读史管见·唐纪·宪宗四年》,文有节略。

⑬ 苏子由:原作"苏子瞻",按其下语见苏辙《栾城集·栾城第三集·诗病五事》,胡仔《苕溪渔隐丛话前集》、蔡正孙《诗林广记后集》、魏庆之《诗人玉屑》、洪迈《容斋诗话》《容斋四笔》、李壁《王荆公诗注》所引皆作"苏子由",据改。

⑭ 斗魁:北斗七星中的第一颗星。

⑮ 怀清台:俗名贞女山,在今重庆市长寿区江南镇龙山寨。《史记·货殖列传》:"巴蜀寡妇清,其先得丹穴而擅其利数世,家亦不訾。清,寡妇也,能守其业,用财自卫,不见侵犯,秦皇帝以为贞妇而客之,为筑女怀清台。"

⑯ 见《栾城集·诗病五事》,《苕溪渔隐丛话前集·半山老人一》《诗林广记后集·王安石·兼并》《诗人玉屑·半山老人·诗病》《王荆公诗注·兼并》《容斋诗话》卷3、《容斋四笔·王荆公上书并诗》,文有节略。后世始倒置:"置",诸书皆作"持"。民无贫富:"无"原作"有",据上诸书改。

⑰ "东坡记唐村庄民"至"允从辈耶":见《东坡志林·唐村老人言》,文有节略。"政谓","政"作"正"。

⑱ 见《致堂读史管见·汉纪·孝平五年》。

⑲ 见《陆宣公集·论朝官阙员及刺史等改转伦序状》。

⑳ 王朴(915—959):字文伯,五代东平(今山东鄄城东)人。后汉乾祐进士,为校书郎,后告归乡里。周世宗即位,任比部郎中,奉诏撰上《平边策》。官至枢密使、检校太保。新、旧《五代史》有传。

㉑ 周世宗:即柴荣(921—959)。邢州龙冈(今河北邢台西南)人。后周太祖郭威的养子。显德元年(954)即位。在位期间,改革政治,整顿军事,发展生产,国力强盛。先后攻取后蜀和南唐十四州地,又北攻契丹,收复莫、瀛、易三州,为北宋的统一奠定了基础。

二一

刑赏者制师之本

《书》曰："天讨有罪，五刑五用哉。"[一]① 圣人因天讨而制刑，大刑用甲兵而陈诸原野②，于是黄帝有阪泉之师③，《周礼》有九伐之法④，盖以诛暴罚乱，不得已而用之，非乐之也。[二]石祖徕谓："兵者，系天下安危之机，万民存亡之命，有国已来孰敢去兵。"[三]⑤ 昔者，商、周天下既定，犹立司马之官，设六军之众⑥。夫蛮夷猾夏，寇贼奸宄，盛世有所不免，则用师之道，安可懵然不知哉？虽兵略不一，大要尚严而以刑赏为先，苟无刑赏，虽有节制，亦文具而已。[四]荀子论为将，号令欲严以威，刑赏欲必以信⑦。《书·胤征》曰："威克厥爱，允济；爱克厥威，允罔功。"[五]启《甘誓》曰："左不攻于左，汝不恭命；右不攻于右，汝不恭命；御非其马之正，汝不恭命；用命赏于祖，不用命戮于社，予则孥戮汝。"[六]⑧《汤誓》云："尔尚辅予一人，致天之罚，予其大赉汝。尔无不信，朕不食言。尔不从誓言，予则孥戮汝，罔有攸赦。"[七]⑨ 武王《泰誓》曰："功多有厚赏，不迪有显戮。"⑩ 虽三代之师，未有舍刑赏而能济者也。[八]《司马法》曰："赏不逾时，欲民速得为善之利也；罚不迁列，欲民速睹为不善之害也。"[九]⑪尚父谓："将以诛大为威，赏小为明。杀一人而三军震者，杀之；赏一人而万人悦者，赏之。杀贵大，赏贵小。杀及贵重之臣，是刑上极也；赏及厮养之徒，是赏下通也。刑上极赏下通，是将威之所行也。"⑫陆宣公亦云："行罚先贵近而后卑远，则令不犯；行赏先卑远而后贵近，则功不遗。"⑬李靖⑭曰："《孙子》云：'卒未亲附而罚之，则不服；已亲附而罚不行，则不可用。'此言凡将先有爱结于士，然后可以严刑也。若爱未加而独用峻法，鲜克济焉。"⑮此皆用刑赏之要术。[一〇]又须思其无不赏而事大敌坚，有涣然离之理，则赏不僭矣。[一一]又当念其死者不可复生，断者不可复续之理，则刑不滥矣。横渠曰："兵谋师律，圣人不得已而用之。其术见三王方策、历代简书，惟志士仁人为能识其远大者，素求豫备而不敢忽忘。"[一二]⑯杨龟山曰："古人未尝不知兵。如周官之法，虽坐作进退之末，莫不有节。若平时不学，一旦缓急，何以应敌？如此，则学者于行师驭众、战阵营垒之事，不可不讲。"[一三]⑰又曰："《孟子》言乎诸侯，尚仁义而贱诈力[一四]，设有委国以听焉，敌且至境，将坐视其败与？其亦必有以当之乎？学者不可忽也。[一五]《易》曰：'师，众也。贞，正也。能以众正，可以王矣。'伊川谓：'兴师动众以毒天下，而不以正，民弗从也。'⑱是知行师之道，又贵乎以正尔。[一六]

子　注

[一] 伊川曰：“万事皆只是一个天，己何与焉？天讨有罪，五刑五用，天命有德，五服五章⑲，此都只是自然当如此，人几尝与于其间，与则只是私意。”⑳

[二] 东坡代《张安道㉑谏用兵疏》略曰：“夫惟圣人之兵，皆出于不得已。故其胜也，享安全之福，其不胜也，必无意外之患。后世用兵，皆得已而不已，故其胜也，则变迟而祸大，其不胜也，则变速而祸小。是以圣人不计胜负之功，而深戒用兵之祸。何者？兴师十万，日费千金，内外骚动，殆于道路者七十万家。内则府库空虚，外则百姓穷匮。饥寒逼迫，其后必有盗贼之忧，死伤愁怨，其终必致水旱之报。上则将帅拥众，有跋扈之心，下则士众久役，有溃叛之志。变故百出，皆由用兵。至于兴事首议之人，冥谪尤重。盖以平民无故缘兵而死，怨气充积，必有任其咎者。是以圣人畏之重之，非不得已，不敢用也。且夫战胜之后，陛下可得而知者，凯还捷奏，拜舞称贺，赫然耳目之观耳。至于远方之民，肝脑屠于白刃，筋骨绝于馈饷，流离破产，鬻卖男女，熏眼折臂，自经之状，陛下必不得而见也。慈父孝子孤臣寡妇之哭声，陛下必不得而闻也。使陛下将卒精强，府库充实，如秦、汉、隋、唐之君，既胜之后，祸乱方兴，尚不可救，而况所在将吏罢软凡庸，较之古人，万万不逮。而数年已来，公私窘乏。若军事一兴，横敛随作，民穷而无告，其势不为大盗，无以自全。边衅方深，内患复起，则胜、广之形将在于此。”㉒先忠肃公《谏用兵疏》略曰：“使我师每战每胜，臣以为非国之利，又况杀伤相当，成败未可知。”㉓富郑公《谏亲征疏》曰：“太平天子与创业之君事体绝异者，不可慨然轻举。”㉔范太史曰：“昔舜命禹征有苗，三旬，苗民逆命，乃班师振旅。夫舜、禹征伐犹无功，故用兵非美事也。老子谓：‘佳兵者，不祥之器，不得已而用之。’”㉕又云：“老子曰：‘师之所处，荆棘

生焉。大军之后，必有凶年。'言民以愁苦之气，伤天地阴阳之和，致水旱之灾。夫以兵除残，如人以毒药攻疾，疾去而人伤亦甚矣。其血气必久而后复，或终身遂衰。一失其养，则易以死亡，不若未病之完也。先王制治于未乱，保邦于未危，有天下者可不务哉。"㉖

[三]吕东莱释武成偃武修文之说云："归马放牛，使适其性，示不用也。示者，期示而已，不是尽放牛马。所谓天子十有二闲，常制自在，未尝放也。所放者，征战之牛马而已。不然，其后管、蔡叛，成王四征弗庭，何尝重整武备哉？"唐穆宗既得两河之后，尽销其兵，至后两河复失者，皆无兵故也。

[四]窃谓军事尚严者，不过欲人畏我不畏敌而已；重刑赏者，不过欲坚一其士心而已。此诚胜敌之要。昔纣亿万之众不能当周师三千者，虽至仁伐至不仁之不同，其实士心一与不一尔。

[五]东坡谓："此临敌誓师，一切之言，世儒欲行猛政者，辄以此借口。"㉗《传》曰："古者国容不入军，军容不入国。"㉘《司马法》止用于军中，因悟牧民与御兵之道有不同。商鞅以治军之法治秦，宜乎召怨天下。《兵法》曰："兵无两畏也。畏我侮敌，畏敌侮我，见侮者败，立威者胜。是故知胜之道者，必先知畏侮之权。"㉙

[六]虽王者之师，号令之严如此。攻，治也。张横浦曰："此誓六事之人也。一或失职，是为慢命，罚何所逃乎？"㉚古者车战，一车之上，左右及御凡三人。左以射为职，右以击刺为职，御车中以正马为职。用命谓恭命。古者师行，载庙社之主以行，知有赏刑矣。孥戮者，谓一人受戮，辱及一家耳。古有戮辱之言是矣。必欲杀及妻孥，此秦法也，先王无之。

[七]吕伯恭云："禹伐有苗，止曰：'尔尚一乃心力，其克有勋。'至启乃曰：'用命赏于祖，不用命戮于社，予则孥戮汝。'已与禹不同。今汤誓师之辞虽与启相似，而又曰：'朕不食言，罔有攸赦。'此世变风移，圣人不得不然。"㉛

[八]《兵法》曰："一人投命,足惧千夫。"㉜又曰："百万之众不用命,不如万人之斗也。万人之斗,不如百人之奋也。赏如日月,信如四时,令如斧钺,加于将士,卒不用命者,未之闻也。"㉝又曰："民非乐死而恶生也,号令明,法制审,故能使之前;明赏于前,决罚于后,是以发能中利,动则有功。"㉞刘牧曰："凡用师,以赏前导之,故顺也;以刑后威之,故能行也。坤顺在前,坎威居后,应有象矣。"因知王者之师亦不能违是道者,理当然尔。

[九] 欧阳文忠公《论军法疏》略曰："用人之术,不过赏罚。然赏及无功则恩不足劝,罚失有罪则威无所惧,虽有人,不可用矣。昨关西用兵四五年㉟矣,大将以无功罢者依旧居官,军中见有无功者不妨得好官,则诸将谁肯立功矣。裨将畏懦逗遛者皆免斩罪,或暂贬而寻迁,或不贬而依旧,军中见有罪者不诛,则诸将谁肯用命矣。所谓赏不足劝,威无所惧,赏罚如此,而欲用人,其可得乎?"㊱先忠肃公《论军赏疏》略曰："赏罚之施于天下,不可以无信,而施于盗贼者尤不可缓也。方民之被盗也,田里闾巷,昼夜惴恐,县官恻然,开告捕之科,不爱厚赏,提官爵,抱金帛,恨不即得有功者付之。幸而贼得矣,而有司不能推奉诏旨,乃苛以文法,考诘稽留,使人不得亟蒙有功之利,臣窃以为后日忧也。夫奋不顾死,冒矢石以与亡命者格,虽莫不有职,然要之趋赏之意多也。今失信而后时,诚恐缓急不足以率励,此其为患有不可胜言者。"㊲

[一〇] 胡衡麓谓："卫公妙达兵法与韩信等,而不为术胜则过之。"㊳

[一一] 荀卿曰："齐人隆技击,得一首则赐赎锱金,无不赏矣。事小敌毳则偷可用也,事大敌坚则涣然离耳,是亡国之兵也。"㊴八两曰锱。

[一二] 昔胡安定、石徂徕、程明道于边防兵战利害罔不究知,若论为学之序,则又在知所先后也。

[一三] 又与胡文定公《论军政书》曰："立丘乘之法㊵以寓军政,历世因之,未之有改也,至周为尤详。居则为比、闾、族、党、州、乡,出则为伍、

两、军、师之制,使之相保相受,刑罚庆赏相及相共,祭祀宾客,充君庖而已。其事宜若缓而不切也。而王执路鼓亲临之,教以坐作进退,有不用命,则刑戮随之,其教习之严如此。故六乡之兵出则无不胜,以其威令素行故也。丘井之废久矣,兵农不可以复合,而伍、两、军、师之制则不可不讲。无事之时,使之相保相受,刑罚庆赏相及相共。用之于有事之际,则申以卒伍之令,督以指挥旌旗之节。临难而不相救,见敌而不用命,必戮无赦。使士卒畏我而不畏敌,然后可用。若夫伍法不修,虽有百万之师,如养骄子,不可用也。《传》曰:'秦之锐士,不可以当齐、晋之节制;齐、晋之节制,不可以当汤、武之仁义。'窃谓虽有仁义之兵,苟无节制,亦不可以取胜。《甘誓》曰:'左不攻于左,汝不恭命;右不攻于右,汝不恭命。弗用命,则孥戮之。'《牧誓》曰:'不愆于六步七步,乃止齐焉。'其节制之严盖如此。圣人著之于经,以为后世法也。故诸葛孔明曰:'有制之兵,无能之将,不可以败;无制之兵,有能之将,不可以胜。'此之谓也。"㊶伊川亦云:"行师之道,以号令节制为先。制师无法,幸而无败且胜者时有之矣,圣人之所戒也。"㊷

[一四]《孙子》曰:"兵者,诡道也。"㊸唐太宗谓:"千章万句,不出乎'多方以误之'一句。"㊹此正战国兵谋,孟子所贱者也。李靖曰:"古今胜败,率由一误而已。"㊺后世称善用兵决胜者,不出乎此道,亦是世变风移所致耳。龟山谓:"兵虽不贵诈力,亦人所不得而诈,然后为善。"㊻又曰:"王者之兵,未尝以术胜人,然亦不可以计败。"㊼或问伊川:"用兵,掩其不备、出其不意之事,使王者之师当如此否?"曰:"固是。用兵须要胜,不成要败?既要胜,须求所以胜之之道。但汤、武之兵,自不须如此。'罔有敌于我师',自可见。然汤亦尝升自陑㊽,陑亦间道,且如两军相向,必择地可攻处攻之。右实则攻左,左实则攻右,不成道我不用计也。且如汉、楚既分鸿沟㊾,乃复袭之,此则不可。如韩信囊沙壅水㊿之类,何害?"[51]问:"宋襄公不鼓

不成列㊾如何?"曰:"此愚也。既与他战,又却不鼓不成列,必待他成列,图个甚?"㊾

[一五] 又曰:"昔侯君集㊾学兵于李靖,靖曰:'中原无事,吾教君集以制四夷而已。'则用兵中原与御夷狄异也。"㊾又云:"观战国用兵,中原之战也。若今之用兵,御夷狄耳。力可战则战,利于守则守,来则拒之,去则勿追,则边境自然无事。"㊾盖夷狄之战与中原之战异,夷狄难于较曲直是非,惟恃力尔。温公曰:"戎狄之俗,自为儿童则习骑射,父子兄弟相与群处,未尝讲仁义礼乐之言也,惟于攻战相尚而已。故其民习于用兵,善忍饥渴,能受辛苦,乐斗而少病,此中国之民所不能为也。是以圣人与之较德,则有天地之殊;与之较力,则未能保其必胜也。以大禹之明,征三苗而三旬逆命;以商高宗㊾之贤,伐鬼方㊾三年乃克;以汉高祖之雄杰,为冒顿㊾所围七日不食。"㊿。昔严尤㊿以谓:"匈奴为害,所从来久矣,未闻上世有必征之者。周、秦、汉征之,皆未得上策。当宣王时,猃狁㊿内侵,至于泾阳,命将征之,尽境而还。其视夷狄之侵,譬犹蚊蝱,驱之而已,是为中策。汉武帝选将练兵,深入远戍,虽有克获,胡辄报之?兵连祸结三十年,中国罢耗,是为下策。"㊿范太史又谓:"由秦以来,未有得志于南蛮者。盖以瘴毒险阻,不得天时地利,所恃者人和而已。而民从征役,皆知必死,如往弃市,则是三者皆亡矣。马援㊿击交趾最为有功,然三年而后克,士卒死者十五六,乃得一女子之首。唐太宗欲讨冯盎㊿而用魏征之策,卒招怀之。明皇之末,李宓㊿败于云南,死者二十万,自是而后,南诏盛强。夫高宗,商贤王,鬼方,小蛮夷也。以贤王伐小蛮夷,犹三年乃克,言用兵之难也。"㊿秦少游又论:"平盗贼与攘夷狄之术异,何则?夷狄之兵,甲马如云,矢石如雨。牛羊橐驼,转输不绝。其人便习而整,其器犀利而精,故方其犯边也,利速战以折其气。盗贼则不然。险阻是凭,抄夺是资,亡命是聚。胜则乌合,非有法制相縻,败则兽遯,非有恩信相结,然揭竿持梃,郡县之

卒或不能制者，人人有必死之心而已。故方其群起也，速战以折其气，勿迫以携其心，盖非速战以折其气，则缓而势纵，非勿迫以携其心，则急而变生。今夫虎之为物，啸则风生，怒则百兽惊恐，其气暴悍，可杀而不可辱。故捕虎之术，必撞以利戟，射以强弓，鸣金鼓而乘之，不旋踵而无虎矣。至蛇与鼠则不然，虽其毒足以害人，而非有生风之勇，其贪足以蠹物，而非有震恐百兽之威。然而不可以骤而取者，以其急促则入于窟穴而已。故捕蛇鼠之术，必环其窟穴而伺之，熏以艾，注以水，彼将无所得食而出焉，则尺棰可以制其命。夷狄者，虎也；盗贼者，蛇鼠也。虎不可以艾熏而水注，蛇鼠不可以弓射而戟撞，故曰平盗贼与攘夷狄之术异也。"⑱窃谓今日用兵，不过捕盗贼御夷狄而已，诸说曲尽事理，故具载之。若论安边弭盗之策，则莫若自治为上也。舜曰："柔远能迩，惇德允元，而难任人，蛮夷率服。"⑲益曰："无怠无荒，四夷来王。"⑳杜牧之曰："法令制度，品式条章，果自治乎？贤材奸恶，搜选置舍，果自治乎？郭戍镇守，干戈车马，果自治乎？井闾阡陌，仓廪财赋，果自治乎？如不自治，是助虏为虐。"㉑季康子㉒患盗，问于孔子，孔子对曰："苟子之不欲，虽赏之不窃。"㉓谢上蔡云："王介甫谓：'俗之所荣，罚之不能止，俗之所耻，赏之不能诱，故君子无为也，反身以善俗而已。'"㉔唐太宗以谓："去奢省费，轻徭薄赋，选用廉吏，使民衣食有余，则自不为盗，安用重法。"自是数年之后，路不拾遗，商旅宿野焉㉕。此皆自治之要略也。至于用兵决胜，策斯为下矣。

[一六] 如《周礼》九伐之法，汉高为义帝伐楚，先主以兴复汉室伐魏之类，此师之正也。秦皇汉武，穷兵黩武，此师之不正也。大抵兵端从古所忌，亦不可不知。

校　注

① 见《尚书·皋陶谟第四》。

② 大刑用甲兵而陈诸原野：见《国语·鲁语上第四·臧文仲说僖公请免卫成公》："大刑用甲兵，其次用斧钺，中刑用刀锯，其次用钻笮，薄刑用鞭扑，以威民也。故大者陈之原野，小者致之市朝。"

③ 黄帝有阪泉之师：见《史记·五帝本纪》："炎帝欲侵陵诸侯，诸侯咸归轩辕。轩辕乃修德振兵，治五气，艺五种，抚万民，度四方，教熊罴貔貅䝙虎，以与炎帝战于阪泉之野。三战，然后得其志。"阪泉，古地名，在今北京市延庆区西，一说在今河北省涿鹿县东南。

④ 九伐之法：见《周礼·夏官司马第四》："大司马之职……以九伐之法正邦国：冯弱犯寡则眚之，贼贤害民则伐之，暴内陵外则坛之，野荒民散则削之，负固不服则侵之，贼杀其亲则正之，放弑其君则残之，犯令陵政则杜之，外内乱，鸟兽行，则灭之。"

⑤ 见《历代名贤确论·通论三》，文有节略。

⑥ 设六军之众：《周礼·夏官司马第四》："乃立夏官司马……凡制军，万有二千五百人为军，王六军……军将皆命卿；二千有五百人为师，师帅皆中大夫；五百人为旅，旅帅皆下大夫；百人为卒，卒长皆上士；二十五人为两，两司马皆中士；五人为伍，伍皆有长。"

⑦ "荀子论为将"句：见《荀子·议兵篇第十五》："制号政令欲严以威，庆赏刑罚欲必以信。"

⑧ 见《尚书·甘誓》。启：禹之子。在禹死后继位，终结了禅让制，为夏朝第一代帝王。《甘誓》为史官所记启在有扈（今陕西户县一带）南郊的甘地与有扈氏交战时的誓词。

⑨ 见《尚书·汤誓》。

⑩ 见《尚书·泰誓下》。

⑪ 见《司马法·天子之义第二》。

⑫ 见《六韬·将威二十二》，文有节略。

⑬ 见《陆宣公集·奉天论拟与翰林学士改转状》。

⑭ 李靖：即李药师（571—649）。京兆三原（今陕西三原东北）人。唐初军事家，精熟兵法。隋末任马邑丞，入唐，从李世民讨王世充，任行军总管；平萧铣，降岭南，授岭南道抚慰大使。太宗时历任兵部尚书、尚书右仆射等职。败东突厥，破吐谷浑，封卫国公。著有兵书《李卫公问对》。《新唐书》和《旧唐书》皆有传。

⑮ 见《李卫公问对》卷中。

⑯ 见《近思录·治法》。

⑰ 见《龟山集·荆州所闻五十》。

⑱ 见《伊川易传·周易上经上·师》。

⑲ 五服五章：五服，天子、诸侯、卿、大夫、士的五种礼服。"章"，通"彰"，显。五服以彰显等级。

⑳ 见《二程遗书·元丰己未吕与叔东见二先生语》，文有节略。"万事"作"万物"；"人几尝与于其间？与则只是私意"作"人几时与？与则便是私意"。

㉑ 张安道：即张方平（1007—1091）。字安道，自号乐全居士。北宋应天府（今河南商丘）人。官至参知政事，以太子少师致仕。卒，谥文定。《宋史》卷318有传。

㉒ 见《苏文忠公全集·东坡奏议·代张方平谏用兵书》，文有节略。"拜舞称贺"作"拜表称贺"。寡妇之哭声："声"字原缺，据上书补。胜、广之形：指秦朝末年陈胜、吴广起义的情形。

㉓ 见《忠肃集·论应西夏奏》。

㉔ 见《诸臣奏议·上神宗答诏问北边事宜》。又见《续资治通鉴长编》卷262，神宗熙宁八年夏四月丙寅条记事。

㉕ 见《唐鉴·太宗四》。

㉖ 见《唐鉴·德宗三》。

㉗ 见苏轼《东坡书传》卷6,文有节略。

㉘ 见《司马法·天子之义第二》。

㉙ 见《尉缭子·攻权第五》,文有节略。"兵无两畏"作"民无两畏"。

㉚ 见《尚书精义·甘誓》引张九成语:"六事之人恭天之命者,左攻于左,右攻于右,御以正马。此恭天命也,一或失职,是为慢命,罚何所逃乎?"

㉛ 见吕祖谦《书说·汤誓第一》。原文为:"禹伐苗,止曰:'尔尚一乃心力,其克有勋。'至启乃曰:'用命赏于祖,弗用命戮于社,予则孥戮汝。'已不同矣。汤誓师之辞,与启相若,而又曰:'朕不食言,罔有攸赦。'世变风移,圣人不得不然。"

㉜ 见《吴子·励士第六》。

㉝ 见《尉缭子·兵令下第二十四》。"加于将士"作"制如干将"。

㉞ 见《尉缭子·制谈第三》。

㉟ 用兵四五年:"四五"原作"四十五",据《欧阳文忠公文集·准诏言事上书》、陈亮《欧阳文粹·准诏言事》改。按《续资治通鉴长编》,仁宗宝元元年(1038)十月,元昊称帝,建立夏国,随即与宋发生战争,至庆历二年(1042)五月欧阳修上书时,时间不足四年,但已历五个年头。

㊱ 见《欧阳文忠公集·居士集·准诏言事上书》《欧阳文粹·准诏言事》,文有节略。"见有无功者",皆无"有"字;"皆免斩罪"皆作"皆当斩罪"。

㊲ 见《忠肃集》卷6,题作《论贼赏稽违疏》,文有节略。

㊳ 见《致堂读史管见·唐纪·太宗十七年》。

㊴ 见《荀子·议兵篇第十五》,文有节略。亡国之兵:"亡"原作"十",据《荀子》及上下文意改。

㊵ 丘乘之法:古代划分田地和政区的井田制。《礼记》孔颖达疏:"丘乘者,都鄙井田也。九夫为井,四井为邑,四邑为丘,四丘为乘。唯

祭社而使丘乘,共其粢盛也。"

㊶ 见《龟山集·答胡康侯·其八》,文有节略。

㊷ 见《伊川易传·周易上经上·师》,文有节略。

㊸ 见《孙子·始计第一》。

㊹ 见《李卫公问对》卷下。

㊺ 见《李卫公问对》卷下。

㊻ 见《龟山集·荆州所闻·五十一》。

㊼ 见《龟山集·荆州所闻·五十》。

㊽ 汤亦尝升自陑:陑,地名,即今山西省永济市南之雷首山。《尚书·汤誓》:"伊尹相汤伐桀,升自陑,遂与桀战于鸣条之野。"商在夏的东部,商军从夏的西边向东进攻夏都,采取的是出其不意的迂回战术。

㊾ 鸿沟:在今河南省荥阳市广武镇。秦末项羽、刘邦争战于此,后约以鸿沟为界中分天下,西为汉,东为楚。

㊿ 囊沙壅水:《汉书·韩彭英卢吴传》:楚将龙且率军救齐,与汉军隔潍水相持,"信乃夜令人为万余囊,盛沙以壅水上流,引兵半渡,击龙且,阳不胜,还走。龙且……遂追,渡水,信使人决壅囊,水大至,龙且军太半不得渡,即急击杀龙且。龙且水东军散走,齐王广亡去,信追北至城阳,虏广,楚卒皆降,遂平齐。"

○51 见《二程遗书·刘元承手编》。

○52 宋襄公不鼓不成列:见《左传·僖公二十二年》:"宋公及楚人战于泓。宋人既成列,楚人未既济。司马曰:'彼众我寡,及其未既济也,请击之。'公曰:'不可。'既济而未成列,又以告。公曰:'未可。'既陈而后击之,宋师败绩。公伤股,门官歼焉。国人皆咎公。公曰:'君子不重伤,不禽二毛。古之为军也,不以阻隘也。寡人虽亡国之余,不鼓不成列。'"

○53 见《二程遗书·刘元承手编》。

(54) 侯君集(? —643):邠州三水(今陕西旬邑)人。唐初大将,曾从李靖平吐谷浑,累官至吏部尚书,后与太子李承乾谋反,被杀。

(55) 见《龟山集·论时事》,“以制四夷”作“御戎狄”。

(56) 见《龟山集·荆州所闻·五十一》。

(57) 商高宗:商代第二十三代君王武丁。在位59年,重用傅说等贤能之士辅政,使商朝政治、经济、军事、文化均获得空前发展,史称“武丁中兴”。

(58) 鬼方:商周时期西北部族。

(59) 冒顿(? —前174):挛鞮氏。秦末杀父自立为匈奴单于。汉高祖七年(前200年)率兵南下围攻晋阳(今山西太原),刘邦率军迎战,被冒顿围困于白登山(今山西大同附近)达七天七夜,采用陈平之计,才得以脱围。

(60) 见《温国文正公文集·横山疏》,字句略有异。

(61) 严尤:本姓庄,字伯石,避汉明帝刘庄讳改。新莽时期大臣,曾任大司马,征战多胜罕败,自比乐毅、白起,著有《三将论》。

(62) 猃狁:古代中国北方的民族。殷周之际游牧于今陕西、甘肃北境及宁夏、内蒙古西部。西周初势力渐强,成为周王朝一大威胁。周宣王曾在朔方建筑城堡,并多次出兵抵御。

(63) 见《汉书·匈奴传》“严尤谏曰”,文有节略。

(64) 马援(前14—49):字文渊,东汉扶风茂陵(今陕西兴平)人。战国时赵国名将马服君赵奢之后。少有大志,东汉初归附刘秀,率军破陇羌,征交趾,击乌桓,累官至伏波将军,封新息侯。女嫁汉明帝为明德皇后。后病卒军中。《后汉书》有传。

(65) 冯盎:字明达,隋唐时岭南少数族首领冼夫人之孙。隋时为汉阳太守,后以南越之地降唐,被封为越国公。贞观初,唐太宗闻其欲反叛,拟发兵征讨,魏征劝太宗遣使宣谕,冯盎果然臣服。《新唐书》和《旧唐书》皆有传。

⑥⑥ 李宓：唐剑南节度使留后。天宝十三年（754 年），李宓率唐军征伐南诏，至太和城外，军队疫染粮尽，死亡过半，退兵时遭南诏与吐蕃联军合击，李宓被擒，全军覆灭。

⑥⑦ 见《唐鉴 · 懿宗》范祖禹评论，文有节略。

⑥⑧ 见《淮海集 · 盗贼上》《苏门六君子文粹 · 淮海文粹》，文有节略。“败则兽遁”，“兽”原作“战”；两“速战以折其气”，“速”原皆作“远”；“必环其窟穴”，“必”原作“以”，今皆据上两书改。

⑥⑨ 见《尚书 · 舜典第二》。

⑦⓪ 见《尚书 · 大禹谟第三》。

⑦① 见杜牧《樊川文集 · 罪言》。

⑦② 季康子：姓季孙氏，名肥，康为谥号，春秋时鲁国的大夫。

⑦③ 见《论语 · 颜渊第十二》。

⑦④ 见《论孟精义 · 论语精义 · 颜渊第十二》。

⑦⑤ 见《范太史集 · 转对条上四事状》《唐鉴 · 高祖下》，文有节略。

二二

节用者理财之本

《易》称："何以守位，曰仁。"即继以理财之训①。《洪范》八政②，亦以食货为先。《王制》曰："国无九年之蓄曰不足，无六年之蓄曰急，无三年之蓄曰国非其国也。三年耕必有一年之食，九年耕必有三年之食，以三十年之通，虽有凶旱水溢，民无菜色。"[一]③《周官》：大宰以九赋敛财贿[二]，以九式均节财用，以九贡致邦国之用[三]④。先王所谓理财者，盖均节之，使取有制、用有度而已，非若后世之掊克聚敛也[四]。《易》曰："节以制度，不伤财，不害民。"⑤若徒事簿书期会，较其赢余，不知节以制度，欲免乎伤财害民，难矣[五]。有若以谓："百姓不足，君孰与足。"[六]⑥张横浦曰："一国之大，有百官有司之俸，有祭祀宾客之给。傥轻费妄用，则将头会箕敛，夺民财而民不胜病矣。要当量入为出，百官有司，其俸有高下，其品有章程，此谓有节用也。至于旱干水溢，大则发九年之蓄，小则发三年之蓄，而吾无所靳焉。盖以救民也。"本朝陈晋公[七]⑦号善理财，尝云："出纳之吝，所当谨者，起支定例。"⑧此又节用之要术也[八]。若夫已予之，复损之，是夺也，非节也。然节用之道，亦不可以易言。不当节而节之，非徒无益，害又甚也。杨龟山曰："节用而不以制度，则俭而或至于废礼，非所以为节。"⑨又曰："昔刘晏造船，或言虚费太多，晏曰：'论大计不惜小费。凡事必为永久之虑，当使之私用无窘，则官物坚好，异时有患吾给钱多，减之过半，则不能运矣。'至咸通中，官司计费而给，无羡余，船益脆薄易坏，漕运遂废。此惜小费而不论大计之过也。"[九]⑩东坡亦云："天下之计，未尝不成于大度之士，而败于寒陋之小人也。国家财用大事，安危所出，不与寒陋小人谋之，则可以经久不败矣。"⑪又有大者，姑以用兵言之。《兵法》谓："兵无财，士不来，兵无赏，士不往。"⑫节其可得乎？唐朱泚之叛⑬，本起于泾州姚令言，兵无所赐，及犒师，惟粝饭菜馅，众怒，蹴而覆之，遂作乱，陷长安。德宗幸奉天⑭，李绛罢遣兴元募兵，以犒赐之薄，众遂害绛而屠其家。后世慕节用之名，而不得其道，众叛亲离，亡躯败事者，亦众矣。《易》曰："苦节贞凶。"⑮大凡节而不能通，则有致凶之道焉。达乎'可以予可以无予，可以取可以无取'之义，始可与言节用矣。[一〇]

子　注

[一] 曾南丰《议经费疏》曰："天下之费，有约于旧而浮于今者，有约于今而浮于旧者。其浮者，必求其所以浮之自而杜之；其约者，必本其所以约之由而从之。如是而力行，以岁入一亿万以上计之，所省者十

之一，则岁有余财一万万，驯致不已，至于所省者十之三，则岁有余财三万万，以三十年通计之，当有余财九亿万，可以为九年之蓄，自古国之富未有及此也。古者言九年之蓄者，计每岁所入存十之三尔，盖约而言之也。"⑯

[二] 后之议赋敛者尤不可以轻举也。薛简肃公⑰为发运使，辞王文正公⑱，而公无它语，但云"东南民力竭矣"。张士逊⑲出为江西漕使，辞王文正公于政事堂。公曰："朝廷榷利至矣。"张后迭更是职，思公之言，未尝求锥刀之利⑳。熙宁中，命徐全相视太行煤子税额，道出相台，谒韩魏公，因以事告。公再三祝曰："小民借此为生，若一添税，与天地相终，无由废罢。"但言难于增税如何。因思今和买绢㉑、免役㉒、月桩钱㉓之类，欲罢不能，故圣人重于作俑也。

[三] 杨龟山曰："理财，真宰相之职。盖古之制国用者，量入以为出，故以九赋敛之，而后以九式均节之，使用财无偏重不足之处。所谓均节也，取之有艺，用之有节，然后足以服邦国而致其用。'致'犹'致人'之致，使其自至也。若天王求车，则非致也。"㉔嘉祐中，温公《论理财疏》曰："天降菑沴㉕，蛮夷猾夏，寇贼奸宄，此尧舜所不能免也。即不幸有大水大旱，方二三千里，戎狄乘间而窥边，庶民穷困而为盗，师旅数起，久未有功，府库之蓄积已竭，百姓之生业已尽，陛下当此之时，将以何道而救之乎？议者必以为宰相论道经邦，燮理阴阳，不当领钱谷之职，是皆不知治体者之言。昔舜举八恺㉖，使主后土，奏庶艰食，懋迁有无，地平天成，九功惟叙。《周礼·冢宰》以九职、九赋、九式、九贡之法治财用，唐制以宰相领盐铁、度支、户部，国初亦以宰相都提举三司、水陆发运等使，是则钱谷自古及今皆宰相之职。今译经润文犹以宰相领之，岂有食货国之大政，而谓非宰相之事乎？必若仓库空竭，闾阎愁困，四方之民流转死亡，而曰我能论道经邦、燮理阴阳，非愚之所敢知也。"㉗

[四] 熙宁初，新法方行，王荆公谓国用不足者，以未得善理财者也。温公

曰:"善理财者,不过头会箕敛以尽民财。民穷为盗,非国之福。"荆公曰:"不然。善理财者,不加赋而上用足。"温公曰:"天下安有此理!天地所生财货百物止有此数,不在民则在官。譬如雨泽,夏涝则秋旱。不加赋而上用足,不过设法阴夺民利,其害甚于加赋。此乃桑弘羊欺汉武帝之言,太史公书之,以见武帝不明尔。至末年,盗贼蜂起,几至于乱。若武帝不悔祸,昭帝不变法,则汉几亡。"㉘孟献子㉙曰:"百乘之家不畜聚敛之臣,与其有聚敛之臣,宁有盗臣。"㉚。《大学》曰:"此谓国不以利为利,以义为利也。长国家而务财用者,必自小人矣。"㉛小人在位,必使国家求利。人君好利,亦必用小人。昔周厉王㉜信任荣夷公㉝,芮良夫㉞曰:"王室其将卑乎?荣公好专利而不知大难。夫利,百物之所生也,天地之所载也,而或专之,其害多矣。天地百物皆将取焉,胡可专也。所怒甚多而不备大难,以是教王,其能久乎?夫王人者,将导利而布之上下者也。使神人百物无不得其所,犹曰怵惕,惧怨之来也。今王好专利,其可乎?匹夫专利犹谓之盗,王而行之,其归鲜矣。荣公若用,周必败。"既荣公为卿士,诸侯不享,王流于彘。㉟。范太史之论略曰:"自古好利之君无不危乱,兴利之臣无不祸败。自桑弘羊已来,宇文融㊱、韦坚㊲、杨慎矜㊳、王铁㊴、杨国忠㊵、卢杞㊶、赵赞㊷,皆无善终者,其故何哉?壅利于国家,所害者众,天下之怨归之,故祸及其身,宗族诛灭,国家亦受其菑。"㊸是故,孟子对梁惠王问利国,深言好利之祸。又曰:"必若公刘之厚民,李悝之平籴,耿寿昌之常平,不为掊克,上下皆济,则身享其荣,后嗣蒙其庆矣。吉凶祸福之效如此,可不戒哉!"㊹东坡曰:"管仲之后不复见于齐者。余读其书,大抵以鱼盐富齐尔。以孔子称其仁,不救其无后,利之不可与民争也如此。"㊺吕正献公曰:"小人聚敛以佐人主之欲,人主不悟,以为有利于国,而不知其终为害也;赏其纳忠,而不知其大不忠也;嘉其任怨,而不知怨归于上也。"㊻伊川谓:"商功计利之人,败天下国家。"东坡曰:"白乐天作

《张平叔户部侍郎制》云:‘计能析秋毫,吏畏如夏日。’其人必小人也。”㊼窃谓凡在上者,用人皆当以此自警。

[五] 唐陆宣公云:“民者,邦之本;财者,民之心。其心伤则其本伤,其本伤则枝干颠瘁而根柢蹶拔矣。”㊽又《论裴延龄奏羡余疏》云:“延龄者,以聚敛为长策,以诡妄为嘉谋,以掊克敛怨为匪躬,以靖谮服谗为尽节。前岁秋首,特诏延龄继司邦赋,数月之内,遽炫功能,奏称:‘勾获隐欺,计钱二十万贯,请贮别库,以为羡财。’荡心于上,敛怨于人,务行邪谄,公肆诬欺,奏云:‘左藏库㊾司多有失落,近因检阅使置簿书,乃于粪土之中收得银十三万两,其匹段杂货百万有余,皆是文帐脱遗,并同已弃之物。今所收获,即是羡余,悉合移入杂库,以供别敕支用。’以在库之物为收获之功,以常赋之财为羡余之费,曾不知王者之体,天下为家,国不足则取之于人,人不足乃资之于国,在国为官物,在人为私财,何谓赢余,复须别贮?是必巧诈以变移官物,暴法以刻敛私财,舍此二涂,其将焉取?延龄既怙宠私,益复放肆,遂录积久逋欠,妄云察获奸赃,总计缗钱八百余万。听其言则利益虽大,考其事则虚诞自彰:或是水火漂焚,或缘旱涝伤败,或因兵乱散失,或遭寇贼敚攘㊿,或准法免征,或经恩合放,或人户逃逸无处追寻,或纲典拘囚不免填纳,或没入店宅岁久摧残,或收获舟船年深破坏,类皆如此,难以殚论。陛下姑欲保持,曾无诘问。由是蹂躏官属,倾倒货财,移东就西,便为课绩,取此适彼,遂号羡余,愚弄朝廷,有同儿戏。”(51)东坡《论新法书》云:“今有人为其主牧牛羊,不告其主,以一牛而易五羊,一牛之失则隐而不言,五羊之获则指为劳绩。坏常平而言青苗之功,亏商税而取均输之利,何以异此?”(52)范太史谓:“自古聚敛兴利之臣,非有生财之术,皆移东于西,指虚为实,徒张官吏,置簿书,以罔惑人主,取功赏而已。盖兴利必用小人,小人莫不为欺。故其所行,皆由一律也。”(53)因具载之,以为世戒云。

[六] 胡文定公《绍兴时政论》曰:“‘夫焚林而畋,非不得兽,而明年无兽;

竭泽而渔，非不得鱼，而明年无鱼。'厚赋重敛，困乏不足，转而之他，则无百姓，谁与供常税乎？如京东西路，岁入二税约七百万，课利杂收约三百万。其余山泽之利，在祖宗时捐以予民，不尽取也。百姓归戴，罔有二心。及李彦等取之，凡西城课利及干泺为田，穷竭民力，敛积无算，百姓愁苦，转而为盗。今此两路，常赋不归于王府五年矣。又如荆湖南北，岁入二税约四百万，课利杂收约一百万。自二税外，岂无余利？在祖宗时捐以予民，不尽取也。百姓归戴，罔有二心。及部使者取之，折变则有一折、两折、三折，收籴则有均籴、敷籴、补籴，散引则有面引、茶引、盐引，受纳则有一加、再加、倍加，而犹以为未足。然百姓愁苦，转而为盗。今此两路，常赋所入不归于王府三年矣。乃知'百姓不足，君孰与足'信不诬也。"[54]胡衡麓以谓："或有论当时利病于有位之前，以民贫为说，则应之曰：'民顽，不奉公上之急。'此言一出，贪虐之吏，其视赤子若仇雠怨敌然，惟恐吮剥之不竭也。然则国何利也？"[55]

[七]名恕，字仲言。

[八]蔡君谟[56]在三司[57]以能名，商财利则较天下盈虚出入，量力以制用，必使下完而上给。其《富国议》曰："今天下之广，四维万里，可谓大矣。农田商贾，茶盐酒税，银铜金铁之利，莫不榷之，可谓察矣。笼天下之利至纤至悉，宜乎国家富有，府藏充牣，不可胜计。今则每有支费，常遣使诸路，仅能自给者，养兵一百二十万，自古无有也。兵日益冗，财物有限而支费无涯，此以贫也。必先用意于兵，然后可言富国之术。"[58]又《疏》曰："臣约一岁总计天下之赋，不过缗钱六千余万，而养兵之费约及五千万，是天下六分之物，五分养兵，一分给郊庙之奉，国家之费何得不穷，民何得不困？然今之兵不可暴减，固当有术以销之，又当以术精练之，其说至多，难以具言。陛下敕大臣博求其弊，渐讲其术，以为长久之策。今之为政，此第一事。"[59]窃谓今日之弊，亦莫大于此。周世宗谓侍臣曰："凡兵务多，今以农夫百

未能养甲士一，奈何朘民膏血，养此无用之物乎？且健懦不分，众何所劝？"乃命大拣诸军，精者升之，羸者去之，由是征战皆捷。⑥⁰若夫唐穆宗销兵，落籍者众，皆聚为盗，胡衡麓以谓"慕销偃之美名，不知弛张之道"故也。⑥¹昔议者欲一兵民，温公曰："古者兵出民间，耕桑之所得，皆以衣食治家，故处则富足，出则精锐。今既赋敛农之粟帛以赡正军，又籍农民之身以为兵，是一家并任二家之事也。如此，民之财力安得不屈？岂非名与古同而实异乎？"⑥²杨龟山以谓："井田既不可复，而欲一兵农，未见其可也。"⑥³

[　九　] 刘晏之论，即圣人"见小利则大事不成"之义。

[一〇] 窃谓兵刑财三者，有国所不能去。然差之毫厘，无有不致祸乱者。用之之道，学者宜尽心焉。故自"正名分"至"节用"，凡九条，皆为政之要。

校　注

① 见《周易·系辞下》："何以守位，曰仁；何以聚人，曰财。"

②《洪范》八政：见《尚书·洪范》："八政：一曰食，二曰货，三曰祀，四曰司空，五曰司徒，六曰司寇，七曰宾，八曰师。"唐孔颖达疏："八政者，人主施政教于民有八事也。一曰食，教民使勤农业也；二曰货，教民使求资用也；三曰祀，教民使敬鬼神也；四曰司空之官，主空上以居民也；五曰司徒之官，教众民以礼义也；六曰司寇之官，诘治民之奸盗也；七曰宾，教民以礼待宾客相往来也；八曰师，立师防寇贼以安保民也。"

③ 见《礼记·王制》。

④ 见《周礼·天官冢宰第一》："大宰之职，掌建邦之六典……以九赋敛财贿：一曰邦中之赋，二曰四郊之赋，三曰邦甸之赋，四曰家削之赋，五曰邦县之赋，六曰邦都之赋，七曰关市之赋，八曰山泽之赋，九

曰币余之赋。以九式均节财用：一曰祭祀之式，二曰宾客之式，三曰丧荒之式，四曰羞服之式，五曰工事之式，六曰币帛之式，七曰刍秣之式，八曰匪颁之式，九曰好用之式。以九贡致邦国之用：一曰祀贡，二曰嫔贡，三曰器贡，四曰币贡，五曰材贡，六曰货贡，七曰服贡，八曰斿贡，九曰物贡。"

⑤ 见《周易·节》。

⑥ 见《论语·颜渊第十二》。

⑦ 陈晋公：即陈恕（946—1104）。字仲言，洪州南昌（江西南昌）人。宋太宗太平兴国二年（977）进士。历任盐铁使、参知政事、三司总计使、户部使等职，官至尚书左丞，封晋公。《宋史》卷267有传。

⑧ 见曾巩《隆平集·陈恕》。原文作"出入之任，所当慎者，起支定例"。《东都事略·陈恕传》作"出入之任，所当谨者，起知定例"。

⑨ 见《龟山集·经筵讲义·论语》。

⑩ 见《龟山集·上渊圣皇帝》，文有节略。刘晏造船事见《资治通鉴·唐纪·德宗神武孝文皇帝一》。

⑪ 见《苏文忠公全集·东坡奏议·论纲梢欠折利害状》。

⑫ 见黄石公《三略·上略》。

⑬ 朱泚之叛：见《资治通鉴·唐德宗建中四年》。

⑭ 德宗幸奉天：见《资治通鉴·唐文宗四年》。

⑮ 见《周易·节》："《象》曰：'苦节贞凶，其道穷也。'"

⑯ 见《元丰类稿·议经费札子》《诸臣奏议·上神宗乞明法度以养天下之财》。又见《资治通鉴长编》卷310，神宗元丰三年十一月壬子条记事。三万万：原脱一"万"字，据上诸书补。

⑰ 薛简肃公：即薛奎（967—1034）。字宿艺，一字伯艺。宋太宗淳化三年（992）进士，官至参知政事。卒，谥简肃。《宋史》卷286有传。

⑱ 王文正公：即王旦（957—1017）。字子明，大名府莘县（今属山东）人。太平兴国五年（980）进士，历官中书舍人、知枢密院事、参知政

事等职,景德三年(1006)官拜宰相。卒,谥文正。《宋史》282有传。

⑲ 张士逊(964—1049):字顺之,阴城(今湖北老河口)人,一说均州(今湖北丹江口市)人。宋太宗淳化三年进士。官至同中书门下平章事,拜太傅。卒,谥文懿。《宋史》311有传。

⑳ "薛简肃公"至"锥刀之利":见《五朝名臣言行录·太尉魏国王文正公》,文有节略。按:王旦语薛奎事,《五朝名臣言行录》《皇朝事实类苑·薛简肃》注云出自《湘山野录》,《职官分纪·宰相》《翰苑新书前集·左右丞相下》等书载出自《东斋记事》,今两书均无载。李焘《续资治通鉴长编》卷90,真宗天禧元年十二月壬辰条注文考证云:"范镇《东斋记》云:天禧初,薛简肃公为江、淮发运使,辞王文正公,王无他语,但云'东南民力竭矣'。薛退而谓人曰:'真宰相之言也。'按奎除淮南转运乃天禧元年十二月,其年九月王旦已卒,王曾亦先罢政矣,除发运使又在二年二月,恐镇误也。当是旦语张士逊事,见祥符元年四月,今不取。"

㉑ 和买绢:宋代新增杂税之一。始于宋太宗朝,原为官府以钱贷给民户,至夏秋冬以绢入官充抵,徽宗崇宁以后变成抑配,成了新的杂税。

㉒ 免役:指免役钱。宋代新增杂税之一。王安石变法,废除原来按户等轮流充当州县差役的办法,改由州县官府出钱雇人应役。雇役费用由辖区内的主户按户等高下分担。原来承担差役民户交纳的,叫"免役钱",原来享有免役特权的官户、坊郭户、女户、未成丁户等按户等减半缴纳,叫"助役钱"。均分两次随夏、秋二税缴纳。哲宗元祐时司马光等反变法派当政,废新法复差役旧法,而免役钱仍存,演变为新税种。

㉓ 月桩钱:宋代新增杂税之一。始于南宋高宗绍兴二年(1132)。时韩世忠驻建康(今江苏南京),需军饷,令漕臣以经制钱、上供钱等供应,漕臣以大军需用月饷为名,均摊各地。月饷的拨付在宋代称为

月桩，遂称均摊各地大军的月饷为“月桩钱”。

㉔ 见《龟山集·王氏神宗日录辨·二十七》。天王求车：“天”原作“夫”，《春秋·桓公十五年》：“春二月，天王使家夫来求车。”《左传》：“天王使家父来求车，非礼也。诸侯不贡车服，天子不求私财。”《谷梁传》：“古者诸侯时献于天子以其国之所有，故有辞让而无征求，求车，非礼也。”“天王”指周桓王，《龟山集》原即作“天王”，据改。

㉕ 菑沴：阴阳之气不和为害。菑（zāi），同“灾”。沴（lì），天地四时之气反常引起的破坏和损害。

㉖ 八恺：古史相传高阳氏有才子八人：苍舒、隤敳、梼戭、大临、尨降、庭坚、仲容、叔达。他们为人处事中正、通达、宽宏、深远、明亮、守信、厚道、诚实，天下人称之为八恺。见《左传·文公十八年》。

㉗ 见《温国文正公文集·论财利疏》，文有节略。

㉘ 熙宁初，新法方行：见《苏文忠公全集·东坡集·司马温公行状》。按苏轼撰《行状》所据文字当是司马光熙宁元年八月十一日神宗君臣的迩英阁奏对，见《温国文正公文集·八月十一日迩英奏对问河北灾变》。

㉙ 孟献子（？—前554）：名蔑，亦称仲孙蔑，庆父曾孙。春秋时鲁国大夫，为人节俭，以养贤士为富，多次奉君命会诸侯。

㉚ 见《礼记·大学第四十二》。

㉛ 见《礼记·大学第四十二》。按“此谓国不以利为利，以义为利也”原错在“《大学》曰”之前，今乙正。

㉜ 周厉王（？—前828）：名胡，周穆王四世孙。在位贪利残暴，引起国人暴动，出逃，死于彘（今山西霍州市）。

㉝ 荣夷公：周厉王时卿士。封地在荣（今陕西户县），以封地为姓。助厉王垄断山林川泽，实行专利，引起“国人暴动”。

㉞ 芮良夫：西周时卿士，厉王时为芮伯，封地在芮（今山西芮城）。

㉟ "昔周厉王"至"王流于彘":见《国语·周语上·芮良夫论荣夷公专利》,文有节略。

㊱ 宇文融(？—约730):唐京兆万年(今陕西西安)人。开元初任监察御史,奏请检括户口及籍外占田,玄宗命为劝农使,括得"逃户"八十余万户和大量土地,官至同中书门下平章事。后为同僚论列被贬,继流配岩州,途中病死。《新唐书》和《旧唐书》皆有传。

㊲ 韦坚(？—746):唐京兆万年(今陕西西安)人。玄宗时历任水陆转运使,江淮南租庸、转运、处置诸使兼御史中丞等职。后为人构陷结党谋反被贬职,旋流放岭南,途中被杀。《新唐书》和《旧唐书》皆有传。

㊳ 杨慎矜(？—747):隋炀帝玄孙。初为汝阳令,唐玄宗时拜监察御史,继掌太府寺出纳,后任御史中丞、诸道铸钱使、户部侍郎。后被构陷阴谋复兴隋朝,被玄宗赐死。

㊴ 王铁(？—752):唐太原祁县(今山西祁县)人。天宝年间任和市和籴、户口色役使,每年搜刮大量财物入内库,以供唐玄宗挥霍,极得宠信,身兼二十余使。后因罪被杀。

㊵ 杨国忠(？—756):本名钊,蒲州永乐(今山西芮城西南)人。杨贵妃堂兄,因被唐玄宗宠信,赐名国忠。李林甫死后代为右相,同时兼领四十余使。在位专政擅权,结党营私,货赂公行。安史之乱,随玄宗逃蜀,为士兵所杀。

㊶ 卢杞(？—约785):字子良,滑州灵昌(今河南滑县西南)人。唐德宗时任门下侍郎、同中书门下平章事。在相位以筹军资为名搜括财货,继又征收间架、除陌等税,致民怨四起。泾原兵变,京师失守,屡遭臣僚奏论其罪,贬死澧州。

㊷ 赵赞:唐德宗时历任中书舍人、户部侍郎。卢杞为相,荐其兼判度支,搜括财货以筹军资,征收间架、除陌等税。卢杞贬职,他被贬为播州司马。

㊸ 见《唐鉴·玄宗下》。按从“自古好利之君”至“宗族诛灭,国家亦受其菑”,是刘荀对范祖禹评论的概括,“范太史之论略曰”句原错置在“孟献子曰”之前,今据以乙正。

㊹ 见《唐鉴·玄宗下》。

㊺ 见《东坡志林·管仲无后》,文有节略。

㊻ 见《四书或问·大学或问》。按此语源于吕公著《上哲宗论修德为治之要十事·薄敛》,见《诸臣奏议》卷3,《宋文鉴》卷52作《进十事·薄敛》。原文为:“前代帝王,或耽于声色,或盘于游畋,或好治宫室,或快心攻战,于是小人乘间而肆其邪谋,为之敛财,以佐其横费。世主不悟,以为有利于国,而不知其终为害也;赏其纳忠于君,而不知其大不忠也;嘉其以身当怨,而不知其怨归于上也。”

㊼ 见《东坡志林·张平叔制词》,文有节略。按:“计能析秋毫,吏畏如夏日”原为褒扬语,《白氏长庆集·张平叔可户部侍郎判度支制》云:“朝议大夫、守鸿胪卿、兼御史大夫、判度支、上柱国、赐紫金鱼袋张平叔,国之材臣也。计能析秋毫,吏畏如夏日,司会逾月,纲条甚张。况师旅未息,调食方急,倚成取济,非尔而谁?故自大鸿胪换居人部。造膝而授,不时而迁,其要无他,是欲急吾事而望倚尔功也。”

㊽ 见《陆宣公集·论两河及淮西利害状》,文有节略。

㊾ 左藏库:唐代的国库,经理国家财政收入与财政开支的仓库。有别于主管皇帝及皇室的私人收入与开支的私库即内库。后为宋代所沿袭。

㊿ 敓攘:强取,侵夺。

(51) 见《陆宣公集·论裴延龄奸蠹书》,文有节略。在库之物:“库”原作“军”,据上书改。

(52) 见《苏文忠公全集·东坡续集·上神宗皇帝书》,文有节略。

(53) 见《唐鉴·德宗四》,文有节略。

(54) 见晚出明人黄淮、杨士奇编《历代名臣奏议·治道》,文有节略。敛积无算:“算”作“等”;三折:“三”原作“二”,《奏议》及《斐然集·先公行状》所引皆作“三”,据改。

(55) 见《致堂读史管见·周纪·威烈王二十三年》,文有节略。

(56) 蔡君谟:即蔡襄(1012—1067)。字君谟,兴化军仙游(今属福建)人。宋仁宗天圣八年(1030)进士,历任知谏院、知福州、知开封府、三司使等,官至端明殿大学士、枢密院直学士。卒,谥忠惠。《宋史》卷320有传。

(57) 三司:指盐铁、度支、户部三司。宋代沿唐旧制设三司,号称计省,为最高财政机构。长官为三司使,号称计相,地位仅次于执政。

(58) 见蔡襄《端明集·富国》,文有节略。

(59) 见《端明集·强兵》。

(60) 见《资治通鉴·后周太祖显德元年》。

(61) 见《致堂读史管见·唐纪·穆宗二年》。

(62) 见《温国文正公文集·乞罢陕西义勇第五札子》。

(63) 见《龟山集·王氏神宗日录辨·十九》。

卷　下

二三
立志者有为之本

　　《尚书·周官》曰："戒尔卿士,功崇惟志。"东坡谓:
"未有志卑而功崇者。"①胡衡麓谓:"心之所存主谓之
志。"伊尹曰:"吾岂若使是君为尧舜之君哉?吾岂若使
是民为尧舜之民哉?予天民之先觉者也,予将以此道觉
此民也。思天下之民有不与被尧舜之泽者如己,推而纳
之沟中。"[一]②颜渊曰:"舜何人也?予何人也?有为者
亦若是。"③濂溪云:"志伊尹之所志,学颜子之所学。过
则圣,及则贤,若不及,则亦不失于令名。"④胡文定公曰:
"有志于学者,当以圣人为则;有志于天下者,当以宰相自
期。降此,不足道矣。"⑤范文正公自少慨然有志于天下,
常曰:"士当先天下之忧而忧,后天下之乐而乐。"⑥石徂
徕曰:"士之积道德、富仁义于厥身。盖假于权位,以布诸
行事,利于天下也,岂有屑屑然谋于衣食者欤?"⑦王沂公

曰："曾平生之志不在温饱。"[二]⑧侯师圣曰："事君者以行道为志，非为禄也，然亦有时而为贫。若专以食为事，则厮役之为志也。"[三]⑨《易》曰："德薄而位尊，知小而谋大，力小而任重，鲜不及矣。"⑩汉上谓："小人志于得而已。以人之国，幸侥万一，鲜不取祸。"⑪横渠曰："德未成而先以功业为事，是代大匠斲，希不伤手也。"⑫邵康节诗曰："慎勿轻言天下事，伊周殊不是庸人。"⑬明道亦云："所见所期，不可不远且大，然行之亦须量力有渐。志大心劳，力小任重，恐终败事。"⑭又不可以不知此理也。

子　注

[一] 王荆公谓王逢原曰："伊尹可谓忧天下也。然汤聘之，犹嚣嚣然，曰'与我处畎亩之中'，由是以乐尧舜之道，岂若彼所谓忧天下者欤？仆自枉而幸售其道哉！"⑮

[二] 胡文定公曰："尝爱诸葛孔明应刘先主之聘，宰割山河，三分天下，身都宰相，手握重兵，亦何求而不得，何欲而不遂？却与后主言：'成都有桑八百株，薄田十五顷，子弟衣食自有饶余，臣身在外，别无调度，不别治生以长尺寸。若死之日，不使廪有余财，以负陛下。'及卒，果如其言。如此辈人，真可谓大丈夫矣。"⑯

[三] 胡衡麓论"管仲之器小哉"，以为不能约节，肆于骄僭，由器量不宏，不可大受故也。然则得君专政，岂有正己及物之意，直欲偿其富贵之愿而已。此与儿女子充足于舆马服食器用之间何以异？非小器而何？又云："士之器大概有三：志于道德者，功名不累其心；志于功名者，富贵不累其心；志于富贵者，苟富贵而已，则亦无所不至矣。

孔子所谓鄙夫之心事也。"⑰杨龟山谓杨仲远云："外势利声色，不为流俗诡谲之行，于学者未足道也。吾子勉之。"⑱又恐其以此自足也。

校　注

① 见《东坡书传·周书·周官第二十二》。

② 见《孟子·万章章句上》，文有节略。

③ 见《孟子·滕文公章句上》。

④ 见《周元公集·通书·志学第十》。

⑤ 胡安国此语见后出王恽《玉堂嘉话》卷5："胡文定公曰：'有志于学者，当以圣人为则；有志于天下者，当以宰相自期。降此，不足道矣。'"

⑥ 见《欧阳文忠公集·居士集·资政殿学士户部侍郎文正范公神道碑铭》，文有节略。又见《宋文鉴·资政殿学士礼部侍郎范文正公神道碑铭》《五朝名臣言行录·参政范文正公》。

⑦ 见《徂徕石先生文集·上孔中丞书》。"谋于"作"谋夫"。

⑧ 见魏泰《东轩笔录》卷14："王沂公曾青州发解，及南省、程试，皆为首冠。中山刘子仪为翰林学士，戏语之曰：'状元试三场，一生吃著不尽。'沂公正色答曰：'曾平生之志不在温饱。'"又见《皇朝事实类苑·名臣事迹》。李心传《旧闻证误》卷1考证云："按，《国史》，沂公以咸平五年第进士，后十八年，刘子仪始为学士。按刘子仪咸平元年及第，在沂公前四年耳。天禧四年，子仪为学士，此时沂公执政久矣。"

⑨ 见《论孟精义·论语精义·卫灵公第十五》。

⑩ 见《周易·系辞下》。

⑪ 见《汉上易传·系辞下传》。

⑫ 见《张子全书·经学理窟·学大原上》。

⑬ 见《伊川击壤集·问调鼎》："请将调鼎问于君，调鼎工夫敢预闻。只有盐梅难尽善，岂无姜桂助为辛。和羹必欲须求美，众口如何便得均。慎勿轻言天下事，伊周殊不是庸人。"

⑭ 见《二程遗书·元丰己未吕与叔东见二先生语》。

⑮ 见《临川先生文集·与王逢原书》。又见王令《广陵集》附录王安石《与王逢原书》，文有节略。忧天下："忧"原作"爱"，据上诸书改。

⑯ 见《小学集注·外篇》。又见《少仪外传》卷上引《胡氏传家录》，文有节略。

⑰ 见《四书章句集注·论语·阳货第十七》："胡氏曰：'许昌靳裁之有言曰："士之品大概有三：志于道德者，功名不足以累其心；志于功名者，富贵不足以累其心；志于富贵而已者，则亦无所不至矣。志于富贵，即孔子所谓鄙夫也。"'"知此为胡寅引用靳裁之之言，与刘荀所引语句不同。又《致堂读史管见·魏纪·明帝六年》："凡人鲜能无所好者，有志于道德，则功名不足以累其心；有志于功名，则富贵不足以累其心；苟志于富贵而止耳，则亦无所不至矣。"

⑲ 见《龟山集·与杨仲远·其一》，文有节略。

二四
弘毅者任重致远之本

曾子曰："士不可以不弘毅，任重而道远。"①伊川曰："弘，宽广也。毅，奋发也。弘而不毅，则无规矩；毅而不弘，则隘陋。"②昔王文正公局量宽厚，未尝见其怒③。接物若甚和易，而当官莅事，庄厉不可犯④。在中书，有事关密院，碍诏格，寇莱公在枢府以闻，上以责公。不逾月，密院有事送中书，亦违旧诏，吏欣然呈公。公曰："不可学它不是，却送与密院。"莱公曰："同年甚得许大度量。"⑤公任事久，人有谤公于上者，公辄引咎，未尝自辨。至人有过，虽人主盛怒，可辨者辨之，必得而后已。⑥富郑公为人温良宽厚，泛与人语，若无所异同者；及其临大节，正色慷慨，莫之能屈。⑦赵宗道出公门下，公守亳社，宗道季子济为提举常平，劾公不行新法，罢使相，移汝州。后宗道卒，公赗恤其家甚厚。服除，济偕诸兄以送，富公抚之甚恩，济不自安，起谢罪，公曰："吾见故人子，前日公事，不可论也。"[一]⑧韩魏公器量过人，功盖天下，位冠人臣，不见其喜。[二]任莫大之责，蹈不测之祸，身危于累卵，不见其忧，怡然有常，未尝为事物迁动。平居容人过失，不以为忤,小大无所较计。及朝廷事,则守其所当争,至义理而后止,毅然终不可夺。尝言在政府时,极有难处事。盖天下事无有尽如意,须索包总,不然不可一日处矣。每遇大事,即以死自处。临事若虑得是,札定脚做,便更不移,成败则任它。凡人语及其不平,气必动,色必变,辞必厉,惟公不然。更说到小人忘恩负义欲倾己处,辞和气平,如道寻常事⑨。其任重致远者宜矣。

子　注

[一] 陈述古曰:"大丈夫当容人,勿为人所容。"⑩

[二] 伊川云:"别事人都强得,惟识量不可强。如邓艾位三公,年七十,处得甚好。及因下蜀有功,便动了。谢安当谢玄破苻坚,对客围棋,报至不喜。及归折屐齿,强终不得。"⑪又云:"尧舜事业,亦只如太虚中一点浮云之过日。"⑫窃谓士之矜能伐善者,知此亦可少愧矣。

校　注

① 见《论语·泰伯第八》。

② 见《二程外书·朱公掞问学拾遗》。"奋发"作"奋然"。

③ 见彭乘《墨客挥犀·局量宽厚》、沈括《梦溪笔谈·人事一》、《皇朝事实类苑·王文正》、《五朝名臣言行录·太尉魏国王文正公》。

④ 见《五朝名臣言行录·太尉魏国王文正公》《续资治通鉴长编》卷90,真宗天禧元年七月丁已记事,文有节略。

⑤ 见《五朝名臣言行录·太尉魏国王文正公》、王素《王文正公遗事》、《皇朝事实类苑·王文正》、李攸《宋朝事实·宰执拜罢》、《仕学规

范·莅官》，文有节略。按：以上诸书在"却送与密院"前皆无"不可学它不是"，此句别出《龟山语录》："昔王文正在中书，寇莱公在密院，中书偶倒用了印，莱公须勾吏人行遣。他日，密院亦倒用了印，中书吏人呈覆，亦欲行遣。文正问吏人：'汝等且道密院当初行遣倒用印，有是否？'曰：'不是。'文正曰：'既是不是，不可学他不是。'"《五朝名臣言行录》注文亦有引用。

⑥ 见《欧阳文忠公集·居士集·太尉文正王公神道碑铭》《宋文鉴·太尉王文正公神道碑铭》《五朝名臣言行录·太尉魏国王文正公》。

⑦ 见《皇朝事实类苑·富文忠》《三朝名臣言行录·丞相韩国富文忠公》《涑水记闻》卷15。

⑧ 见《邵氏闻见录》卷18："宗道早出富韩公门下，熙宁初，宗道自西都留台领宫祠以卒。先是宗道季子济为提举常平，劾富公不行新法，朝廷坐其言，罢富公使相。宗道卒，富公以致政居洛，赙恤其家甚厚。其兄弟服除，欲往谢富公，济独未敢行，请于康节。康节曰：'以富公德度，尚何望于君？第往勿疑。诸兄行，君不行，是自处于不肖也。'明日，济偕诸兄弟以进，富公抚之甚恩，济不自安，起谢罪。公止之曰：'吾见故人子，前日公事，不可论也。'"

⑨ "韩魏公器量过人"至"如道寻常事"：见《三朝名臣言行录·丞相魏国韩忠献王》相关逐条，文有节略。按刘苟所述韩琦事迹，又散见于《名臣碑传琬琰集》《豫章文集》《皇朝事实类苑》《韩忠献遗事》《忠献韩魏王别录》《少仪外传》《戒子通录》《仕学规范》诸书。须索包总：原作"须索索包总"，衍一"索"字，据上诸书删。须索，必须，只好；包总，包含，容忍。

⑩ 见《龟山集·京师所闻》："人须能弘，然后有容。因言陈述古先生云：'丈夫当容人，勿为人所容。'"

⑪ 见《二程遗书·刘元承手编》《近思录·政事》，文有节略。

⑫ 见《二程遗书·明道先生语》："太山为高矣，然太山顶上已不属太山。虽尧舜之事，亦只是如太虚中一点浮云过目。"

二五
勇者为义之本

《中庸》谓："勇，天下之达德。"①子曰："见义不为，无勇也。"②又曰："勇者不惧。"[一]③韩魏公谓："勇可习。"④胡衡麓曰："养气然后勇。"[二]⑤《孟子》谓舜"闻一善言、见一善行，若决江河，沛然莫之能御也"⑥。又语滕文公曰："若夫成功，则天也，强为善而已。"⑦石徂徕以谓"时无不可为，为之无不至。虽获祸咎，至死而不悔"⑧。明道亦曰："职事不可以巧免。"⑨刘元城曰："温公当撰日，盖知后必有反覆之祸，然仁人君子如救焚拯溺，何暇论后日事？"⑩[三]欧阳文忠公戒其子侄："守官存心尽公，切不可思避事。至于临难死节，亦是汝荣事。"[四]⑪庆历二年，契丹重兵压境，欲得关南十县，使来非时，仁宗命择报聘者。时虏情不可测，群臣皆莫敢行。富郑公知制诰，宰相举之，公即入对，曰："主忧臣辱，臣不敢爱其死。"遂命公报聘，而契丹平⑫。后坐石守道谤徙青州，谗者不已，人皆危惧。会河北大水，流民东下者六七十万人，公一皆招纳。有劝公非所以处疑弭谤，祸且不测，公傲然不顾，曰："吾岂以一身易此六七十万人之命哉！"卒行之愈力⑬。

温公谓韩魏公曰："当仁宗之末、英宗之初，朝廷多故，公临大节，处危疑，苟利国家，知无不为。若湍水之赴深壑，无所疑惮。或谏曰：'公所为如是，诚善。万一蹉跌，岂惟身不自保，恐家无处所，殆非明哲之所尚也。'公叹曰：'此何言也？凡为人臣者，当尽力事君，死生以之，顾事之是非何如耳。至于成败，天也。岂可豫忧其不成，遂辍不为哉？'闻者愧服。"⑭前贤义当为而不顾害者多矣，是亦度德量力，自知其可以有为也。《语》曰："陈力就列，不能者止。"⑮邵康节《见义吟》云："见善必为，不见则已。量力而动，力尽而止。"⑯又戒乎不量力而妄动，亦'陈力就列'之义，苟为不然，则物我俱败矣。[五]伊川曰："勇，一也，为用不同⑰。有勇于气者，有勇于义者。君子勇于义，小人勇于气。"⑱尹和靖曰："义以为上，则为勇也大矣。"⑲子曰："君子有勇而无义，为乱。"[六]⑳孟子曰："可以死，可以无死，死伤勇。"[七]㉑又须明此理也。

子 注

[一] 谢上蔡曰："虽死生分内事，本无可惧，中无主则惧。"㉒

[二] 详《孟子》养气之义㉓，则得之。

[三] 伊川曰："凡为政，必立善法，后人有所变易，则无可奈何。虽周公，亦知立法而已。"㉔《温公行状》云：公"病革，谆谆不复自觉，如梦中语，然皆朝廷事也。既没，其家得遗奏八纸上之，皆手札当世要务"㉕。与后人姑作一二事以塞责要誉，终不更为者，异矣。

［四］今闺门之训多反是者，亦习俗使然也。大抵食焉而怠其事，先贤之所深戒。或问："子畏于匡，设使孔子遇害，颜子死之否？"伊川曰："岂特颜子之于孔子，若二人同行遇难，自可相死也。"又问："亲在则如之何？"曰："且譬二人捕虎，一人尽力，须当同去用力。如执干戈卫社稷，到急处便逃去，言我有亲，是大不义。当此时，岂问有亲？但当豫前谓吾有亲，不可行则止。岂到临时却自规避也。"㉖

［五］欧阳文忠公尹开封，所代包孝肃公，以威严御下，名震都邑。公简易循理，不求赫赫之誉。有以包公之政励公者，公曰："凡人材性不一，用其所长，事无不举；强其所短，势必不逮。吾亦任吾所长耳。"㉗窃谓在仕者欲勉上官有所立，责下位有所为，亦须量其人。苟强其所不能，亦终无成。朝廷任贤使能，皆当然也。此皆量力之事，故附记之。

［六］吕与叔谓："君子虽志于善，敢勇而无义，必有为乱之迹，如鬻权兵谏之类"。㉘

［七］太史公有言："知死必勇，非死者难，处死者难也。"㉙杨龟山曰："以死救天下，乃君子分上常事，不足怪。然亦须死得是。"㉚张敬夫曰："比干谏而死，箕子疑亦可死也，而佯狂以避，盖以父师之义，死之则为伤勇故也。"㉛胡衡麓谓："孔子皆以仁许之。仁者，当理也。"

校　注

① 见《礼记·中庸第三十一》："知、仁、勇三者，天下之达德也。"
② 见《论语·为政第二》。
③ 见《论语·子罕第九》："知者不惑，仁者不忧，勇者不惧。"又见《论语·宪问第十四》："君子道者三，我无能焉：仁者不忧，知者不惑，勇者不惧。"
④ 见《三朝名臣言行录·丞相魏国韩忠献王》。

⑤ 按《斐然集·先公行状》记胡安国《养气论》曰："将帅勇怯，系人主所养之气曲直如何耳。"胡寅语当受此影响。

⑥ 见《孟子·尽心章句上》。

⑦ 见《孟子·梁惠王章句下》，文有节略。

⑧ 见《五朝名臣言行录·徂徕石先生》，文有节略。又见《欧阳文忠公集·居士集·徂徕石先生墓志铭》《宋文鉴·石守道墓志铭》。

⑨ 见《二程遗书·二先生语七》《游鹰山集·师语四》《近思录·政事》。

⑩ 见《三朝名臣言行录·丞相温国司马文正公》引《刘先生谭录》。"后日"作"异日"。

⑪ 见《欧阳文忠公集·与十二侄》《苏文忠公全集·东坡外集·跋欧阳家书》《戒子通录·欧阳文忠书示子》《三朝名臣言行录·参政欧阳文忠公》，原文为："至于临难死节，亦是汝荣事，但存心尽公，神明亦自祐汝，慎不可思避事也。"

⑫ 见《苏文忠公全集·东坡集·富郑公神道碑》《宋文鉴·富郑公神道碑铭》，文有节略。

⑬ "后坐石守道谤"至"卒行之愈力"：见叶梦得《避暑录话》卷下，文有节略。按庆历三年（1043）石介作《庆历圣德诗》，颂扬范仲淹和富弼等，指斥枢密使夏竦为"大奸"。庆历五年（1045）石介死后，夏竦捏造石介书信，谗言石介没死，而是逃入辽国欲谋兵废仁宗，富弼将举一路之兵接应，遂引起仁宗疑心，致要开石介尸棺查验。时富弼为京西路安抚使、知郓州，被罢使职徙知青州。

⑭ "温公谓韩魏公"至"闻者愧服"：见《温国文正公文集·北京韩魏公祠堂记》《三朝名臣言行录·丞相魏国韩忠献王》。"温公谓韩魏公曰"，原作"韩魏公曰"。据上书，其下实为司马光言韩琦事。而刘荀书中每称引司马光语皆曰"温公谓"，故据以补"温公谓"三字。

⑮ 见《论语·季氏第十六》。

⑯ 见《伊川击壤集·见义吟》。

⑰ 见《二程外书·胡氏本拾遗》《论孟精义·孟子精义·公孙丑章句上》《论孟精义·论语精义·阳货第十七》。"为用不同"皆作"而用不同"。

⑱ 见《二程外书·胡氏本拾遗》《论孟精义·孟子精义·公孙丑章句上》《论孟精义·论语精义·阳货第十七》。

⑲ 见《论孟精义·论语精义·阳货第十七》。

⑳ 见《论语·阳货第十七》。

㉑ 见《孟子·离娄章句下》。

㉒ 见《论孟精义·论语精义·子罕第九》。

㉓ 《孟子》养气之义:见《孟子·公孙丑章句上》:"(孟子)曰:'我知言,我善养吾浩然之气。''敢问何谓浩然之气?'曰:'难言也。其为气也,至大至刚,以直养而无害,则塞于天地之间。其为气也,配义与道,无是,馁也。是集义所生者,非义袭而取之也。行有不慊于心,则馁矣。'"

㉔ 见《二程遗书·伊川先生语三》。

㉕ 见《苏文忠公全集·东坡集·司马温公行状》《宋文鉴·司马温公行状》《三朝名臣言行后录·丞相温国司马文正公》《续资治通鉴长编》卷387,哲宗元祐元年九月丙辰朔条记事。

㉖ "或问"至"规避也":见《二程遗书·刘元承手编》,文有节略。

㉗ 见《栾城集·欧阳文忠公神道碑》《仕学规范·涖官》《三朝名臣言行录·参政欧阳文忠公》。

㉘ 见《论孟精义·论语精义·阳货第十七》。"敢勇"作"苟勇"。

㉙ 见《史记·廉颇蔺相如列传》。

㉚ 见《论孟精义·孟子精义·离娄章句下》《龟山集·萧山所闻·十三》。以死救天下:"救"原作"教",据上两书改。

㉛ 见《南轩先生孟子说·离娄下》。

二六
果断者立事之本

　　《书·周官》曰："惟克果断,乃罔后艰。"子曰:"由也果[一],于从政乎何有?"① 邵康节诗:"若无刚果难成善。"② 伊川谓:"为学须是刚决果敢以进。"③ 是知为学,亦要乎果也。[二] 东坡曰:"昔之为人君者,患不能断,然而或断以兴,亦或以衰。晋武之平吴,宪宗之征蔡,苻坚之南伐,宋文之北侵,其为断一也,岂可不求其故欤?"④ 非特人君当然,善乎。胡衡麓之论曰:"事有隐忍而济者,当斯时,隐忍为小,济为大。而不能忍,则事必不济。谋有决断而成者,当斯时,决断为大,所不忍为小。而不能割,所以不忍,则谋必不成。商之顽民,余风未殄,以周家盛力,分擘迁放,易如反掌,而成康能容忍之,为择师尹,俟以悠久,数世之后,商周为一家⑤。"必有忍乃有济,谓此类也。周襄于郑亲⑥,燕丹于秦王⑦,戾园于江充⑧,曹髦于司马昭⑨,袁绍于田别驾⑩,德宗于萧相国⑪,失此者也;齐桓于射钩⑫,汉高于故怨⑬,魏孝文于宦者⑭,唐太宗于魏征⑮,安石于桓温⑯,仲达于曹爽⑰,得此者也。若夫祸福成败,事将必然,方且犹豫迟疑,见几不作,贻殃召祸,噬脐无及,可胜数哉！郑庄不忍违母而成叔段之恶⑱；子太叔不忍用猛而滋郑国之盗⑲；成帝不忍废诸舅而外氏夺之⑳；苻坚不忍去鲜卑而慕容叛之㉑；明皇不忍除妃子,几死于宿卫之手㉒；肃宗不忍逆张后,遂父子至死不相见㉓；德宗不忍生代主帅,遂使唐为藩镇所分裂㉔；梁武㉕不忍遽逐朱异㉖,围于台城,终陷赵主父㉗之覆辙也。而其甚者,宋文帝㉘已得邵㉙、浚㉚谋逆之实,徊徨隐度,至于累日。比将废黜,犹与徐湛之㉛通夕议论,烛未及灭,而元凶之刃登于合殿矣。霍光已知夫人显令淳于衍㉜毒杀许后之状,欲自发举,竟不能决。狱事既成,署衍勿论,身死未几,而霍氏之宗尽已颠覆矣。夫天下大谋,孰有加于一身之生死、国家之存亡,乃无大丈夫明断,为妇人女子之姑息,一旦以生易死,以存易亡,而不得免焉。彼蔽于一曲,暗于大理,制于私昵,安于目前者,曾不知戒,可不悲哉。[三]

子 注

[一] 谓刚毅能任也。

[二] 范太史云:"有血气之刚,有志气之刚。始盛而终衰,壮锐而老消,此血气之刚也。其静也正,其动也健,此志气之刚也。血气之刚可得而挫也,志气之刚不可得而挫也,是故至刚不可不养也。"㉝

[三] 庆历中,上用杜祁公、范文正公、富郑公任政事,滕宗谅守庆州,用公使钱坐法。杜公欲致重法,范公则欲薄其罪,富公患是,不知所决。孙公之翰叹曰:"法者,人主之操柄。今富公患重罪宗谅则违范公,

薄其罪则违杜公，是不知有法，而未尝意在人主也。"㉞此明于大理言也。窃谓事当决断而不断，与当隐忍而不忍，皆谓之无断可也，其于受害均矣。

校　注

① 见《论语·雍也第六》。

② 见《伊川击壤集·至论吟》："民于万物已称珍，圣向民中更出群。介石不疑何尽日，知几何患未如神。若无刚果难成善，既有精明又贵纯。祸福兆时皆有渐，不由天地只由人。"

③ 按程颐此语出处有二：一为《近思录·为学》："今之为学者，如登山麓。方其迤逦，莫不阔步，及到峻处便止。须是要刚决果敢以进。"注云出于《遗书》。查《二程遗书·伊川先生语三》有"今之为学者，如登山麓，方其迤逦，莫不阔步，及到峻处，便逡巡"，无"为学须是刚决果敢以进"语。二为《张子全书·经学理窟·学大原下》："今人为学如登山麓，方其迤逦之时，莫不阔步大走，及到峭峻之处便止，须是要刚决果敢以进。"疑朱熹、吕祖谦编《近思录》时误将张载语作伊川言而为刘荀所袭用。

④ 见《苏文忠公全集·东坡集·国学秋试策问二首》，文有节略。

⑤ "商之顽民"至"商周为一家"：按武王克商后四年卒，成王姬诵（前1055—前1021）年幼继位，商之顽民起而叛乱。叛乱平定后，成王营建新都洛邑，迁顽固不化之商民于此，派周公治理并告诫周公："乃庸杀之，姑惟教之。"其子姬钊继位，是为康王，也告诫毕公："邦之安危，惟兹殷士，不刚不柔，厥德允修。"对殷商遗民实行教化政策，明德慎罚，最终商民咸服，归化周朝。《史记》云"成康之际，天下安宁，刑错四十余年不用"，史称"成康之治"。

⑥ 周襄于郑亲：周襄，即周襄王姬郑（？—前619）。周惠王子，前

652—前 659 年在位。郑亲,即郑国。郑国的始封祖是周厉王的小儿子姬友,周宣王时受封于郑。周襄王的曾祖周庄王姬佗与郑文公是五服兄弟。前 636 年(周襄王十七年、郑文公三十七年),郑文公因滑人叛郑与卫国交好,出兵伐滑,周襄王派使者到郑国为滑国说情,被郑国拘捕。襄王"不忍小忿以弃郑亲",派人使狄人出兵伐郑,攻占了栎地。次年,因襄王废狄女隗氏王后位,狄人攻周,立叔带为王,周襄王逃往郑国。后在晋文公帮助下杀叔带,恢复王位。事见《左传·僖公二十四年》《史记·郑世家》。

⑦ 燕丹于秦王:燕丹,即燕太子丹(?—前 226),战国末期燕王喜的太子。秦王,即秦始皇嬴政(前 259—前 210)。太子丹曾被送到秦国当人质,因受冷遇逃回燕国。秦灭韩、赵后,兵临燕国界易水,太子丹担心祸及燕国,遂在公元前 227 年,派荆轲借献督亢地图,以及交验逃亡在燕的秦将樊於期头颅之机,行刺秦王。刺杀失败,导致秦急速发兵攻燕。燕太子丹退保辽东,被燕王喜斩首,献于秦国。事见《史记·刺客列传》《战国策·燕三》。

⑧ 戾园于江充:戾园,即汉武帝长子、戾太子刘据(前 128—前 91)。卫子夫所生,元狩元年(前 122)被立为太子,又称卫太子,死后谥号"戾"。江充(?—前 91),字次倩,西汉赵国邯郸(今河北邯郸)人。本名江齐,为避赵国太子刘丹追杀,逃入长安,更名江充。汉武帝时曾出使匈奴,官至水衡都尉。武帝晚年,宫中迷信盛行,以为用巫术诅咒及埋木偶人于地下可以害人,称为"巫蛊"。值武帝患病,疑为人"巫蛊"所致,令江充严查。江充因与卫太子刘据有隙,便乘机诬告其在宫中埋有木人。卫太子惧祸,被迫起兵讨杀江充。江充党羽告太子起兵造反,汉武帝调兵平乱,卫太子兵败悬梁自尽,皇后卫子夫亦自杀。后汉武帝知卫太子本无反心,诛灭江充三族。事见《汉书·蒯伍江息夫传》。

⑨ 曹髦于司马昭:曹髦,见"高贵乡公"注。司马昭(211—265),字子

上,司马懿次子。曾任散骑常侍等职。魏帝曹髦时把持朝政,曹髦欲诛之,反杀曹髦,拥立曹奂为帝。后封晋王,死数月,其子司马炎代魏称帝,建立晋朝。见《晋书·文帝纪》。

⑩ 袁绍于田别驾:袁绍(?—202),字本初,东汉末汝南汝阳(今河南商水西南)人。汉灵帝时为司隶校尉。董卓专朝政,起兵讨卓,成为当时北方最大割据势力。官渡之战,败于曹操,惭愤而死。田别驾,即田丰(?—200),字符皓,巨鹿(今河北巨鹿)人。袁绍谋臣,官至冀州别驾。建安五年(200),袁绍南下进攻曹操,田丰建议据险固守、分兵疲敌,袁绍不从,怒囚系田丰,结果官渡之战大败而归。袁绍怕遭人耻笑,遂杀田丰。见《三国志·袁绍传》。

⑪ 德宗于萧相国:德宗,即唐德宗李适(742—805)。在位时,改租庸调为两税法,并征收间架税、茶税等。对藩镇姑息迁就,用宦官统率禁兵,使宦官权势日盛。萧相国,即萧复(732—788),字履初,唐玄宗新昌公主之子。唐德宗时任吏部尚书同中书门下平章事。为相秉正不阿,上言德宗对宦官恩幸过重,当与公卿同议朝政,指斥卢杞阿谀德宗,引起德宗不满,被迫辞去相位。后受郜国公主连累被贬,死于饶州。史臣认为,萧复"才能讦谟亮直,皆足相明主,平泰阶",而"德宗黜贤相,位奸臣,致朱泚、怀光之乱,是失其人也"。见《旧唐书·萧复传》。

⑫ 齐桓于射钩:齐桓,即春秋时齐国第十五位国君公子小白。射钩,指春秋时齐国丞相管仲。齐国在襄公时昏乱,公子纠逃奔鲁,公子小白逃奔莒。襄公死,二人返齐争夺君位。身为公子纠师傅的管仲率军阻挡小白回国,并用箭射中小白的衣带钩。小白装死,方得先入齐为君,是为桓公。桓公即位后不记旧仇,任管仲为相,终成霸业。事见《左传·僖公二十四年》《史记·齐太公世家》。

⑬ 汉高于故怨:汉高,即汉高祖刘邦。故怨,指雍齿(?—前192)。雍齿与刘邦同为沛人,出身豪强,常轻视、窘辱刘邦。秦末随刘邦起兵

反秦，旋叛刘邦，已而复归降，立下战功。刘邦心存怨恨而怀杀雍齿之心，念其有功，隐忍没发。为平诸将怨望，从张良计封雍齿为什方侯。诸将喜曰："雍齿且侯，吾属无患矣。"见《史记·留侯世家》《汉书·高帝纪》。

⑭ 魏孝文于宦者：魏孝文，即北魏孝文帝拓跋弘（467—499），又名元宏。5岁即位，太皇太后冯氏临朝专政，宠信宦官抱嶷、王遇等，曾谋废孝文帝立咸阳王元禧。有宦官在太后前诬陷中伤孝文帝，文帝遭太后杖击数十，默默忍受而不辩白。太后死后，孝文帝仍不以此为意，礼遇宦官如初。亲政后，迁都洛阳，实行汉化政策，促进了民族融合。见《魏书·高祖纪》。

⑮ 唐太宗于魏征：唐太宗，即李世民。魏征（580—643），字玄成。隋末唐初巨鹿下曲阳（今河北晋州）人。早年随李密起义，后投靠唐高祖李渊，为太子李建成幕僚，深受礼遇。见秦王李世民勋名日隆，劝李建成先下手除掉李世民。李世民发动"玄武门之变"，杀死李建成，继帝位后，不计前嫌，用魏征为相，遂成就"贞观之治"。

⑯ 安石于桓温：安石，即谢安（320—385），字安石。东晋简文帝时官吏部尚书，孝武帝时任宰相。桓温（312—573），东晋大臣，哀帝时官至大司马都督中外诸军事录尚书事。谢安始出仕，为桓温司马，深得器重。桓温长期专擅朝政，心怀异志。简文帝卒，孝武帝司马曜继位，桓温受遗诏辅政，不满文帝没禅位于己或让己摄政，遂发兵南京，谋取晋自立。谢安和侍中王坦之奉孝武帝旨意去见桓温，面对被杀危险，谢安从容应对，桓温最终没有发难，晋王室得以安稳。淝水之战，指挥晋军大败前秦苻坚百万大军，官拜太保。卒，谥文靖。见《晋书·谢安传》及《桓温传》《王坦之传》。

⑰ 仲达于曹爽：仲达，即三国时魏国大臣司马懿（179—251），字仲达。曹爽（？—249），曹操侄孙，官至大将军。魏明帝曹睿去世前，遗诏司马懿与曹爽共同辅佐魏齐王曹芳。曹芳继位后，曹爽排挤司马

懿,司马懿装病不参与朝政。嘉平元年(249)正月,曹爽陪曹芳离开洛阳去谒拜魏明帝高平陵,司马懿乘机发动政变,诛杀曹爽及其党羽,自为丞相,从此专揽朝政。司马炎称帝后,追尊其为晋宣帝。见《晋书·宣帝纪》。

⑱ 郑庄不忍违母而成叔段之恶:郑庄,即春秋时郑国第三位国君郑庄公(前757—前701)。庄公出生时难产,其母武姜因受惊吓,故为其取名寤生。武姜偏爱小儿子共叔段,要求庄公把城垣高大的京邑(今河南荥阳市豫龙镇京襄城村)封给共叔段。庄公虽不乐意,但又不忍违背母意,只好答应。共叔段进住京邑,改称京城,不断占有周边城邑,修城郭,治甲兵,备车马,欲偷袭郑国,夺取权位,庄公不得不发兵讨伐京邑。事见《左传·隐公元年》"郑伯克段于鄢"。

⑲ 子太叔不忍用猛而滋郑国之盗:子太叔,即游吉(?—前507),字太叔,郑简公、定公时为卿。游吉继子产执政后,不忍用猛而尚宽,因而郑国多盗。《左传·昭公二十年》:"郑子产有疾,谓子大叔曰:'我死,子必为政。唯有德者,能以宽服民。其次莫如猛。夫火烈,民望而畏之,故鲜死焉。水懦弱,民狎而玩之,则多死焉。故宽难。'疾,数月而卒。大叔为政,不忍猛而宽,郑国多盗,取人于萑苻之泽。大叔悔之,曰:'吾早从夫子,不及此。'兴徒兵以攻萑苻之盗,尽杀之,盗少止。"

⑳ 成帝不忍废诸舅而外氏夺之:成帝,即汉成帝刘骜(前51—前7)。年十九即位,任母舅王凤为大司马、大将军、领尚书事,5个舅舅皆封列侯,舅王曼之子王莽封新都侯。成帝不听刘向等大臣限制外戚权力的劝告,汉朝最终为外戚王莽建立的新朝所代。《汉书·成帝纪》云:"建始以来,王氏始执国命,哀平短祚,莽遂篡位,盖其威福所由来者渐矣。"

㉑ 苻坚不忍去鲜卑而慕容叛之:苻坚(338—385),前秦第三代皇帝。氐族人。重用汉人王猛,励精图治,灭前燕、前凉等国,统一北方。

淝水之战,败与东晋,负伤而归,内部陷入混乱,后被羌族首领姚苌所杀。鲜卑,中国古代民族,居住在今东北、内蒙古一带,主要有宇文、慕容、拓跋三部。南北朝时先后建立前燕、后燕、北魏、北齐、北周等政权,逐渐与汉族及其他各族相融合。慕容,指以慕容垂(326—396)、慕容暐(350—385)为首的鲜卑慕容家族。慕容垂为前燕国主慕容皝第五子,因战功为人所忌,投前秦苻坚,任冠军将军、京兆尹。慕容暐为前燕末帝,亡国被俘后,被苻坚封为新兴侯。前秦大臣王猛认为慕容氏"终为大患,宜渐除之,以复社稷",苻坚不从。淝水之战后,慕容氏图谋复国,起兵反秦。苻坚最终遭羌人姚苌杀害。慕容垂自称燕王,自立为帝,定都中山(今河北定州),史称后燕。见崔鸿《十六国春秋·秦录》和《晋书·苻坚载记》。

㉒ 明皇不忍除妃子:明皇,即唐玄宗李隆基。妃子,即贵妃杨玉环(719—756),原为唐玄宗子李瑁王妃,曾出家为女道,还俗后被玄宗接入宫中,册封为贵妃。玄宗宠爱杨贵妃,任其堂兄杨国忠为宰相,杨氏家族势倾天下。安史之乱,叛军攻破潼关,玄宗仓皇逃离京城。行至马嵬驿,随从军队哗变,杀死杨国忠,并请诛死杨贵妃,玄宗迫于情势,令人缢死杨贵妃。见新、旧《唐书·杨贵妃传》。

㉓ 肃宗不忍逆张后:肃宗,即唐肃宗李亨。张后,即肃宗张皇后(？—762),李亨为太子时,入太子宫被封为良娣,李亨继位后被封为皇后。肃宗宠信张皇后,纵容其干预朝政。762年,张皇后欲在太子李豫入宫见肃宗时害李豫而立越王李系,宦官李辅国令党徒劫持李豫至飞龙殿,率禁军闯入肃宗寝宫拘囚张皇后,肃宗惊忧而死。李辅国拥立李豫继位,是为代宗。最终张皇后也为李辅国所害。见新、旧《唐书》之《肃宗本纪》和《张皇后传》。

㉔ 德宗不忍生代主帅,遂使唐为藩镇所分裂:唐德宗李适(779—805年在位)即位之初,企图裁抑藩镇割据势力,但因措置失宜,使战祸日益扩大。建中四年(783),泾原兵变,叛军占领京师,德宗仓皇逃

至奉天(今陕西乾县)。继而朔方节度使李怀光反叛,德宗又逃至汉中。从此对藩镇姑息迁就,唐之天下遂为藩镇割据。

㉕ 梁武:即南梁武帝萧衍(464—549),502—549年在位。中大同二年(547),东魏大将侯景归降南梁,次年以诛朱异为名,起兵寿阳,攻破梁都城建康,梁武帝被囚于台城(今南京鸡鸣山南),饥病而死。

㉖ 朱异(482—548):字彦和,南朝梁武帝时大臣。掌机密三十余年,善窥人主旨意,备受宠信。力主纳东魏降将侯景,同时又主张与东魏和好,酿成侯景之乱。建康被围,惭愤病死。

㉗ 赵主父:即赵武灵王(约前340—前295)。战国中后期赵国君主。在位实行"胡服骑射",使赵国强盛。晚年废太子章,传位于幼子赵惠文王,自号"主父"。沙丘(今河北广宗县)之乱,被围困饿死于沙丘宫中。

㉘ 宋文帝:即南朝宋武帝刘裕第三子刘义隆(407—453)。424—453年在位,年号元嘉,史称"元嘉之治"。后被太子刘劭所杀。见《宋书·二凶列传》。

㉙ 邵:通"劭",即南朝宋文帝长子刘劭(?—453)。元嘉三十年(453)二月,刘劭在合殿杀宋文帝篡位,改年号太初,宋文帝第三子武陵王刘骏(即宋孝武帝)起兵声讨,为刘骏所杀。

㉚ 浚:即刘浚(429—453),宋文帝次子。与太子刘劭共同作巫蛊诅咒文帝早死。刘劭杀文帝自立,刘浚前往京师投靠,后被刘骏所杀。

㉛ 徐湛之(410—453):字孝源,宋武帝刘裕外孙。宋文帝时官至尚书仆射。宋文帝欲废太子又犹豫不决,与他彻夜密谈。谋未定,太子刘劭发动政变,与宋文帝同时遇害。

㉜ 淳于衍:女妇产科医生,受霍光宠爱,受霍光夫人显指使,鸩杀汉宣帝皇后、汉元帝生母许平君。见《汉书·外戚列传》。

㉝ 见《唐鉴·德宗五》,文有节略。

㉞ 见《五朝名臣言行录·侍读孙公》,文有节略。

二七

守正者立朝之本

子曰："不能正其身，如正人何？"①孟子曰："未闻枉己而正人者也，况辱己以正天下者乎？"②又曰："枉尺直寻者，以利言也。如以利，则枉寻直尺而利，亦可为与？"③枉己者未有能直人者也。[一]伊川曰："臣贵正，不贵权。"[二]④又曰："不正而合，未有久而不离者。"⑤或问韩非作《说难》而卒死乎《说难》，何反也？扬雄曰："《说难》盖其所以死乎？君子以礼动，以义止，合则进，否则退，确乎不忧其不合也。夫说人而忧其不合，则亦无所不至矣。"⑥先忠肃公在熙宁初，王荆公称其器识，擢为中书检正，继除御史。既对，神宗问从学王安石否，公对曰："臣东北人，少孤独学，不识安石也。"即上疏，乃言新法不便。司农劾公中怀向背，有旨分析，公奏曰："臣所向者义，所背者利；所向者君父，所背者权臣。"复上疏极论时政，愿就窜逐。[三]⑦刘元城曰："士大夫只看临朝大节如何。若大节一亏，虽有细行，不足赎也。东坡立朝，大节极可观。"[四]⑧昔卫侯⑨言计非是，而群臣和者如出一口。子思曰："以吾观卫，所谓君不君、臣不臣者也。夫不察事之是非,而悦人赞己,暗莫甚焉。不度理之所在,而阿谀求容,谄莫甚焉。若此不已,国无类矣。"⑩孟子谓:"以顺为正者,妾妇之道也。"⑪富郑公论奏左右皆小人,章子厚⑫难之,王和父⑬曰:"吾辈今日曰诚如圣谕,明日曰圣学非臣所及,安得不谓之小人?"⑭此语曲尽阿谀情状。[五]夫人之所以如此者,不过乎患失耳。[六]殊不知得失有命,了不相干。所以先儒有"小人可惜为小人"之语也。

子　注

[一] 杨龟山曰:"古之人宁道之不行,而不轻其去就。孔、孟至终不得行而死,岂不欲道之行哉?"⑮伊川谓:"较其大小,其弊为枉尺直寻之病也。"⑯

[二] 伊川曰:"学者未尝知权之义,于理所不可,则曰姑从权,是以权为变诈之术也。夫临事之变,称轻重而处之,以合于义,是之谓权,岂拂经之道哉?"⑰邵康节曰:"权所以平物之轻重。圣人行权,酌其轻重而行之,合其宜而已,故执中无权者,犹为偏也。"⑱吕与叔谓:"执中无权,虽君子所恶,苟无忌惮,则不若无权之为愈。"⑲贾存道谓:"权无规矩用无常,不可专言以教人。"伊川又曰:"多权者害诚。"⑳范太史谓:"权为难。权者道之用也,惟圣人能尽之。"㉑又曰:"正者万世之常,权者一时之用。常者中人以下可以守,权非体道者不能也。"㉒故曰"可与立未可与权"。贾存道,名同,字希德,孙泰山之师友,学者谥曰"存道"。石徂徕为之撰行状云。

[三] 元祐初,温公当国,首荐公云:"公忠刚正,始终不变。"㉓后公辞免中书侍郎,苏文忠公当批答不允诏云:"卿蹈道深远,守节纯固。虽不留于悦来之物,而有志于行可之仕。乐告以善,勇于敢为。进不求

当世之荣，退不叛平生之乐，未尝为枉尺直寻之事。"㉔此得先世出处大致，子孙能守之，庶可以言无忝也矣。

［四］又绍圣中，以书勉韩仪公曰："当斯时，尤宜以正道自处。万一丕变，事有干涉，须力持之。不从，则奉身而退。废兴有命，非人力可支，惟不失义乃得。若目前利害，以不屑意为祝。"㉕

［五］窃谓凡事上者皆当戒此也。又有拱默如于志宁者。唐高宗将立武后，召长孙无忌、褚遂良、李勣、于志宁决可否。无忌、遂良以死争，李勣曰："陛下家事，何须问外人。"志宁默无一言。或者谓李勣逢君之恶，已显著奸人之情；志宁不言，则是舞两端以观望焉。高宗从无忌等言，则己以不言为忠；从李勣言，则己不言免祸，志宁之罪尤甚于勣。㉖当矣。又有从其大而违其细，假以示人至公，欲窃天下之虚誉，如唐裴枢㉗者，其罪尤不容于诛也。凡在上位者，能用此观人，则君子小人亦得其概矣。

［六］杨龟山谓："谋国乃所以谋身，天下不宁而能保其身者，未之有也。"㉘

校　注

① 见《论语·子路第十三》。

② 见《孟子·万章章句上》。

③ 见《孟子·滕文公章句下》。

④ 见《二程粹言·君臣篇》《二程遗书·畅潜道录》。

⑤ 见《伊川易传·周易下经上·睽》。

⑥ 见扬雄《法言·问明》，文有节略。按：《说难》与《孤愤》《五蠹》皆为韩非所作名篇。司马贞《史记索隐》："说难者，说前人行事与己不同而诘难之，故其书有《说难》篇。"《史记·老庄申韩列传》："或传其书至秦，秦王见《孤愤》《五蠹》之书，曰：'嗟乎！寡人得见此人与

之游,死不恨矣。'李斯曰:'此韩非之所著书也。'秦因急攻韩,韩王始不用非。及急,乃遣非使秦。秦王悦之,未信用。李斯、姚贾害之,毁之曰:'韩非,韩之诸公子也。今王欲并诸侯,非终为韩不为秦,此人之情也。今王不用,久留而归之,此自遗患也。不如以过法诛之。'秦王以为然,下吏治非。李斯使人遗非药,使自杀。"司马迁感叹说:"然韩非知说之难,为《说难》书甚具,终死于秦,不能自脱。"故有"韩非作《说难》而卒死乎《说难》"之说。

⑦ 见刘安世《刘忠肃公集序》,文有节略。

⑧ 见《元城语录》卷上。

⑨ 卫侯:即卫慎公(？—前387)。战国时卫国国君,名颓,卫敬公之孙,杀卫怀公自立。公元前428—前387年在位。

⑩ "昔卫侯言计非是"至"国无类矣":见孔鲋《孔丛子·抗志第十》。又见《温国文正公文集·应诏言朝政阙失事》《豫章文集·司马光论王安石》《宋文鉴·应诏言朝政阙失》《诸臣奏议·上神宗应诏言朝政阙失》。

⑪ 见《孟子·滕文公章句下》。

⑫ 章子厚:即章惇,见本书98页注⑩。

⑬ 王和父:即王安礼(1035—1096)。字和甫,亦作"和父",临川(今江西抚州)人,王安石六弟。嘉祐六年(1061)进士,历任翰林学士、知开封府等,官至尚书左丞。《宋史》卷327有传。

⑭ 见《邵氏闻见录》卷9,文有节略。

⑮ 见《龟山集·荆州所闻》,文有节略。

⑯ 见《二程遗书·谢显道记忆平日语·伊川先生语》。

⑰ 见《二程粹言·论道篇》。

⑱ 见《皇极经世书·观物外篇下》。

⑲ 见《论孟精义·孟子精义·尽心章句上》。

⑳ 见《二程遗书·畅潜道录》《二程粹言·人物篇》:"多权者害诚,好

功者害义,取名者贼心。"

㉑ 见《论孟精义·论语精义·子罕第九》。原文为:"志于道者未必能有立也,故未可与立也。能立矣,而权为难者,道之用也,唯圣人能尽之。"权为难:"为"原作"无",据上书及文意改。

㉒ 见《四书章句集注·孟子集注·离娄章句上》。"常者,中人以下可以守"作"常道人皆可守"。

㉓ 司马光荐刘挚语见《续资治通鉴长编》卷357,哲宗元丰八年六月戊子条记事。李焘小字注云:"此奏得之杂录,不著姓名,其首云:'今月二十五日借妄上言人。'用推究本末,盖司马光也。但光集独无此,亦无二十五日所奏用人事。当考。"

㉔ 见《苏文忠公全集·东坡内制集·赐新除依前中大夫守中书侍郎刘挚辞免恩命不许断来章批答二首》。"当世之荣"作"当世之名";"平生之乐"作"平生之学"。

㉕ 韩仪公:即韩忠彦。按刘挚此书不见于现存文集。

㉖ "唐高宗将立武后"至"尤甚于勋":见吕祖谦《十七史详节·于志宁》,文有节略。"志宁之罪尤甚于勋"语在"逢君之恶"前。

㉗ 裴枢(841—905):字纪圣,绛州闻喜(今山西闻喜)人。进士出身,唐昭宗天复元年(901)任户部侍部同中书门下平章事,同年免相,左迁工部尚书。因兄事朱全忠,天复三年再次拜相,任门下侍郎同中书门下平章事兼吏部尚书。哀帝天祐二年(905)因忤朱全忠意,被贬为尚书左仆射,旋即被杀。

㉘ 见《龟山集·论时事》。原文为:"今士大夫不敢尽言天下之事,不过为保身之谋耳。不知所以谋国乃所以谋身,天下不宁而保其身者,未之有也。"

二八
得失轻者去就之本

子曰："鄙夫可与事君也。与哉,其未得之也患得之,既得之患失之。苟患失之,无所不至矣。"①孟子谓:"有官守者,不得其职则去;有言责者,不得其言则去。"②熙宁间,新法方兴,温公时居献纳之位③,力言不便,乞罢制置三司条例司。不报。会除枢密副使,即累上疏,以谓:"若臣言果是,乞早赐施行。果非,乞罢枢密副使,治臣妄言及违慢之罪。"竟不拜命。[一]④先忠肃公才除御史,归语家人曰:"趣装,毋为安居计。"未及陛对,首上疏论亳州狱起不正,小臣意在倾故相富弼以市进。继上疏极论新法不便,遂贬衡州。⑤胡衡麓曰:"身体发肤,生而有之也。志士仁人,犹不求生以害仁,况官爵非生而有之者乎?"[二]⑥胡文定公谓:"浮世利名,蠛蠓耳,何足道哉。"[三]⑦韩魏公有云:"富贵易得,名节难保。"又云:"处去就之难者,不可猛而有迹。"[四]⑧或问于伊川:"为官僚而论事于其长,理直而不见从,则如之何?"伊川曰:"亦权其轻重而已。事重于去则当去,事轻于去则当止。事大于争所当争,事小于争则当已。"⑨此皆论事去就之法也。前辈有云："事有当死不死，其诟有甚于死者，后亦未必免死；当去不去，其祸有甚于去者，后亦未必得安。世人至此，多惑乱失常，皆不知轻重义命之分也。此理非平居熟讲，临事必不能自立，不可不豫思。古之人欲委质事人，其父兄日夜先以此教之。中材以下，岂临事一朝一夕所能至哉。教之有素，其心安焉，所谓有所养也。"[五]⑩今也不然。内则父兄，外则师友，诱掖训诲，而不以全躯患失为言者几希。后人气节少及前辈者，良有以也。大抵得失之心重者，势决不能有所立。前辈欲严于出处，虽饮食起居之际，必致意焉。范文正公每仕京师，早晚二膳，自己至婢妾，皆治于家，往往镌削，过为简俭，有不饱者。虽晚登政府亦然。补外，则付之外厨，加料几倍，无不厌饫。或问其故，曰："人进退虽在己，然亦未有不累于妻孥者。吾欲使居中，则劳且不足，在外则逸而有余，故处吾左右者，朝夕所言，必以外为乐，而无顾恋京师之意，于吾亦一佐也。"⑪杜祁公食于家，惟一面一饭而已。或美其俭，曰："衍本一措大耳。名位爵禄，冠冕服用，皆国家俸入之余，以给亲族之贫者，常恐浮食，焉敢以自奉也？一旦名位爵禄，国家夺之，却为一措大，又将何以自奉养耶？"⑫胡文定公曰："人须是于一切世味淡薄方好，不要有富贵相。王介甫在政事堂，只吃鱼羹饭。因荐两人不行，下殿便乞去，云：'世间何处无鱼羹饭？'为它累轻，便去住自在。孟子谓：'堂高数仞，食前方丈，侍妾数百人，我得志不为也。'学者先须除去此等，常自激昂，便不到得坠堕。"⑬先忠肃公《手记》云："予初登第，过濮州。兵部郎中士公^[六]倅郡公事，东州大儒也，予见之甚从容。士公曰：'汝上有何生事？'对曰：'无有。'士公曰：'不可。君有儿女，当思所以养之。君今得科第，官则有事，事则有法，官守岂可以常保？一不以理去，亦复狼狈矣。又有大者。常见仕者既老，而眷眷于禄，当去不去，或当官见义不敢为以避祸患，自中人已下则然，岂人情皆愿悦诟耻哉？多出于退无地也。使回顾有所归，无妻孥寒饿之累，其心当绰绰焉，进退轻矣。进退无所累，则临大利害，必有可观者。如君固不可量，然此不可不知。'"予初得第，方就仕，思其言不入也。其后阅世故，见其言至为可信，知前辈思虑深，议论有根本也。^[七]

子 注

[一]《韩魏公语录》云："司马君实初除枢密副使，竟辞不受。时公在魏，闻之，亟遣人赍书与文潞公，勉之云：'主上倚重之厚，庶几行道，道或不行，然后去之可也。似不须坚让。'潞公以书呈君实，君实云：'自古被这般官爵引得坏了名节，为不少矣。'"⑭

[二]范忠宣公谓："人做好官职，当如奉使借馆，便自无事。"

[三]列子曰："蠛蠓生污壤之上，因雨而生，睹阳而死。"⑮上莫结反，下莫孔反。江公望有云："爵禄者，止能砥砺顽钝之人，不能荣宠轻富贵、安贫贱有道之士。"⑯古人去就，岂为爵禄而已，亦人君所宜知也。

[四]即孔子"欲以微罪行"之义⑰。

［五］或云《吕正献公家训》。

［六］名建中，字熙道，学行载《石徂徕集》中。

［七］杜祁公告贾直孺初登第之语[18]，大意亦同。邵康节云："处失在得之先，则得亦不喜。处得在失之先，则失难处矣。"[19]皆先哲用力之方，今故具载之也。[20]

校 注

① 见《论语·阳货第十七》。

② 见《孟子·公孙丑章句下》。

③ 献纳之位：指谏官。时司马光以翰林学士、右谏议大夫兼侍读权御史中丞。

④ 见《温国文正公文集·辞枢密副使第六札子》："若臣言果是，乞早赐施行。若臣言果非，乞更不差使臣宣召，早收还枢密副使敕告，治臣妄言及违慢之罪，明正刑书。庶使是非不至混淆，微臣进退有地，不为天下之所疑怪。"按司马光连上六札辞枢密副使，第六札上后，神宗许辞。

⑤ 见《三朝名臣言行录·丞相刘忠肃公》："会除御史，欣然就职。归语家人曰：'趣装，毋为安居计。'未及陛对，首上疏论亳州狱起不正，小臣意在倾故相富弼以市进。"又《忠肃集·原序》："会除监察御史，欣然就职，语家人曰：'趣装，无为安居计。'即上疏论：'亳州狱起不止，小臣意在倾故相富弼以市进，今弼已责，愿宽州县之罪。'神宗皇帝励精求治，奖进臣下，公既对，面赐褒谕……公退益感遇，思所以称，因上疏论率钱助役、官自雇人，其事有不可胜言者，略陈十害，切中时病……明日复上疏极论时政，遂罢御史，落馆职。拟窜岭外，上不听，乃贬衡州。"

⑥ 见《致堂读史管见·唐纪·则天皇后下·十三年》。

⑦ 见《斐然集·先公行状》，原文作："浮世利名，真如蠛蠓过前，何足道哉。"

⑧ 见《韩忠献遗事》《三朝名臣言行录·丞相魏国韩忠献王》。

⑨ 见《二程粹言·君臣篇》，文有节略。

⑩ 见《戒子通录·童蒙训》《仕学规范·莅官》。亦见于《东莱别集·舍人官箴》。

⑪ 按自"范文正公"以下文字，见叶梦得《避暑录话》卷下，"范文正公"作"范尧夫"。范尧夫乃范仲淹次子范纯仁。按："前辈"乃吕本中。

⑫ 见《戒子通录·辨志录》《五朝名臣言行录·丞相祁国杜正献公》《少仪外传》卷上。

⑬ 见《少仪外传》卷上，文有节略。

⑭ 见《三朝名臣言行录·丞相温国司马文正公》引《韩魏公语录》。又见《皇朝事实类苑·韩魏公四》。

⑮ 见《列子·汤问第五》，原文为："朽壤之上有菌芝者，生于朝，死于晦。春夏之月有蠓蚋者，因雨而生，见阳而死。"按"上莫结反，下莫孔反"乃"蠛蠓"之注音。

⑯ 江公望：字民表。北宋睦州（今浙江建德）人，举进士第，累官左司谏、左司员外郎、直龙图阁、知寿州等。蔡京用事，贬南安军，以赦复官，归而卒。

⑰ 孔子"欲以微罪行"之义：按：《孟子·告子章句下》："孔子为鲁司寇，不用从而祭，燔肉不至，不税冕而行。不知者以为为肉也，其知者以为为无礼也。乃孔子则欲以微罪行，不欲为苟去。君子之所为，众人固不识也。"北宋孙奭《孟子注疏》曰："孔子尝为鲁国司寇之官，不得用其道从鲁君祭于宗庙，当赐大夫以胙，燔肉且不至孔子。孔子遂反，归其舍，未及脱祭祀之冕而适他国。不知孔子者，以谓孔子不得燔肉，故为此而行也。其知孔子者，以谓为君无礼，乃欲以微罪行。微罪，以其孔子为司寇大夫之官，凡有祭，则大夫之党党

从君祭。既从祭之,礼有不备,所以有罪矣。然则君子之所为者,庸众之人固不能识而知也。"

⑱ 见《能改斋漫录·杜祁公问贾黯以生事有无》:"贾黯以庆历丙戌廷试第一,往谢杜公。公无他语,独以生事有无为问。贾退谓门下客曰:'黯以鄙文魁天下而谢于公,公不问,而独在于生事,岂以黯为无取耶?'公闻而言曰:'凡人无生事,虽为显官,亦不能不俯仰,由是进退多轻。今贾君名在第一,则其学不问可知。其为显官,则又不问可知。衍独惧其生事不足,以致进退之轻,而不得行其志焉。何怪之有?'"又见《苕溪渔隐丛话后集·杜正献》引《复斋漫录》。

⑲ 见《皇极经世书·观物外篇下》。

⑳ 今故具载之也:此下原有四库馆臣按语:"案此篇错误甚多,'《献公家训》'四字错入大字内,'倅郡''倅'字误入小注内,'今也不然'一段误接'士公'下,'衍本一措大'一段误接'有所养也'下,今推寻文义,俱为改正。"今从其改,删其语。

二九
辞顺理直者论事之本

子曰："赐也，亦有恶乎？"曰："恶讦以为直者。"^[一]①
伊川曰："自古能谏于君者，未有不因其所明者。易太子，
是其蔽也。四皓者，高祖素知其贤而重之，此其不蔽之明
也。故因其所明而及其事，则悟之如反手。"^[二]②杨龟山
曰："君子之事君，其说不可惟利之从。苟惟利之从，则人
君所见者利而已。彼有轧吾谋者，其说又利于我，吾说必
见屈矣。故不若谈道理。道理既明，人自不能胜
也。"^[三]③刘元城曰："人臣进言于君，度其能为即言之。
若太迫蹙关闭，或一旦决裂，其祸必大。不若平日雍容以
讽之，使无太甚可也。"④先忠肃公《奏议》曰："尝以谓欲
言政府之事者，譬如治湍暴之水，可以循理而渐导之，不
可以堤防激斗而发其怒，不惟难以成功，亦为患滋大。故
臣自就职以来，窃慕君子之中道，以其言直而不违于理，
辞顺而不屈其志，不敢悻然如浅丈夫，以一言一事轻决去
就，致圣朝数逐去言事者而无所裨补。思以上全国体，而
下亦庶几能久其职业而成功名。"⑤韩魏公曰："善谏者，
无讽也，无显也。主于讽者，必优柔微婉，广引譬谕，冀吾

说之可行，而不知事不明辨则忽而不听也；主于显者，必暴扬激讦，恐以危亡，谓吾言之能动，而不知论或过当则怒而不信也。苟不以理胜为主，难矣哉！惟言之重，非面折廷争之难，盖知体得宜为难。当顾体酌宜，主于理胜，而以至诚将之。若知时之不可行，而徒为高论，以卖直取名，罪不容诛矣。"[四]⑥公在政府，人有自陈不中理者，从容谕以不可之理而已，未尝峻折之也⑦。明道谓："凡为人言者，理胜则事明，气忿则招拂。"⑧尝赴朝堂议事，荆公厉色以待，明道徐曰："天下之事，非一家之私议，愿公平气以听。"[五]⑨或问："人于议论，多欲直己，无含容之气，是气不平否？"伊川曰："固是气不平，亦是量狭。人量随识长，亦有人识高而量不长者，是识实未至也。"[六]⑩

子 注

[一]明道之意⑪。

[二]又云："事君须体'纳约自牖'⑫之意。人君有过，以理开谕之，既不肯听，当救正，于此终不能回，却须求人君开明处。如汉高祖欲废太子，叔孙通⑬言嫡庶根本，彼皆知之，既不肯听矣，纵使能言，无以易此。惟张良知四皓素为高祖所敬，招之使事太子，高祖知人心归太子，乃无废立意。"⑭伊川《易传》取之者，善其智而能谏，以明纳约之意。温公《通鉴》去之者，为后世虑远矣。去取之意，则初不相悖也。学者又当默识。

[三]窃观前辈论事，或以道理，或以利害，无所必者。察主识之奚若，审事势之如何，而必以悟上之义也。胡衡麓论'几谏直谏'⑮之义

亦然。

[四] 敢言之患，多失在此。刘元城谓："人臣之事君也，既自知己之所为，又须知君之所能。若不知而直前，未有不受祸败也。"⑯范太史谓："君不知其臣，臣不量其君，而欲成天下之务，未之闻也。"⑰即《礼》云"事君量而后入"⑱之义。张敬夫云："责难陈善，非在己者先尽其道，而能之乎？在己有未至，而独以望于君，难矣。"⑲此亦推广孟氏"以正己为先"之说。详责难之义，盖勉其君行先王之道而已，非止以事功言也。若夫智小责之以谋大，力小责之以任重，可乎？彼齐宣王欲以一服八⑳，固孟子之所深辟也。

[五] 窃谓论事要亦当如是也。《韩魏公别录》：庆历中，范文正公同在西府，上前争事，议论各别，下殿各不失和气，如未尝争也。㉑

[六] 吕居仁云："当官之法，直道为先。其有未可一向直前，或直前反败大事，须用吕惠穆公称停之法。此非特小官然也，为天下国家亦当知之。又如监司郡守，严刻过当者，须平心定气，与之委曲详尽，使之相从而后已。如未肯从，再当如此详之，其不听者少矣。"㉒吕惠穆公每事之来，必称停轻重，令得所而后已。事经公处者，人情事理无不允当。刘元城极言"称停"二字，最吾辈当今所宜致力，不可不详熟思讲也㉓。

校　注

① 见《论语·阳货第十七》，文有节略。

② 见《伊川易传·周易上经下·坎》，文有节略。高祖"易太子"及"四皓"事，见《汉书·张良传》："上欲废太子，立戚夫人子赵王如意。大臣多争，未能得坚决也。吕后恐，不知所为。或谓吕后曰：'留侯善画计，上信用之。'吕后乃使建成侯吕泽劫良……强要曰：'为我画计。'良曰：'此难以口舌争也。顾上有所不能致者四人。四人年老

矣，皆以上嫚侮士，故逃匿山中，义不为汉臣。然上高此四人。今公诚能毋爱金玉璧帛，令太子为书，卑辞安车，因使辨士固请，宜来。来，以为客，时从入朝，令上见之，则一助也。'于是吕后令吕泽使人奉太子书，卑辞厚礼，迎此四人。四人至，客建成侯所……汉十二年，上从破布归，疾益甚，愈欲易太子。良谏不听，因疾不视事。叔孙太傅称说引古，以死争太子。上阳许之，犹欲易之。及宴，置酒，太子侍。四人者从太子，年皆八十有余，须眉皓白，衣冠甚伟。上怪，问曰：'何为者？'四人前对，各言其姓名。上乃惊曰：'吾求公，避逃我，今公何自从吾儿游乎？'四人曰：'陛下轻士善骂，臣等义不辱，故恐而亡匿。今闻太子仁孝，恭敬爱士，天下莫不延颈愿为太子死者，故臣等来。'上曰：'烦公幸卒调护太子。'四人为寿已毕，趋去。上目送之，召戚夫人指视曰：'我欲易之，彼四人为之辅，羽翼已成，难动矣。吕氏真乃主矣。'……竟不易太子者，良本招此四人之力也。"颜师古注曰："四人，谓园公、绮里季、夏黄公、甪里先生，所谓商山四皓也。"因年皆八十有余，须眉皓白，故谓之四皓。《汉书·王贡两龚鲍传》："汉兴有园公、绮里季、夏黄公、甪里先生，此四人者，当秦之世，避而入商雒深山，以待天下之定也。自高祖闻而召之，不至。其后吕后用留侯计，使皇太子卑辞束帛致礼，安车迎而致之。四人既至，从太子见，高祖客而敬焉，太子得以为重，遂用自安。"

③ 见《龟山集·荆州所闻》《龟山先生语录·荆州所闻》。又见《论孟精义·孟子精义·告子章句下》。

④ 见《元城语录》卷上。

⑤ 见《忠肃集·论助役法分析疏·分析第二疏》，文有节略。

⑥ 见韩琦《安阳集·谏垣存稿序》，文有节略。"言之重"作"言责之重"。

⑦ 见《皇朝事实类苑·韩魏公》："欧阳永叔在政府时，每有人不中理者，辄峻折之，故人多怨。公则不然，从容喻之以不可之理而已，未尝峻折之也。"

⑧ 见《二程遗书·师训》。又《二程粹言·君臣篇》："子曰：'凡谏说于君，论辩于人，理胜则事明，气忿则招拂。'"

⑨ 见《豫章文集·遵尧录七·程颢》："颢尝被旨赴中书议事，安石方怒言者，厉色待之，颢徐曰：'天下之事，非一家私议，愿公平气以听之。'"又见《二程遗书·附录·门人朋友叙述并序》。

⑩ 见《二程遗书·刘元承手编》。

⑪ 明道之意：此处原为四库馆臣按语："案：此下原注'明道之意'四字，有缺文"。考韩愈《谏臣论》云："或曰：'吾闻君子不欲加诸人，而恶讦以为直者。若吾子之论，直则直矣，无乃伤于德而费于辞乎？好尽言以招人过，国武子之所以见杀于齐也，吾子其亦闻乎？'愈曰：'君子居其位，则思死其官；未得位，则思修其辞以明其道。我将以明道也，非以为直而加诸人也。'"又张九成《孟子传》评论孔子师弟子此语云："函丈之论，师弟子之心，称人之恶，下流讪上，讦以为直，皆在所恶，则夫言人之不善者，正孔门之所恶也。……圣人居是不非其大夫，是言人之不善，非圣人之道也。"吕祖谦《丽泽论说集录·门人集录论语说》也解释说："立天之道曰阴与阳，立地之道曰柔与刚，立人之道曰仁与义。三才之道，初无所偏，故元者善之长也。一元之气，该乎万物，无非所以生育长养。使天地之于物，有以生育长养之，而无秋杀以终之，则万物亦不能成就，是犹道之有仁与义也。圣人与天地相似，本心初无恶，正缘好恶对立，亦如天地之有春秋，此自然之理……此是学者做功夫处。"知"明道之意"，乃刘荀对上文孔子师弟子言语寓意的简明注解，当无缺文。故删馆臣按语，复其旧。

⑫ 纳约自牖：语出《周易·坎》："六四；樽酒，簋贰，用缶，纳约自牖，终无咎。"朱熹《周易本义·坎》："九五尊位，六四近之，在险之时，刚柔相济。故有但用薄礼，益以诚心，进结自牖之象。牖非所由之正，而室之所以受明也。始虽艰阻，终得无咎。"原意为用陶制的两个瓦缶装着一杯酒和两簋饭，从窗口送入室内以祭祀神灵，虽祭礼菲薄，

因心中诚敬,也终无灾祸。此处比喻臣子以诚心进谏帝王,能从开明处入手,自能无咎有功。牖,窗户,用于房间开光透明。樽,酒器。簋,盛粮食的器具。缶,陶制的瓦盆类器物。

⑬ 叔孙通(?—约前194):薛县(今山东滕州)人。秦时以文学征为待诏博士,归汉,与儒生共立朝仪,拜为太常,徙太子太傅。汉惠帝即位复为太常,定宗庙仪法,被称为"汉家儒宗"。其谏高祖欲易太子,有"太子天下本,本一摇天下振动,奈何以天下为戏"之言。

⑭ 见《二程遗书·元丰己未吕与叔东见二先生语》。"当救正"作"虽当救止";"开明处"作"开纳处进说。牖乃开明处"。

⑮ 胡衡麓论"几谏直谏":按《致堂读史管见·汉纪·世祖光武》评论"大司徒韩歆好直谏"云:"歆为大臣面折庭争,职也。然于君父之前,指天画地,以信其说,则过于直矣。"在《晋纪·怀帝》中评论"汉相刘殷不犯颜忤旨"说:"殷议事务密可也,不密则君臣皆失矣,谏必贵几则不可也。君臣以义合,异乎子之事父母矣。子事父母,恐伤其怀,故以微言见吾之志,父母不从,又敬不违,此谏父母之道也。人臣之义,当正色直辞,以尽匡救,虽不可于众中肆然诋评,亦岂可含糊必求屏处而后谏耶?况事有缓急,过有大小,言亦随之。设若人主坐朝,公卿并侍,下一大号令,杀一贤君子,其行其止,系俄顷间,而曰'几谏几谏',微略奏陈,又安能回盛怒而遏大失耶?且以几谏见志,而人主不从,亦当敬而不违耶?……子路问事君,子曰:'勿欺也而犯之。'子路非不能犯颜者,而圣人尚重戒焉,此则人臣谏争之正法也。若殷之志,不得已以事昏暴,恶闻其过者则宜尔。一遇聪明好谏之君,而用是道,不亦轻其君乎?"几谏:委婉规劝。

⑯ 见《元城语录》卷下。

⑰ 见《唐鉴·肃宗》。

⑱ 见《礼记·少仪第十七》:"事君者量而后入,不入而后量。凡乞假于人,为人从事者亦然。然,故上无怨而不远罪也。"

⑲ 见《南轩先生孟子说·离娄上》。

⑳ 见《孟子·梁惠王章句上》，孟子曰："'王之所大欲可得闻与?'王笑而不言……曰:'然则王之所大欲可知已。欲辟土地，朝秦楚，莅中国，而抚四夷也。以若所为，求若所欲，犹缘木而求鱼也。'……曰:'可得闻与?'曰:'邹人与楚人战，则王以为孰胜?'曰:'楚人胜。'曰:'然则小固不可以敌大，寡固不可以敌众，弱固不可以敌强，海内之地方千里者九，齐集有其一，以一服八，何以异于邹敌楚哉?'"

㉑ 此条下原有四库馆臣按语:"案:'议论'下本系缺文，今据《宋史》补入。"所补为"各异，及下殿，各不失和气，如未尝争。盖其心主于事可行而已，不为己也。"此条刘荀引自《韩魏公别录》。《韩魏公别录》为王岩叟所编，今尚存，但不载此语。《三朝名臣言行录·丞相魏国韩忠献王》《翰苑新书前集·左右丞相下》和卷5《枢密院》皆有转录。其文为:"庆历中与希文、彦国同在西府，上前争事，议论各别，下殿各不失和气，如未尝争也。当时相善三人，正如推车子，盖其心主于车可行而已，不为己也。"《事类备要前集·仕进门》《事文类聚前集·仕进部》《新笺决科古今源流至论后集·友义》也有转录。今据诸书上下文意，删去馆臣按语及所补28字，另补入"各别，下殿各不失和气，如未尝争也"14字。

㉒ 见《官箴》。"当官之法"与下文"又如监司"，《官箴》中分为两条记事，《东莱别集·舍人官箴》后语在前语之前。

㉓ 见《童蒙训》卷上。原文为:"器之尝为予言:'当官处事，须权轻重，务合道理，毋使偏重可也。夫是之谓中。'因言元祐间尝谒见冯当世宣徽，当世言:'熙宁初与陈旸叔、吕宝臣同任枢密。旸叔聪明少比，遇事之来，迎刃而解，而吕宝臣尤善称停事，每事之来必称停轻重，令必得所而后已也。事经宝臣处画者，人情事理无不允当。'器之因极言'称停'二字，最吾辈当今所宜致力，二字不可不详思熟讲也。宝臣盖惠穆公也。"

三〇
时者出处语默之本

君子之道，或出或处，或默或语，要在不失其时。是乃时止则止，时行则行，时然后言之义也。时也者，当其可而已矣。其可仕也，孔子有见行可之仕[一]，有际可之仕[二]。子曰："天下有道，丘不与易也。"[三]① 而三月无君，则皇皇如也②。其可去也，齐景公欲待孔子以季孟之间，曰："吾老矣，不能用也。"孔子行。齐归女乐，季桓子受之，三日不朝，孔子行。③ 卫灵公与孔子游，仰视蜚雁，意不在孔子，孔子行。④ 而未尝有三年淹⑤于一国⑥，故孟子曰："可以仕则仕，可以止则止，可以久则久，可以速则速，孔子也。"⑦ 孔子，圣之时者也。[四] 濂溪曰："可止可仕，古人无所必，束发为学，将有以设施可泽于斯人者，必不得已，止未晚也。"⑧ 刘元城曰："仕宦岂是不好事？但看行己如何耳。若仕宦有益于社稷生灵，其胜独善一身多矣。"⑨ 孟子谓："仕非为贫也，而有时乎为贫。[五] 为贫者辞尊居卑，辞富居贫。[六] 恶乎宜乎，抱关击柝。[七] 孔子尝为委吏矣，曰：'会计当而已矣。'[八] 尝为乘田矣，曰：'牛羊茁壮长而已矣。'"[九]⑩ "古之人未尝不欲仕也，恶不由其道尔。"[一〇]⑪语默以时者何？"子曰：'可与言而不与言，失人；不可与言而与之言，失言。'"⑫韩退之云："汝非其师，不请而教，谁云不欺？"⑬苏东坡云："未信而谏，圣人不与。交浅言深，君子所戒。"⑭孟子谓："位卑而言高，罪也。"⑮杨龟山《言默戒》云："未可言而言，与可言而不言，皆足以取祸。"[一一]⑯胡衡麓曰："不在其位而谋其政，犹司马而论司寇得失，是侵官也。[一二]既去而未去所掌，是犯分也。[一三]未用而论任用之事，是干进也。[一四]既不在其位，乃不待问而告焉。非有利心，欲间人以昌己者，不为也。"[一五]昔温公在从列，力言新法，不报。会除副枢，公虽恳辞，犹论不已，奏曰："臣若已受枢密副使之告，即不敢更言职外之事。今未拜命，犹是侍从之臣，于朝廷阙失，无所不可言者。"⑰韩魏公罢相判永兴军，入辞时，二府方议边事未决，乞召公同议。既对，即奏曰："臣前日备员政府，自当参议。今日藩臣，唯奉行朝廷命令耳，决不敢预闻。"遂罢议⑱。新法初下，公判大名府，曰："某老臣也，义不敢默。"及不听，晓官属亟奉行，曰："某一郡守也，其敢不如令。"[一六]⑲欧阳文忠公为河北都漕，陛辞，上面谕："有所欲言，言之。"公曰："谏官得风闻言事，外官越职为言，罪也。"⑳胡文定公在后省，缴驳吏部侍郎冯澥㉑论刘珏㉒疏云："侍从臣寮，虽当献纳，至于弹击官邪，必归风宪，各有分守，不可侵紊。夫庖人虽不治庖，尸祝不越尊俎而代之。而澥遽越职，此路一开，臣恐立于朝廷者,各以好恶争相攻击,胁持倾陷,滋长怨雠,非所以靖朝纲、明分守。"㉓又因苏昞上书,有曰:"张横渠声动关中,苏季明从之最久,以其文厘为十七篇,自谓最知大旨。及后来坐上书邪党,却是未知横渠。昔横渠有诗云:'葵藿野心虽万里,不无忠恋向清朝。'夫岂不欲道行于世? 在馆半年即去,后十年复召之,不半年又去,只为道不合也。季明越职上书,得罪甚重,必亦有非所宜言者矣。"[一七]㉔或问胡衡麓:"陈成子弑简公㉕,孔子去位,犹告于哀公,请讨之。何也?"衡麓曰:"列国大夫闻国大政,于君君、臣臣之义,岂为去位而可废也? 故孔子虽已告老,至于邻有弑逆,天下大变,人理所不容,则执之者无罪,杀之者无禁,况从大夫之后乎?"又曰:"道有常变,言非一端。苟不知圣神无方之传,是胶柱而调瑟也。"[一八]明道有云:"若合开口时,如荆轲㉖、樊於期㉗,要它头,也须开口。"㉘此皆圣贤出处,语默之模辙也。

子　注

[一] 赵岐云:"季桓子秉鲁之政,孔子仕鲁,冀可得因而行道也。"

[二] 际,接也。卫灵公遇孔子以礼,故亦仕之。㉙

[三] 言天下有道,则无事于变易,故避世长往之士,圣人有所不取。

[四] 邵康节谓孟子得《易》之用㉚。伊川谓"得《易》之用者,莫如孟子"㉛。又谓"由孟子可以得《易》"㉜。于此可以默识矣。伊川曰:"易者,变易也,随时变易以从道也。"㉝

［五］横渠释《简兮之诗》曰："简，略也，无所难也，甚则不恭焉。贤者仕禄非迫于饥寒，不恭莫甚焉。'简兮'虽刺时君不用，然为仕者不能无太简之讥。"㉞胡衡麓谓："'君子阳阳'，乃有乐只之讽，非纯以为当然也。"

［六］张横浦曰："士君子仕宦，为贫则当居米盐筦库之职，以无愧于心；为道则当尧舜君民，太平一世可也，曷可妄据卿相之位乎？"㉟

［七］监门职也。

［八］主委积仓庾之吏也。

［九］苑囿之吏，掌六畜之刍牧者。或问："圣人为贫而仕者否？"伊川曰："孔子为乘田委吏是也。"因言："近时有人以此相勉，某答云：'待饥饿不能出门户时，当别相度。'"㊱

［一〇］伊川曰："古好贫贱而恶富贵，是反人情也。所以异于人者，以安义命焉尔。"㊲苏老泉有云："凡士之不近人情者，鲜不为大奸慝。竖刁、易牙、开方㊳是也。"㊴又可以此观人矣。老泉，名洵，字明允，自号老泉。欧阳文忠公谓其"学究六经百家之说，以考质古今治乱成败，圣贤穷达出处之际，得其精粹，涵蓄充溢，下笔顷刻数千言。其纵横上下，出入驰骤，必造于深微而后止。来京师，一时后生学者皆尊其贤，学其文，以为师法。"㊵张文定公云："仆领益郡，得先生所著《权书》《衡论》，以书先之于欧阳永叔，一见，大称叹，目为'荀卿子'，献其书于朝。自是名动天下，士争传诵其文，时文为之一变。韩魏公尝与论天下事，亦以为贾谊不能过也。"㊶治平三年卒。今西蜀文学之盛，自先生父子倡之，世谓之"蜀学"。

［一一］温公曰："钟鼓，叩之然后鸣，人不以为异。若不叩自鸣，人孰不谓妖耶？不可以言而言，犹不叩自鸣也。可以言而不言，犹叩之而不鸣也，亦为废钟鼓矣。"㊷

［一二］王沂公自登朝，历掖垣内署，每谓王文正公，必语及阙政，公辞以"不在其位，不敢预闻"㊸及当可言之位，论事侃侃然。杨龟山论侵官，

曰："思其出位而谋其政，则失其分守，而侵官乱政将无所不至矣。"④

[一三] 东坡守维扬，欲复伸理前所举剥文广狱事，某以书谏曰："君子之于事，以为居位而不言则不可，去位而言则又不可。其言之者，义也；其不可言者，亦义也。前为颍州⑤，言之可也。今为扬守而预颍事，其亦可乎？岂亦尝言之而不置耶？此取胜之道也。苟不公言而私请之，又不如已也。天下之事行之不中理，使人不平者，岂此一事，岂能尽争之耶？争之，岂能尽如人意耶？徒使呫呫者以为多事尔。"⑥

[一四] 杨龟山云："古之君子自重其身，常若不得已而后进。贾谊身非宰相而汲汲自进其说，盖亦不自重矣。在我者不重，故人听之也轻。出为王傅，其论国事，犹曰'陛下曾不与如臣者议之'，则是欲婴抚在庭之臣而出其上也，岂不召祸欤？"⑦

[一五] 又曰："既在其位，当朝夕以思。见美必顺，见恶必强，见贤必荐，见不肖必逐，见治理必具，见乱萌必除，随职而举。乃又不能，惟拱手默默，听它人所为。或不敢不为上奏，如孔光⑧；或恭逊取媚，如胡广；或敛衽无所可否，如关播⑨；或书名给唯诺，如陈希烈⑩。而国家休戚，己不与知，皆不忠之大者。"又云："范太史谓：'君子立人之朝，有官守者不失其职，有言责者不隐其言。君从之亦谏，君不从亦谏。谏而不入则去之，臣之义也。其怀禄畏罪而不言，则曰君不能从，此孟子所谓贼其君者也。'"

[一六] 横渠谓范巽之曰："'在朝则持国论，居外则奉诏令。'初行新法，仕宦四方者皆欲投劾而归，或有以书问邵康节，答曰：'正贤者所当尽力之时。新法固严，能宽一分，则民受一分之赐矣，投劾而去何益？'"⑪

[一七] 文定公之论，以戒乎位卑言高、思出其位者，而人君求贤之路，则不可不广也。温公奏疏云："上古谏争无官，自公卿大夫，至于庶人、百

工、商旅、蒙瞍、刍荛，无有不得言者，以达下情而察国政也。若署官而守之，非其官者皆不得言，则下情壅而不通。如是，则国家虽有迫切之忧，行道之人皆知之，而在上者莫得闻。此其为害不亦深乎？"[52] 唐明皇出奔，不四十里而已无食，有父老郭从谨进言曰："先王务延访忠良，以广聪明。宋璟为相，数进直言，天下赖之而安。顷来廷臣以言为讳，阙门之外，陛下皆不得知。草野之臣知有今日久矣，但九重严邃，无路上达。事不至此，则何由得睹陛下之面而诉之乎？"上曰："此朕不明，悔之无及。"慰而遣之。[53] 君天下者可不监哉！或问杨龟山："以匹夫一日而见天子，天子问焉，尽所怀而陈之，则事必有窒碍者，不尽则为不忠[54]，如何？"曰："事亦须量深浅。子夏曰：'信而后谏。未信，则以为谤己也。'《易》之《恒》曰：'浚恒凶。'此恒之物也。故当以渐而不可浚，浚则凶矣。假如问人臣之忠邪，其亲信者谁欤，遽与之辨别是非，则有失身之悔。君子于此，但不可以忠为邪，以邪为忠，语言之间，固不无委曲也。至于论理则不然。如梁惠王问孟子'何以利吾国'，则当言'何必曰利'；齐宣王问'卿不同'，则当以'正'对。盖不直则道不见故也。"[55]

[一八] 靖康改元，边事大起，杨龟山奏疏云："陛下即位之初，国家多事之际，凡在臣子，苟有见闻，咸宜自竭。"[56] 盖明是理者也。

校　注

① 见《论语·微子第十八》。

② 见《孟子·滕文公章句下》："周霄问曰：'古之君子仕乎？'孟子曰：'仕。《传》曰："孔子三月无君，则皇皇如也，出疆必载质。"'"

③ 见《论语·微子第十八》："齐景公待孔子，曰：'若季氏，则吾不能。以季孟之间待之。'曰：'吾老矣，不能用也。'孔子行。齐人归女乐，季桓子受之，三日不朝，孔子行。"

④ 见《史记·孔子世家》："灵公问兵陈,孔子曰:'俎豆之事,则尝闻之。军旅之事,未之学也。'明日,与孔子语,见蜚雁,仰视之。色不在孔子,孔子遂行,复如陈。"

⑤ 淹:滞留,停留。

⑥ 见《孟子·万章章句下》:(孟子)"曰:'孔子之仕于鲁也,鲁人猎较,孔子亦猎较,猎较犹可,而况受其赐乎?'(万章)曰:'然则孔子之仕也,非事道与?'曰:'事道也。''事道奚猎较也?'曰:'孔子先簿正祭器,不以四方之食供簿正。'曰:'奚不去也。'曰:'为之兆也。兆足以行矣,而不行,而后去,是以未尝有所终三年淹也。'"

⑦ 《孟子·公孙丑章句上》。

⑧ 见《周元公集·附录·周敦颐墓志铭》《宋文鉴·周茂叔墓志铭》。

⑨ 见《元城语录》。

⑩ 见《孟子·万章章句下》,文有节略。

⑪ 见《孟子·滕文公章句下》。原文为:"古之人未尝不欲仕也,又恶不由其道。不由其道而往者,与钻穴隙之类也。"

⑫ 见《论语·卫灵公第十五》。"不与言"作"不与之言"。

⑬ 见韩愈《昌黎先生文集·知名箴》。又见姚铉《唐文粹·箴诫铭·知名箴》。

⑭ 见《苏文忠公全集·东坡续集·上神宗皇帝书》。

⑮ 见《孟子·万章章句下》。

⑯ 见《龟山集·言默戒》:"邻之人,有鸡夜鸣,恶其不祥,烹之。越数日,一鸡旦而不鸣,又烹之。已而谓予曰:'吾家之鸡,或夜鸣,或旦而不鸣,其不祥,奈何?'予告之曰:'夫鸡乌能为不祥于人欤?其自为不祥而已。或夜鸣,鸣之非其时也;旦而不鸣,不鸣非其时也。则自为不祥而取烹也,人何与焉?若夫时然后鸣,则人将赖汝以时夜也,孰从而烹之乎?'又思曰:人之言默,何以异此!未可言而言,与可言而不言,皆足取祸也。"

⑰ 见《温国文正公文集·辞枢密副使第五札子·帖黄》。原文为："臣今若已受枢密副使敕告，即诚如圣旨，不敢更言职外之事。今未受恩命，犹是侍从之臣，于朝廷阙失，无不可言者。"

⑱ "韩魏公罢相"至"其敢不如令"：见《三朝名臣言行录·丞相魏国韩忠献王》："公辞，二府方奏事殿上，议边事未决。曾公亮等奏曰：'今日韩琦朝辞，在门外，乞与同议。'上亟召之。公既对，即奏曰：'臣前日备员政府，自当参议。今日藩臣也，惟奉行朝廷命令耳。决不敢预闻。'上观公意确，遂罢议。"又见韩忠彦《韩魏公家传》、王岩叟《忠献韩魏王家传》、韩琦《君臣相遇录》，文字略异。

⑲ 见杜大珪《名臣碑传琬琰集·韩琦行状》、《三朝名臣言行录·丞相魏国韩忠献王》。

⑳ 见《栾城集·欧阳文忠公神道碑》《三朝名臣言行录·参政欧阳文忠公》。"为言"作"而言"。

㉑ 冯澥(1060—1140)：字长源，两宋之际普州安岳(今属四川)人。神宗元丰五年(1082)进士。宋钦宗时官至知枢密院事、尚书左丞。反对抗战派李纲，曾受张邦昌伪命。高宗绍兴初以资政殿学士致仕。《宋史》卷371有传。

㉒ 刘珏(1078—1132)：字希范，两宋之际湖州长兴(今属浙江)人。徽宗崇宁五年(1106)进士。靖康时，累官至中书舍人。坐为李纲游说，提举亳州明道宫。南宋初官至吏部侍郎、权同知三省枢密院事。因护送隆祐太后往江南躲避金兵追击途中卫士溃逃，坐罪贬官。《宋史》卷378有传。

㉓ 胡安国此疏不见现存载籍，《斐然集·先公行状》有部分摘录。其中云："从臣虽当献纳，至于弹击官邪，必归风宪，各有分守。今台谏臣僚未闻缄默，而澥遽越职。此路若开，臣恐在位者各立是非，滋长怨仇，上渎宸听，非所以靖朝宁也。"与此不同。

㉔ 见《伊洛渊源录·苏学士·遗事》引《胡氏传家录》，文有节略。

㉕ 陈成子弑简公：陈成子即田成子、田常，一作陈恒。春秋时齐国大臣。公元前481年，杀齐简公，拥立齐平王，任相国，尽杀公族中强者，扩大封地，自此独揽齐国大权。三传至太公和，遂正式代齐。《论语·宪问第十四》："陈成子杀简公，孔子沐浴而朝，告于哀公曰：'陈恒杀其君，请讨之。'公曰：'告夫三子。'孔子曰：'以吾从大夫之后，不敢不告也。'君曰：'告夫三子者。'之三子告，不可，孔子曰：'以吾从大夫之后，不敢不告也。'"

㉖ 荆轲（？—公元前227）：又称荆卿，战国末期卫国朝歌（今河南鹤壁）人，后游历到燕国。公元前227年，受燕太子丹委派，携樊於期首级和督亢地图入秦刺杀秦王，失手被杀。

㉗ 樊於期（？—前227）：战国时秦国将领。秦王嬴政十四年（前233），率军攻打赵国，兵败逃亡燕国避罪，被燕国任为大将军，秦王怒杀其父母及宗族，并以"金千斤，邑万家"购买其头颅。燕太子丹派荆轲刺杀秦王，荆轲说需要用他的首级，遂自杀以献。

㉘ 见《二程遗书·二先生语三·谢显道记忆平日语·明道先生语》。原文作："若合开口时，要他头，也须开口，如荆轲于樊於期。"

㉙ 见《孟子·万章章句下》："孔子有见行可之仕，有际可之仕，有公养之仕。于季桓子，见行可之仕也；于卫灵公，际可之仕也；于卫孝公，公养之仕也。"赵岐注云："行可，冀可行道也。鲁卿季桓子秉国之政，孔子仕之，冀可得因之行道也。际，接也。卫灵公接遇孔子以礼，故见之也。卫孝公以国君养贤者之礼养孔子，故宿留以答之矣。章指言圣人忧民乐行其道，苟善辞命，不忍逆距，不合则去，亦不淹久，盖仲尼行止之节也。"

㉚ 邵康节谓孟子得《易》之用：见《邵氏闻见录》卷19："康节……以老子为知《易》之体，以孟子为知《易》之用。"又《皇极经世书·观物外篇下》："孟子著书未尝及《易》，其间易道存焉，但人见之者鲜耳。人能用《易》，是为知《易》，如孟子可谓善用《易》者也。"

㉛ 《二程粹言·圣贤篇》《四书章句集注·孟子序说》《晁氏客语》《二程遗书·畅潜道本》《大易粹言·论易》皆作"知《易》者,莫如孟子矣"。

㉜ 《二程外书·陈氏本拾遗》《大易粹言·学易》作"由孟子可以观《易》"。

㉝ 见《伊川易传·易传序》《二程文集·易传序》《二程粹言·论书篇》《近思录·致知》。

㉞ 见《张子全书·正蒙·乐器篇第十五》。

㉟ 语见张九成《孟子传》卷25。张横浦:"浦"原误作"渠",据改。

㊱ 见《二程遗书·杨遵道录》,文有节略。

㊲ 见《二程粹言·论事篇》。"古好贫贱而恶富贵"作"或谓贤者好贫贱而恶富贵"。

㊳ 竖刁、易牙、开方:春秋时齐桓公的三位宠臣。竖刁知齐桓公好色多内宠,竟自宫净身,为桓公主管宫内之事。易牙名巫,雍人,亦称雍巫,擅烹饪,善逢迎,曾烹其子为羹以献齐桓公。开方是春秋时卫国太子,在齐国侍奉桓公十五年,父死不奔丧。桓公非常宠爱三人,想任以为相。管仲认为竖刁"自宫以适君,非人情,难亲";易牙"杀子以适君,非人情,不可";开方"倍亲以适君,非人情,难近"。管仲死后,三人专权。桓公死,诸子争立,三人连手杀群吏,立公子无亏,齐国从此发生内乱。见《史记·齐太公世家》。

㊴ 见苏洵《嘉祐集·辨奸论》。

㊵ 见《欧阳文忠公集·居士集·故霸州文安县主簿苏君墓志铭》,文有节略。

㊶ 见张方平《乐全集·文安先生墓表》,文有节略。

㊷ 见《温国文正公文集·迂书·言戒》《仕学规范》,文有节略。

㊸ 见《五朝名臣言行录·丞相沂国王文正公》。"每谓王文正公"作"每谒王公"。

㊹ 杨龟山论侵官:此处原有四库馆臣按语:"案:此下原本有'众皆'二字及'杨龟山论侵官'数句,缺文。"朱熹《论孟精义·论语精义·宪问第十四》有"杨曰:'思其出位而谋其政,则失其分守,而侵官乱政将无所不至矣'"。据文意,当是"杨龟山论侵官"下缺文。今删去按语,补入缺文。

㊺ 颍州:"州"原作"川"。按《续资治通鉴长编》卷469,哲宗元祐七年正月丁未,苏轼以龙图阁学士、知颍州改知郓州,二十八日改知扬州。知"川"乃"州"字之误,据改。

㊻ 此谏文见于陈师道《后山集·上苏公书》,文前有"近见赵承议说得阁下书,欲复伸理前所举剥文广狱事,闻之未以为然"等语。"东坡守维扬"句下原有四库馆臣按语:"案:此注'东坡守维扬'句下有缺文。"据前知其缺文当是"欲复伸理前所举剥文广狱事",今删去馆臣按语,补入缺文。又:陈师道《上苏公书》也见于《宋文鉴》,苏轼过问文广狱事见《苏文忠公全集·与赵德麟十七首·十二》。呫呫:絮叨,饶舌。

㊼ 见《龟山集·史论·贾谊》,文有节略。

㊽ 孔光(前65—5):字子夏,鲁国(治今山东曲阜)人。孔子14世孙。西汉成帝时为博士、尚书令,后任御史大夫、丞相等职,掌管枢机十余年。平帝时,王莽掌权,凡打击政敌皆借孔光声望,事先拟好奏章,让太皇太后讽喻孔光领衔上奏。孔光不敢得罪王莽,无奈称病辞职。《汉书》有传。

㊾ 关播(719—797):字务元,唐代卫州汲县(今河南卫辉)人。天宝末进士。唐德宗朝,被卢杞荐引为中书侍郎、同中书门下平章事。在位时,政事决于卢杞,播但敛衽取容而已,时人讥之为"瞎相"。《新唐书》和《旧唐书》皆有传。

㊿ 陈希烈(?—757):字子明,唐代宋州(今河南商丘)人。精玄学,受唐玄宗宠信。李林甫为右相,荐引其为左丞相。在位曲意谄媚李林

甫，唯诺是从，不敢参议政事，惟在文书上签名而已。安禄山占领长安，其投降叛军，任左相。后被肃宗赐死家中。《新唐书》和《旧唐书》皆有传。

(51) 见《邵氏闻见录》卷20，文有节略。

(52) 见《温国文正公文集·请建储副或进用宗室第三状》。《诸臣奏议》作《上仁宗乞早定至策系第三状》。又见《续资治通鉴长编》卷184，仁宗嘉祐元年九月壬午条。

(53) 见《唐鉴·玄宗下》，文有节略。又见《资治通鉴·唐纪三十四》，肃宗至德元年六月乙未记事。

(54) 则事必有窒碍者，不尽则为不忠：原作“则必有窒碍者，量不尽则为不忠”，据《龟山集·语录·荆州所闻》《大易粹言·恒》改正。

(55) 见《龟山集·语录·荆州所闻》《大易粹言·恒》。“子夏曰”原作“孔子曰”，《龟山集·语录·荆州所闻》同。《大易粹言·恒》引杨时《语录》作“子夏曰”。按《论语·子张第十九》：“子夏曰：‘君子信而后劳其民，未信，则以为厉己也；信而后谏，未信，则以为谤已也。’”知原文“孔子曰”后为子夏语，“孔子”乃“子夏”之误，今据改。梁惠王问孟子“何以利吾国”，见《孟子·梁惠王章句上》；齐宣王问“卿不同”，见《孟子·万章章句下》。

(56) 见《龟山集·乞上殿》，文有节略。

三一
义者辞受取予之本

《中庸》谓："义者，宜也。"①古之人辞受取予，初无定体，止看义之所在。故《孟子》有"可以取，可以无取，可以予，可以无予"之训。[一]②子华使于齐，冉子为其母请粟，子曰："与之釜。"请益。曰："与之庾。"冉子与之粟五秉[二]。子曰："赤之适齐也，乘肥马，衣轻裘。吾闻之也：君子周急不继富。"原思为之宰，与之粟九百，辞。子曰："以与尔邻里乡党乎？"③知此，则"可以与，可以无与"之义得矣。[三]孟子于齐王馈兼金一百而不受，于宋馈七十镒而受，于薛馈五十镒而受。[四]而陈臻谓："前日之不受是，则今日之受非也；今日之受是，则前日之不受非也。"孟子以为："皆是也。当在宋也，予将有远行，行者必以赆，辞曰'馈赆'，予何为不受？当在薛也，予有戒心，辞曰'闻戒'，故为兵馈之，予何为不受？[五]若于齐，则未有处也。无处而馈之，是货之也。焉有君子而可以货取乎？"[六]④知此，则'可以取，可以无取'之义得矣。[七]杨龟山曰："君子于辞受取予之际，苟非其义，一介不以与诸人；苟以其道，舜受尧之天下不以为泰。而士或以啬与为吝，以寡取为廉者，皆不知此也。"⑤

子 注

[一] 伊川曰："朋友之馈，是可取也。然己自可足，是不可取也。才取之，便伤廉也。可以予，然却以不予；若予之时，财或不赡，却于合当予者无可予之，此所以伤惠。"⑥

[二] 一釜容六斗四升，一庾容十六斗，一秉为十有六斛，五秉八十斛也。

[三] 温公《答刘蒙丐钱书》，略曰："足下以亲之无以养，兄之无以葬，弟妹嫂侄之无以恤，策马裁书，千里渡河，指某以为归，且曰'以鬻一下婢之资五十万畀之，足以周事'，何足下不相知之深也？某居京师已十年，囊储旧物皆竭，安所取五十万以佐从者之蔬粝乎？夫君子虽乐施予，亦必己有余，然后能及之人。就其有余，亦当先亲而后疏，先旧而后新。某得侍足下才周岁，得见不过四五，而遽以五十万奉之，其余亲戚故旧不可胜数，将何以待之乎？家居，食不敢常以肉，衣不敢纯以帛，何敢以五十万市一婢乎？足下又欲使某取之于它人，是尤不可之大者。微生高乞醯于邻人以应求者，孔子以为不直，况己不能施而欲乞于人，以为己惠，岂不害于恕乎？"⑦

[四] 兼金，好金也，价倍于常者。二十两为镒。

[五] 赵岐云："时孟子有戒备不虞之事。"

[六] 谓以货财取我，欲使我怀惠也。

[七] 昔鲁国之法，赎人于诸侯者，皆取金于府。子贡赎人，辞而不取。孔子闻之，曰："赐失之矣。今鲁国富者寡而贫者众，赎人受金则为不廉，其何以相赎乎？自今以后，鲁人不复赎于诸侯矣。"⑧或有义不当受而众受之，则如之何？文中子谓："同不害正，异不伤物，内不失真，外不殊俗。"⑨刘元城谓："无为皦皦之迹以致怨忌。"斯言尽之矣。尹和靖尝书通语于座右云："昔杜祁公尝谓门生曰：作官第一清

畏，无求人知。苟欲人知，同列不慎者众，必将潜己，为上者又不加明察，适足取祸耳。但优游于其间，默而行之，无愧于心可也。"⑩元城又谓："唐充之⑪为善，欲人之见知，故不免自异，以致祸患，非明哲保身之谓。"⑫张横浦⑬语学者云："持守廉洁，此士大夫之常事。其上更有事在。"盖恐人矜己自满也。

校　注

① 见《礼记·中庸第三十一》："义者，宜也，尊贤为大。"

② 见《孟子·离娄章句下》："可以取，可以无取，取伤廉；可以与，可以无与，与伤惠；可以死，可以无死，死伤勇。"

③ 见《论语·雍也第六》。

④ 见《孟子·公孙丑章句下》。赵岐注云："时有恶人欲害孟子，孟子戒备。薛君曰：'闻有戒，此金可鬻以作兵备。'故馈之。"孙奭释曰："《正义》曰：'此章言取与之道必得其礼，于其可也，虽少不辞；义之无处，兼金不顾。'"

⑤ 见《论孟精义·论语精义·雍也第六》。

⑥ 见《二程遗书·刘元承手编》，文有节略。

⑦ 见《温国文正公文集·答刘蒙书》《宋文鉴·答刘蒙书》，文有节略。不过四五，"五"原作"三"，据上两书改。

⑧ 见王肃《孔子家语·致思第八》，文有节略。又见刘安《淮南子·道应训》、刘向《说苑·政理》、李瀚《蒙求》。

⑨ 见《中说·礼乐篇》，文有节略。

⑩ 见《五朝名臣言行录·丞相祁国杜正献公》《仕学规范·莅官》。

⑪ 唐充之：即唐广仁（？—1119）。字充之，大名内黄（今河南内黄）人。元祐六年进士，历任乾宁军（今河北青县）司法参军、常州录事参军。后监苏州酒税务，与当地豪强朱氏产生矛盾，被朱氏罗织罪

名下狱,后卒于家。吕本中与其友善,其《官箴》云:"大观、政和间,守官苏州,朱氏方盛,充之数刺讥之。朱氏深以为怨,傅致之罪。"

⑫ 见《官箴》《东莱别集·家范六·官箴》《戒子通录·童蒙训》。

⑬ 张横浦:"浦"原作"渠"。按下文见于《横浦先生文集·答曾主簿》:"持守廉洁,此士大夫常事,其上更有事在。"知"渠"为"浦"之误,据改。

三二
知止者保身之本

《易》曰："亢龙有悔。亢之为言也,知进而不知退,知存而不知亡,知得而不知丧。"①朱汉上曰："亢者,处极而不知反者也。万物之理,进必有退,存必有亡,得必有丧。亢知一而不知二,故道穷而致灾。"②荀子曰："物禁太盛。"③言物极则衰,理之常也。苏黄门云："日中则移,月满则亏。四时之运,成功者去,天地尚然,况于人乎?"④陈希夷[一]云："优好之所勿久恋,得志之处勿再往。"[二]⑤又谓种明逸[三]曰："名者,古今之美器,造物者深忌之。天地间无完名,子名将起,必有物败,可戒之。"后果然⑥。邵康节诗云："大得却须防大失,多忧元只为多求。"⑦又云："既有非常乐,须防不测忧。"⑧昔范蠡⑨灭吴,报会稽之耻,勾践⑩以霸。蠡谓成功之下不可久处,大名之下难以久居,遂乘舟浮海而不返。张良⑪报仇强秦,天下震动。后为帝者师,良谓此布衣之极,愿弃人间事,欲从赤松子⑫游,至学导引,辟谷而不食。疏广⑬谓受曰："知足不辱,知止不殆,功遂身退,天之道也。今宦成名立,如此不去,惧有后悔。"即日父子俱移病去,皆达是理也。[四]杨龟山曰："高皇帝既平天下，于功臣尤多忌刻。萧何为宰辅，至出私财以助军费，买田宅以自污，仅能免死，甚至械系之，犹不知引去，岂工于为天下而拙于谋身耶？暗于功成身退之义，贪冒荣宠，惴惴焉如持重宝，惟恐一跌，然而几蹈者，亦屡矣。以何之贤而犹不免，是惜夫。"[五]⑭汉上又曰："人固有知进退存亡者矣，其道诡，于圣人则未必得其正，与天地不相似。"又曰："圣人知进退存亡，不失其正，则德合阴阳，与天地同流而无不通矣。"⑮

子　注

[一]名抟，字图南，亳州真源人，赐号希夷先生。门人种放叙其学明皇王帝霸之道。太宗尝问："在昔尧舜之为天下，今可致否？"对曰："尧舜土阶三尺，茅茨不翦，其迹似不可及。然能以清静为治，即今之尧舜也。"⑯

[二]昔人有云："翠、鹄、犀、象，其处世非不远死也，而所以死者，惑于饵也。苏秦、智伯⑰之智，非不足以避辱远死也，而所以死者，惑于贪利不止也。"⑱胡文定公语杨训⑲曰："人家切不要事足意得，常有些不足处便好。人家才事足意得，便有不恰好事出。"⑳亦体消长之理言也。

[三]放字。

[四]窃谓平时叨居其位，以苟富贵，危乱将至，则奉身而退，盗取知止之名，得乎？吕伯恭云："保身乃己事，岂为治乱而增损哉！身体发肤，受之父母，不敢毁伤，本非末节也。至于偷生徇私，养小失大，如是而全身远害，则君子贱之耳。"㉑

［五］杜正献公谓："君臣间能全始终难。"㉒石林叶少蕴㉓谓："白乐天㉔与杨虞卿㉕为姻家，而不累于虞卿；与元稹㉖、牛僧孺㉗厚善，而不党于元稹、僧孺；为裴晋公㉘所爱重，而不因晋公以进；李文饶㉙素所不乐，而不为文饶所深害。推其所由，惟不汲汲于进取，其志在于退，是以能安于去就爱憎之际，每裕然有余也。"㉚

校　注

① 见《周易·乾》，文有节略。

② 见《汉上易传·乾》。

③ 见《史记·李斯列传》：(李斯长子)"三川守李由告归咸阳，李斯置酒于家，百官长皆前为寿，门廷车骑以千数。李斯喟然而叹曰：'嗟乎！吾闻之荀卿曰"物禁太盛"。夫斯乃上蔡布衣，闾巷之黔首，当今人臣之位无居臣上者，可谓富贵极矣。物极则衰，吾未知所税驾也！'"司马贞《索引》："税驾犹解贺，言休息也。李斯言己今日富贵已极，然未知向后吉凶止泊在何处也。"

④ 见苏辙《道德经解·持而盈之章第九》。

⑤ 见彭乘《续墨客挥犀·陈抟被诏至阙下》、《五朝名臣言行录·希夷陈先生》、《仕学规范·行己》。又见《皇朝事实类苑·旷达隐逸·陈希夷三》引张师正《倦游杂录》，今《倦游杂录》无载。

⑥ 见释文莹《玉壶清话》卷8、于恕《无垢先生横浦心传录》卷上。

⑦ 见《伊川击壤集·答友人劝酒吟》："人人谁不愿封侯，及至封侯未肯休。大得却须防大失，多忧元只为多求。规模焉敢比才士，度量自知非饮流。少日何由能强此，况今年老雪堆头。"

⑧ 见《伊川击壤集·立秋日川上作》："富贵固难爱，贫寒易得愁。休将少时态，移作老年羞。既有非常乐，须防不次忧。谁能保终始，长作国公侯。"

⑨ 范蠡(约前536—约前448):字少伯,楚国宛(今河南南阳)人。越国大夫,曾赴吴为人质。后助越王勾践灭吴。继去吴游齐,耕于海畔,称鸱夷子皮。后至陶(今山东定陶西北)经商致富,改名陶朱公。后隐逸而终。《史记·越王勾践世家》:"范蠡事越王勾践,既苦身勠力,与勾践深谋二十余年,竟灭吴……还反国,范蠡以为大名之下,难以久居,且勾践为人可与同患,难与处安,为书辞勾践……乃装其轻宝珠玉,自与其私徒属乘舟浮海以行,终不反。"

⑩ 勾践(约前520—前465):姒姓,名勾践,春秋末期越国君主。越王允常之子。曾率兵攻吴,兵败,被围于会稽山(在今浙江绍兴市东南),卑辞称臣乞和。后卧薪尝胆,任用范蠡、文种等改革内政,休养生息,终灭吴雪耻,大会诸侯,成就霸名。

⑪ 张良(?—前190或前189):字子房,传为城父(今河南宝丰东)人。原为韩国贵族,秦灭韩后,图谋恢复韩国,在博浪沙(今河南原阳东南)狙击秦始皇未遂,在下邳(今江苏睢宁北)遇黄石公,得《太公兵法》。秦末农民战争中聚众归刘邦,成其重要谋士。汉朝建立后,封留侯,后归隐。见《史记·留侯世家》。

⑫ 赤松子:传为黄帝时仙人,后被道家尊为左圣南极南岳真人、左仙太虚真人。刘向《列仙传·赤松子》云:"赤松子者,神农时雨师也。服水玉以教神农,能入火自烧。往往至昆仑山上,常止西王母石室中,随风雨上下。炎帝少女追之,亦得仙,俱去。至高辛时,复为雨师。今之雨师本是焉。"

⑬ 疏广:字仲翁,西汉兰陵(今山东苍山)人。明《春秋》,被征为博士。宣帝时为太子太傅,侄疏受为太子少傅。五年后叔侄二人皆称病还乡。见《汉书·疏广疏受传》。

⑭ 见《龟山集·萧何》,文有节略。

⑮ 见《汉上易传·乾》,文有节略。

⑯ 见《易学辨惑》、高晦叟《珍席放谈》卷上、《五朝名臣言行录·希夷

陈先生》。

⑰ 智伯(？—前453)：一名苟瑶，也作知伯、知瑶、智伯瑶、智襄子。春秋战国之际晋国四卿之一。与赵、韩、魏三卿四分范氏、中行氏地为邑。后又向韩、魏、赵三卿索地，遭赵氏拒绝，率韩军围赵晋阳(今山西太原西南)，韩、魏反戈，与赵联合，战败被杀。事见《韩非子·说林上》。

⑱ 见《史记·蔡泽列传》。

⑲ 杨训：字子中，宋代湘潭(今属湖南)人，胡安国弟子。

⑳ 见《少仪外传》："杨训问胡文定先生：'避寇诸事如意否？'先生曰：'不惟避寇，应人切不得望要事事足意，得常有些不足处便好。人家才事事足意，便恰有不好事出。'"

㉑ 见吕祖谦《吕氏家塾读诗记·荡之什·烝民》。

㉒ 见《东坡志林》(明刻本)卷4，原文作："君臣之间，能全始终者，盖难也。"按：此条记事又见于苏象先《谭训》、《皇朝事实类苑》、《五朝名臣言行录》、《苕溪渔隐丛话后集》，皆云出自《东坡志林》，中华书局点校本《东坡志林》无此记事。

㉓ 石林叶少蕴：即叶梦得(1077—1148)，字少蕴，自号石林居士，吴县(今属江苏苏州)人。宋哲宗绍圣四年(1097)进士。北宋末官至翰林学士。高宗时历任户部尚书、尚书左丞、福建路安抚使等，以崇信军节度使致仕。《宋史》卷445有传。

㉔ 白乐天：即白居易(772—846)，字乐天，祖籍太原。唐德宗贞元十六年(800)进士，官秘书郎、翰林学士、左拾遗。元和十年贬为江州司马。后官至太子少傅，以刑部尚书致仕，晚年居河南洛阳香山，自号香山居士。卒，赠尚书右仆射。《新唐书》和《旧唐书》皆有传。

㉕ 杨虞卿(？—835)：字师皋，虢州弘农(今河南灵宝)人。唐宪宗元和五年(810)进士，为校书郎，擢监察御史。性柔佞，牛僧孺、李宗闵辅政，引为弘文馆学士、给事中，号为党魁。《新唐书》和《旧唐书》

皆有传。

㉖ 元稹(779—831)：字微之，祖籍河南（今河南洛阳）。唐德宗贞元九年(793)明经及第，十九年(803)与白居易同登书判拔萃科，入秘书省任校书郎。后累官至同中书门下平章事，卒于武昌节度使任上。诗与白居易齐名，世称"元白"。《新唐书》和《旧唐书》皆有传。

㉗ 牛僧孺(780—848)：字思黯，安定鹑觚（今甘肃灵台）人。贞元二十一年(805)进士。穆宗时累官至户部侍郎、同中书门下平章事。敬宗时出为武昌军节度使。文宗大和四年(830)还朝为兵部尚书、同平章事。武宗时被贬为循州长史。宣宗时召为太子太师，卒。为"牛李党争"的牛派领袖。《新唐书》和《旧唐书》皆有传。

㉘ 裴晋公：即裴度(765—839)：字中立，河东闻喜（今山西闻喜）人。德宗贞元五年(789)进士，宪宗时累官至门下侍郎、同中书门下平章事，封晋国公。后历仕穆宗、敬宗、文宗三朝，三度拜相。卒，赠太傅，谥文忠。

㉙ 李文饶：即李德裕(787—850)，字文饶，赵郡（治今河北赵县）人。唐宪宗时宰相李吉甫之子。幼有大志，宪宗时官至监察御史，后历仕穆宗、敬宗、文宗、武宗四朝，两度拜相，封卫国公。宣宗即位，罢为荆南节度使，贬崖州司户，卒。为"牛李党争"的李派领袖。

㉚ 见叶梦得《避暑录话》，文有节略。

三三
安义命者处困之本

　　富贵贫贱，死生祸福，得失毁誉，孟子谓："莫之为而为者，天也；莫之致而至者，命也。"①[一]岂容智力可以侥求幸免哉。[二]君子处困[三]，当思其所致之由。孟子所谓"必自反也"②，则"动心忍性，增益其所不能"③。范太史谓："凡人处忧患则发其智，遇穷困则激其心，古之圣贤以此成其德行。"所以邵康节诗有"珍重至人尝有语，落便宜是得便宜"④之句。[四]伊川曰："君子当困穷之时，尽其防虑之道，而不能免，则命也。[五]当推致其命，以遂其志。知命之当然也，则穷塞祸患不以动其心，行吾义而已。苟不知命，则恐惧于险难，陨获于穷厄，所守亡矣。"⑤又曰："君子处难，守正不知其它也。守正而难不解，则命也。遇难而自放邪滥，虽使苟免，亦恶德也。知义者不为。"[六]⑥又曰："处屯难而有致亨之道，其惟贞固乎？然能守正不变者鲜矣。"[七]⑦苏东坡曰："人不知命者，常求其所不可得，避其所不可免。"[八]⑧昔刘元城绍圣中窜岭外，一日所厚来，垂涕言曰："属闻朝廷遣使入郡，将不利于公，请早自裁无辱。"公从容告之曰："知君至情，而某罪大谪轻,若朝廷不贷,甘心东市之诛,使国家明正典刑,诛一而劝百,助时政之万一,安世之志也。何至效匹夫匹妇自经于沟渎哉?"卒不为动。⑨胡衡麓曰:"凡人履险蹈难,往往诡计以苟免,徼幸以图全,必曰命若是也,其可逃乎? 当是时处之在我矣。若陈蔡之际⑩,匡人之厄⑪,缧绁之中⑫,孔父、仇牧、荀息之事⑬,一有迁心变志,终不能与命相违,徒为不义,士所以见危,必当自致其命也。"又曰:"其然也,不能使之不然。其不然也,不能使之必然。其未然也,则不可力变其然。夫是之谓天命,盖不易之理。得其所以然之理,则我为主矣。"又曰:"元圣必得其位,至仲尼,则穷为旅人。大德必得其寿,至颜回,则三十而夭。舜能孝亲,而不能必瞽之不杀己也;能友弟,而不能必象之不将杀己也。汤、文圣矣,而不能免夏台、羑里之厄⑭。比干、箕子忠矣,而不能免剖心、囚奴之祸⑮。孔子岂尝有憾于武叔,而当朝肆毁;⑯岂尝失色于桓魋,而纵兵为寇。凡如是类,圣人犹不免,惟尽其在我者尔。"邵康节谓:"圣人不能使人无谤,能处谤者也。"⑰有诗云:"受疑始见周公旦,经厄方明孔仲尼。"⑱又诗云:"祸如许免人皆谄,福若待求天可量。"⑲又云:"系自我者可以力行,系自人者难以力争。"⑳又云:"圣智不能无蹇剥,贤才方善处哀荣。"㉑皆至言也。谢上蔡谓:"信得命,便养得气不折挫。"[九]㉒唐李泌曰:"天命,它人皆可以言之,惟君相不可言。盖君相所以造命也,若言,则礼乐刑政皆无所用矣。"㉓纣曰"我生不有命在天"㉔，此商之所以亡也。[一〇]孙泰山谓："善为国者先人事而后天意。"[一一]伊川亦曰："圣贤于乱世，虽知道之将废，不忍坐视而不救也，必区区致力未极之间，强此之衰，艰彼之进，图其暂安，翼其引久，苟得为之，孔、孟之所屑为也。王允㉕之于汉，谢安之于晋，亦庶矣。"[一二]㉖又曰："贤不肖之在人，治乱之在国，不可归之命。"[一三]㉗又须知此义也。[一四]

此其大略也。天下之事殊涂而同归，在乎以类推之。[一五]因纪圣贤言行于逐条之下，明非愚敢臆说也。若诸儒之论，意义同而载者似重复，姑以见所造或有浅深，其趋未始不同[一六]，后学尊其所闻是也。过之者，稍异乎师说，则互相诋诮，几成党与，甚至毁訾先哲，识者有忧之。[一七]其流盖自熙丰而来。[一八]噫，圣人何常师之有？三人行必有我师焉，主善而已，宜乎气象之广大也。[一九]邵康节既受学于李挺之，又游淮海之滨，涉于济、汶，达于梁、宋，苟有达者，必咨访以道，无常师焉。[二〇]㉘伊川每见人言前辈之短，则曰："汝辈且取它长处。"㉙是皆一道也[二一]。杨龟山语吕居仁云："夫学者以孔、孟为师，学而不求孔、孟之言，抑末矣。"[二二]㉚

子　注

[　一　] 吾儒则以非人之所能为而为者，然后归之天；非人力所致而至者，然后归之命。此与术家占算之说不同。

［二］胡衡麓谓："不知命者，辄尚智力。"

［三］或待我以横逆，或为人所轻侮之类，皆处困也。

［四］此陈希夷语也。㉛胡文定公进《中兴策》云："圣贤不畏艰难。齐桓、晋文霸心生于莒、狄㉜。楚人败于柏举，昭王奔随；舟师败于终累，陵师败于繁阳，楚国大惕，而令尹子西顾曰：'乃今可为矣。'于是迁郢于都，改纪其政，楚遂以安。㉝舜发于深山㉞，文王兴于羑里，圣人作《易》，于《困》卦则曰'困亨'者，困穷而致亨也。于《震》卦则曰'震亨'者，因震恐而致亨也。圣贤所以不畏艰难者以此。"

［五］如孔子遭桓魋㉟，将要而杀之；微服过宋之时㊱，又以见圣人道并行而不相悖处也。

［六］又云："贤者惟知义而已，命在其中，中人已下，方以命处义。"㊲

［七］人之于患难，只有一个处置，尽人谋之后，却须泰然处之。有人遇一事，则心心念念不肯舍，毕竟何益？若不会处置了放下，便是无义无命也。㊳

［八］公谪岭外，与程正甫㊴书云："睹近事，已绝北归之望，然甚安之。譬如元是惠州秀才累举不第，有何不可？"㊵又与参寥㊶书云："瘴疠病人，北方何尝不病？是病皆死得人，何必瘴气？京师国医手里死人尤多。"㊷邹忠公㊸元符间论事谪岭外，与故人田名昼承君㊹泣别，承君曰："使志完隐默，官京师，遇寒疾不汗，五日死矣，岂独岭海之外能死人哉？"忠公叹息曰："君子赠我厚矣。"㊺

［九］胡文定曰："谢显道少年便信命。尝见伊川，伊川问往京师应举否，答以不愿去。亲庭，止就上蔡，伊川喜之。"伊川有云："人多说某不教人习举业而望及第，是责天理而不修人事。但举业，既可以及第即已，若便去上面尽力求必得之道，是惑也。"㊻邵伯温失解，康节示之诗云："干求须黾勉，得失是寻常。外物不可必，其言味甚长。"㊼刘元城曰："应举须是文章，及第不由事业。"大要谓得之不得有命，不当以得丧之念累于心。故伊川举进士，廷试报罢，遂不复试。㊽孙

泰山三黜于礼部，则退休焉。(49)

[一〇] 刘元城曰："圣人有所谓知命，有所谓言命，但圣人知而不言。若知而言之，是教天下后世不修人事，一本于命，其祸有不可胜言者矣。"(50)

[一一] 梁况之(51)云："不信己之所为，而归之天意，不可也。"梁师事孙泰山门人姜潜至之。

[一二] 又云："国祚长短，自有命数，人君何用汲汲求治？禹、稷过门不入，非不知饥溺而死者自有命，又却救之如此其急，须思量到'道并行而不相悖处'可也。"(52)

[一三] 关子明(53)曰："象生有定数，吉凶有前期，变而能通，则治乱有可易之理。"(54)

[一四] 自"立志"至"安义命"，凡十一条，皆莅事行己之要。

[一五] 今逐条所举，亦纲领而已。

[一六] 或疑条端多而叙载繁者，要在深考此书之意。

[一七] 胡文定公语徐时动(55)云："学道先除去人我，敬之不加喜，侮之不加怒。"山谷云："好学之士，常患人我之念最难调伏。"(56)

[一八] 范忠宣公论王荆公，"止因喜同恶异，遂至黑白不分"(57)。苏东坡谓："介甫之文，未必不善也，患于好使人同己。自孔子不能使人同，王氏安能以其学同天下？"(58)胡衡麓谓当时"学士大夫，意向稍殊乎王氏，则摈斥随之，必如是说，始堪仕进。百唱千和，率天下出一私口，不亦甚乎"(59)？窃谓学者亦可以监矣。谢上蔡，洛学也，《论语解》中，如临川诸说，一言之善，亦不废而取之，岂有意欲救其弊欤？

[一九] 胡衡麓谓："吾夫子乐取诸人以为善，博学而无常师。于老聃(60)则问以礼，于郯子(61)则问以官名，于师襄(62)则问以琴，于之宋则得《坤乾》，于之杞则得《夏时》(63)，于南人则善巫医之言(64)，于西方则录车甲之矜(65)。凡人寸长片善，靡不资焉。则何事之不知，何理之不明，何道之不得？固天纵之将圣，又多学而无常师，所以集大成也。"

［二〇］康节谓："学者之患，在于好恶先成乎心，而挟其私智，以求于道，则蔽于所好，而不得其真。故求至于四方万里之远，天地阴阳、屈伸消长之变，无所不考，而必折衷于圣人。"⑥已上见先生行状谥议。扬子云谓："众言淆乱则折诸圣，在则人，亡则书。"⑥苟折衷于一家之说，未能无偏，此未学之弊也。汪圣锡⑥谓："世之学者往往假圣人之说以广己造大，曰：'我能通天下之志，我能成天下之务，我能不疾而速，不行而至。'高自标置，欺眩愚俗。若是者，非特穿窬之盗而已。又或守前人章句训诂之传，虽隐之于心而或疑，概之以圣人之道，而或不合，不敢有加焉，曰：'吾师之说则然。'二者之说固有差矣，其于非其所自得，则均也。"⑥汪公受学于张横浦。

［二一］王述⑦有云："人非尧舜，何得每事尽善？"⑦胡衡麓论子贡货殖云："凡圣门诸子，皆不可以一言之差、一行之过断其终身。"窃谓后进于先哲亦当然。

［二二］诸儒语录，皆及门之士杂记一时之言，惜乎不一经老先生订正，盖其中有早年暮年之说，有告初学成德之语，而初无伦次。或因事感发有所指之言，或随人气禀有扶偏之训，而间阙本末；或论阴阳变化性命之理，或辩释老幽明死生之说，错综其间。初学未有所主而骤观之，多失其下学之序，未免为坐谈之资。苟非明师亲友有以正之，乌能免其弊哉！昔伊川尝戒学者勿编集语录，云："听得转动，或脱亡一两字，便大别。"⑦又语其门人尹和靖曰："若不得于某之心，所记者徒彼意耳。"⑦和靖曰："伊川平生用意惟在《易传》，求先生之学者，观此足矣。《语录》之类，出于学者所记，所见有浅深，则所记有工拙，盖未能无失也。"⑦龟山祭游定夫文亦云："嗟吾先生，微言未泯，而学者所记，多失其真。"⑦胡文定公屡请龟山是正《程子语录》，终不闻下笔，文定公亦卒莫敢措一辞⑦。二先生尚难之，后学欲轻议，可乎？或有取《语录》以释经者，尝疑以问汪公圣锡，但举和靖语以见答。因附记于此。

校　注

① 见《孟子·万章章句上》。

② 见《孟子·离娄章句下》："仁者爱人，有礼者敬人，爱人者人常爱之，敬人者人常敬之，有人于此，其待我以横逆，则君子必自反也。我必不仁也，必无礼也，此物奚宜至哉。自反而仁矣，自反而有礼矣，其横逆由是也。君子必自反也，我必不忠，自反而忠矣，其横逆由是也。"

③ 见《孟子·告子章句下》："故天将降大任于是人也，必先苦其心志，劳其筋骨，饿其体肤，空乏其身，行拂乱其所为，所以动心忍性，曾益其所不能。"

④ 见《伊川击壤集·六十三吟》："行年六十有三岁，齿发虽衰志未衰。耻把精神虚作弄，肯将才力妄施为。愁闻刮骨声音切，闷见吹毛智数卑。珍重至人尝有语，落便宜是得便宜。"

⑤ 见《伊川易传·周易下经下·困》。

⑥ 见《二程粹言·人物篇》，文有节略。

⑦ 见《大易粹言·屯》。《二程粹言·论学篇》作："处屯难之时，而有致亨之道，其惟正固乎！凡处难，能守正而不变者，鲜矣。"

⑧ 此语不见今存有关苏轼著述。朱熹《四书或问·论语或问·尧曰》注有："胡氏曰：'一定而不可易者命也，人不知命，常求其所不可得，避其所不可免，斯所以徙丧所守而为小人也。'"真德秀《读书记·安义命》和《四书集编·尧曰第二十》同。又蔡节《论语集说·子张第十九》有："一定而不可易者命也，人不知命，则常求其所不可得，避其所不可免，不能居其易以顺其正，其何以为君子乎？"下注"胡氏"。朱熹《论语或问·尧曰》认为"胡氏之说亦善，盖合韩公、苏氏之说而为言耳"。苏轼著有《论语解》，今不存。

⑨ 见《元城语录》《三朝名臣言行录·谏议刘公》，文有节略。

⑩ 陈、蔡之际：指孔子赴楚，途经陈国和蔡国边境时被围困之事。见《孔子家语·困誓第二十二》："孔子遭厄于陈、蔡之间，绝粮七日，弟子馁病，孔子弦歌。"

⑪ 匡人之厄：指孔子被匡地人围困之事。见《庄子·秋水第十七》："孔子游于匡，宋人围之数匝，而弦歌不辍。子路入见，曰：'何夫子之娱也？'孔子曰：'来。吾语女。我讳穷久矣而不免，命也。求通久矣而不得，时也。'"《孔子家语·困誓第二十二》："孔子之宋，匡人简子以甲士围之，子路怒，奋戟将与战，孔子止之，曰：'……则非丘之罪也，命之夫？歌，予和汝。'子路弹琴而歌。孔子和之，曲三终，匡人解甲而罢。"

⑫ 缧绁之中：指孔子将女儿指配给仍在狱中的弟子公冶长为妻之事。见《论语·公冶长第五》："子谓公冶长，'可妻也。虽在缧绁之中，非其罪也'。以其子妻之。"缧绁，拘押犯人的绳索，引申为囚禁，指牢狱之灾厄。

⑬ 孔父、仇牧、荀息之事：孔父，即孔父嘉（？—前710），名嘉，字孔父，春秋时宋国贵族。受宋穆公嘱托立宋殇公。鲁桓公二年（前710），太宰华督杀宋殇公，孔父同时被杀。事见《春秋公羊传·桓公第四》《史记·宋微子世家第八》。仇牧（？—前682），春秋时宋国大夫。宋大夫南宫万攻打鲁国时曾被俘，归宋后，不堪宋愍公之辱，杀愍公。仇牧闻讯，持剑前往叱责，被杀。荀息（？—前651），又名荀叔，春秋时晋国大夫。晋献公废太子申生，荀息在献公死后遵嘱拥立献公幼子奚齐。奚齐被拥护申生、重耳、夷吾的大夫里克所杀，荀息又拥立卓子。卓子又被里克所杀，荀息自杀。

⑭ 汤、文：即商汤和周文王。商汤，姓子，原名履，又称武汤、成汤，商部落首领。夏朝末年，商族势力逐渐强大，夏桀感到威胁，将商汤召入夏都，囚禁于夏台。后灭夏，建立商朝。周文王，姓姬名昌，商朝时周部落首领。商纣王时为西伯，曾因谗言被商纣囚禁于羑里。被释

后积蓄国力，推行教化，志在灭商，诸侯纷纷归附，奠定了西周建立的基础。羑里，殷商监狱，在今河南汤阴县北。

⑮ 比干、箕子：比干又称于叔，箕子又称箕伯，皆为商纣的叔父。比干任少师，箕子任太师，见纣王淫乱暴虐，两人屡次劝谏，纣王不听。比干被剖心而死，箕子披发装疯为奴，遭纣王囚禁。事见《史记·宋微子世家》。

⑯ 武叔：即叔孙武叔。名州仇，春秋时鲁国大夫。曾在朝堂上当着众大夫的面说子贡贤于孔子，并毁谤孔子。事见《论语·子张第十九》。

⑰ 见《皇极经世书·观物内篇第五十七》。

⑱ 见《伊川击壤集·首尾吟》："尧夫非是爱吟诗，诗是尧夫处否时。通道而行安有悔，乐天之外更何疑。受疑始见周公旦，经陋方明孔仲尼。大圣大神犹不免，尧夫非是爱吟诗。"

⑲ 见《伊川击壤集·安乐窝中一炷香》："安乐窝中一炷香，凌晨焚意岂寻常。祸如许免人须谄，福若待求天可量。且异缁黄徽庙貌，又殊儿女裹衣裳。中孚起信宁烦祷，无妄生灾未易禳。虚室清泠都是白，灵台莹静别生光。观风御寇心方醉，对景（一作"境"）颜渊坐正忘。赤水有珠涵造化，泥丸无物隔青苍。生为男子仍身健，时遇昌辰更岁穰。日月照临功自大，君臣庇荫效何长。非（又作"不"）徒闻道至于此，金玉谁家不满堂。"

⑳ 见《伊川击壤集·贵贱吟》："系自我者，可以力行。系自人者，难乎力争。贵为万乘，亦莫之矜。贱为匹夫，亦莫之凌。"

㉑ 见《伊川击壤集·代书寄商洛令陈成伯》："此去替期犹半岁，商山穷僻少医名。感伤多后风防滞，暑湿偏时疾易生。圣智不能无蹇剥，贤才方善处哀荣。斯言至浅理非浅，少补英豪一二明。"

㉒ 见《上蔡语录》卷1、《戒子通录·辨志录》、《仕学规范·涖官》、《少仪外传》卷下。

㉓ 见《唐鉴·德宗四》《资治通鉴·唐德宗四年》贞元四年二月条。

㉔ 见《尚书·西伯戡黎第十六》。

㉕ 王允(137—192):字子师,东汉太原祁县(今属山西)人。初为郡吏,曾捕杀宦官党羽。灵帝时任豫州刺史,镇压黄巾军起义。因得罪宦官,两次被构陷下狱。献帝即位,官至司徒。及董卓专权,与吕布合谋诛杀董卓,旋被董卓余党所杀。《后汉书》卷66有传。

㉖ 见《二程粹言·圣贤篇》。又见《伊川易传·周易下经上·遯》,字句稍异。

㉗ 见《二程粹言·论政篇》。

㉘ 见《伊洛渊源录·康节先生行状略》,文有节略。

㉙ 见《近思录·政事》:"伊川先生每见人论前辈之短,则曰:'汝辈且取他长处。'"

㉚ 见《龟山集·答吕居仁·其三》:"夫学者必以孔孟为师,学而不求诸孔孟之言,则末矣。"

㉛ 见《伊川击壤集·六十三吟》,诗后注云"陈希夷先生尝有是言"。

㉜ 齐桓、晋文霸心生于莒、狄:齐桓,即齐桓公。齐襄公弟,因襄公乱政,诛杀不当,避祸奔莒。襄公被杀,他乘机从莒回国,夺取君位,任管仲为相,进行改革,国富力强,九合诸侯,一匡天下,成为春秋首霸。晋文,即晋文公重耳,晋献公次子。献公晚年听信宠妾骊姬谗言,逼死太子申生,又欲谋害重耳和夷吾。重耳逃亡狄国十余年,受尽磨难,后在齐桓公支持下回国即位,终成霸业。

㉝ "楚人败于柏举"至"楚遂以安":事见《左传》。鲁定公四年(前506)十一月,吴王阖闾率3万吴军深入楚国,在柏举(今湖北麻城境内)大败楚军,一路追击,楚昭王奔随(今湖北随州),吴军攻破楚都城郢(今湖北荆州纪南城)。鲁定公六年(前504)四月,吴国太子终累率领吴军大败楚国水军,继之楚国陆军在繁阳(今河南新蔡县韩集镇)也被吴军战败,楚再迁都于鄀(今河南淅川县境内),对内政

加以改革,楚国才得以安定。

㉞ 舜发于深山:舜在接受尧禅位前,耕种于历山。《墨子·尚贤》:"古者舜耕历山,陶河滨,渔雷泽,尧得之服泽之阳,举以为天子,与接天下之政,治天下之民。"

㉟ 桓魋:即向魋。春秋时宋国司马。因其为宋桓公的后代,故称桓魋。

㊱ 见《史记·孔子世家》。孔子离开曹国经过宋国,与弟子在大树下习礼,宋国司马桓魋派人拔掉大树,扬言要杀孔子,孔子微服离宋而去。

㊲ 见《二程遗书·元丰己未吕与叔东见二先生语》《南轩先生孟子说·尽心上》《近思录·处己》《论孟精义·孟子精义·尽心章句上》。"贤者惟知义而已,命在其中",原作"贤者惟知义,而命已在其中",据上诸书改。

㊳ 见《二程遗书·元丰己未吕与叔东见二先生语》。

㊴ 程正甫:字之才,苏轼舅家表兄。宋仁宗嘉祐(1056—1063)年间进士,曾任知司农寺丞、利州路转运判官、广南东路提点刑狱。

㊵ 见《苏文忠公全集·东坡续集·与程正辅十三》,文有节略。

㊶ 参寥:即道潜(1043—102)。字参寥,俗姓何。北宋于潜(今浙江临安)人。自幼出家,工诗文,与苏轼、秦观游。苏轼被贬,他以诗语讥政而得罪,被迫还俗。后得昭雪,复削发为僧。

㊷ 见《苏文忠公全集·东坡续集·答参寥》,文有节略。

㊸ 邹忠公:即邹浩(1060—1111),字志完,号"道乡居士"。常州(今属江苏)人。宋元丰五年(1082)进士,擢右正言。坐谏立刘后,谪新州。徽宗朝迁吏郎侍郎,坐党籍,再谪永州。后复直龙图阁,卒,追谥忠。

㊹ 田名昼承君:姓田,名昼,字承君,北宋阳翟(今河南禹州)人。荫补为校书郎。徽宗时官至大宗正丞、知淮阳军。与邹浩相善,常以气节相激励。

㊺ 见《邵氏闻见录》卷15、《三朝名臣言行录·吏部侍郎邹公》。又见吕中《大事记讲义·哲宗皇帝·小人害君子而自有公议在》。

㊻ 见《二程遗书·刘元承手编》《近思录·出处》,文有节略。

㊼ 见《伊川击壤集·长子伯温失解以诗示之》:"儒家所尚者,行义与文章。用舍何尝定,枯荣未易量。干求须黾勉,得失是寻常。外物不可必,其言味甚长。"

㊽ 见《二程遗书·附录·伊川先生年谱》:"举进士,嘉祐四年廷试报罢,遂不复试。"

㊾ 孙泰山三黜于礼部:按《徂徕石先生文集·明隐》载:"四举而不得一官。鬓发皆皓白,乃退而筑居于泰山之阳,聚徒著书,种竹树果,盖有所待也。且以为尧舜在上,必不使贤人而至糟糠,饥饿以死。兹先生有所待之意也。"则孙复是四次参加科举考试而非三次。

㊿ 见《元城语录》,文有节略。

(51) 梁况之:即梁焘(1034—1097)。字况之,郓州须城(今山东东平)人。举进士,官至尚书右丞、尚书左丞。绍圣中坐元祐党籍,贬化州安置,卒。《宋史》卷342有传。

(52) 见《二程遗书·刘元承手编》。又见《南轩集·答游诚之》《论孟精义·孟子精义·万章章句上》《中庸辑略·第三十章》,文有节略。

(53) 关子明:即关郎,字子明,河东解(今山西临猗)人,北魏易学家。有经济大器,而不求宦达。北魏太和末征为秘书郎,孝文帝死后,遂不仕,隐居临汾山,授门人《春秋》《老子》《周易》,世称"关先生学"。有《关氏易传》传世,或认为是宋代阮逸伪作。

(54) 见《关氏易传》《汉上易传·系辞上传》。又见《中说·关朗篇》《汉上易传·上经·泰》。

(55) 徐时动:字舜邻,丰城(今属江西)人。师从胡安国。绍兴五年(1135)进士及第,曾为处(一作"虔")州、吉州教官,后因病家居。与曾几、杨训录胡安国问答语及胡氏家训为《胡氏传家录》,著有

《孟子说》《师门答问》。

㊶ 见黄庭坚《山谷别集·与徐师川书三》《山谷老人刀笔·与徐甥师川二》。

㊷ 见《三朝名臣言行录·丞相范忠宣公》，《续资治通鉴长编》卷427，哲宗元祐四年五月丙戌记事。又见《诸臣奏议·上哲宗论不宜分辨党人有伤仁化》《东都事略·范纯仁传》。

㊸ 见《苏文忠公全集·东坡集·答张文潜书》，文有节略。

㊹ 见《斐然集·鲁语详说序》，文有节略。出一私口："口"原作"户"，据上下文意及《斐然集》改。

㊺ 老聃：即老子。姓李氏，名耳，字聃，楚国苦县（今河南鹿邑）人。做过周朝管理藏书的史官，后退隐，著有《老子》。为道家学派创始人，孔子曾向他问礼。《史记·老庄申韩列传》："孔子适周将问礼于老子。"《史记·孔子世家》："鲁君与之一乘车、两马、一竖子，俱适周问礼，盖见老子云。"

㊽ 郯子：西周时期郯国（今山东省郯城县）君主，少昊后代。知晓古代官名起源，孔子曾向他请教。《左传·昭公十七年》："秋郯子来朝，公与之宴。昭子问焉，曰：'少皞氏鸟名官，何故也?' 郯子曰：'吾祖也，我知之。昔者黄帝氏以云纪，故为云师而云名。炎帝氏以火纪，故为火师而火名。共工氏以水纪，故为水师而水名。大皞氏以龙纪，故为龙师而龙名。我高祖少皞挚之立也，凤鸟适至，故纪于鸟，为鸟师而鸟名：凤鸟氏，历正也；玄鸟氏，司分者也；伯赵氏，司至者也；青鸟氏，司启者也；丹鸟氏，司闭者也。祝鸠氏，司徒也；鴡鸠氏，司马也；鳲鸠氏，司空也；爽鸠氏，司寇也；鹘鸠氏，司事也。五鸠，鸠民者也。五雉为五工正，利器用，正度量，夷民者也。九扈为九农正，扈民无淫者也。自颛顼以来不能纪远，乃纪于近，为民师而命以民事，则不能故也。' 仲尼闻之，见于郯子而学之。"

㊻ 师襄子：春秋时鲁国乐官，善击磬鼓琴，孔子曾向他学琴。《史记·

孔子世家》："孔子学鼓琴师襄子,十日不进。师襄子曰:'可以益矣。'孔子曰:'丘已习其曲矣,未得其数也。'有闲,曰:'已习其数,可以益矣。'孔子曰:'丘未得其志也。'有闲,曰:'已习其志,可以益矣。'孔子曰:'丘未得其为人也。'有闲,有所穆然深思焉,有所怡然高望而远志焉。曰:'丘得其为人,黯然而黑,几然而长,眼如望羊,如王四国,非文王其谁能为此也!'师襄子辟席再拜,曰:'师盖云《文王操》也。'"

⑥③ 于之宋则得《坤乾》,于之杞则得《夏时》:见《礼记·礼运第九》:"孔子曰:我欲观夏道,是故之杞而不足征也,吾得《夏时》焉。我欲观殷道,是故之宋而不足征也,吾得《坤乾》焉。《夏时》之等,吾以是观之。"宋是殷商的后代,《坤乾》是殷商的卦书,或认为即是易书《归藏》。杞是夏后氏之后,《夏时》是夏代的历书,或认为即是《夏小正》。

⑥④ 善巫医之言:见《论语·子路第十三》:"子曰:'南人有言曰:"人而无恒,不可以作巫医。"善夫! 不恒其德,或承之羞。'"

⑥⑤ 录车甲之矜:《诗经·小戎》:"小戎俴收,五楘梁辀。游环胁驱,阴靷鋈续。文茵畅毂,驾我骐馵。言念君子,温其如玉。在其板屋,乱我心曲。四牡孔阜,六辔在手。骐骝是中,騧骊是骖。龙盾之合,鋈以觼軜。言念君子,温其在邑。方何为期,胡然我念之。俴驷孔群,厹矛鋈錞。蒙伐有苑,虎韔镂膺。交韔二弓,竹闭绲滕。言念君子,载寝载兴。厌厌良人,秩秩德音。"《毛诗序》云:"《小戎》,美襄公也。备其甲兵以讨西戎。西戎方强而征伐不休,国人则矜其车甲,妇人能闵其君子焉。"朱熹《诗集传》:"襄公上承天子之命,率其国人往而征之,故其从役者之家人先夸车甲之盛如此。而后及其私情。"传孔子曾删订《诗经》,故有"录车甲之矜"说。

⑥⑥ 见《三朝名臣言行录·康节邵先生》。

⑥⑦ 见《法言·吾子》,文有节略。

㉜ 汪圣锡：即汪应辰（1119—1176）。字圣锡，信州玉山（今江西玉山）人。曾从学于胡安国、吕本中、张九成，学者称"玉山先生"。绍兴五年（1135）状元及第。召为秘书省正字，力主抗金，违秦桧意，出任建州等州通判。后官至吏部尚书兼翰林学士、端明殿学士。卒，谥文定。《宋史》卷387有传。

㉝ 此段文字现存汪应辰《文定集》无载，其《跋曼容中复斋记》云："孔子曰：'加我数年，五十以学易，可以无大过矣。'而西晋之士更相称许，则曰：'我能成天下之务，能通天下之志，能不疾而速，不行而至。'盖不必问其如何而知其为妄人也。"

㉠ 王述（303—368）：字怀祖，晋太原晋阳（今山西太原西南）人。年三十，司徒王导以门第辟为中兵属。述见每当王导发言时，一座莫不赞美，遂正色曰："人非尧舜，何得每事尽善！"导改容谢之。后累官至尚书令。

㉑ 见《晋书·王述传》。

㉒ 见《二程遗书·杨遵道录》《伊洛渊源录·李校书》《大易粹言·坤》，文有节略。

㉓ 见《晦庵先生朱文公文集·程氏遗书后序》。

㉔ 见《大易粹言·学易》和《晦庵先生朱文公文集》《伊洛渊源录》《二程遗书》所录《伊川先生年谱》。又见《和靖集·师说序》和《师说下》。

㉕ 见《龟山集·祭游定夫》。

㉖ 按：《龟山集·答胡康侯其九》："《伊川先生语录》在念，未尝忘也，但以兵火散失，收拾未聚。旧日惟罗仲素编集备甚，今仲素已死于道途，行李亦遭贼火。已托人于其家寻访，若得五六，亦便下手矣。"又《答胡康侯·其十一》："《语录》常在念。先生之门，余无人，某当任其责也。蒙寄示二册，尤荷留念。然兹事体大，虽寡陋不敢不勉。"《答胡康侯·其十二》："《伊川先生语录》，昔尝集诸门人所问，

以类相从,编录成帙,今皆失之。罗仲素旧有一本,今仲素已死,著其婿寻之未到。近宣干喻子才云有本甚多,计到浙中便付来。"《答胡康侯·其十四》:"《语录》子才所寄已到,方编集。诸公所录,以类相从,有异同,当一一考正,然后可以渐次删润,非旬月可了也,俟书成即纳去。"又《与游定夫·其六》:"先生《语录》,传之寖广,其间记录颇有失真者。某欲收聚,删去重复与可疑者。公幸闲居无事,可更博为寻访,恐有遗失。闻朱教授在洛中所传颇多,康侯皆有之。候寻便以书询求,异时更相校对,稍加润色,共成一书,以传后学,不为无补。先生之门,所存惟吾二人耳,不得不任其责也。"则刘荀所言杨时不编二程语录非是。

三四

若夫统论道之大本曰中而已

子曰:"谁能出不由户,何莫由斯道也。"① 邵康节曰:"道无声无形,不可得而见,故假道路之道而为名。人之有行,必由乎道。"[一]② 伊川曰:"中即道也。中之为义,自无过不及而立名。"③ 又曰:"'喜怒哀乐未发谓之中',言寂然不动者也。"④ 吕与叔谓:"情之未动,元无过不及。"又曰:"后世称善治天下者,无出乎尧、舜、禹,岂执中而用之无不中节乎? 无过无不及,民有不知,世有不治者乎? 圣人之治天下犹不越乎执中,则治身之要舍是可乎? 自中而发无不中节,莫非顺性命之理而已。"[二]⑤ 杨龟山谓:"尧咨舜,舜命禹,三圣相授,惟执中而已。"⑥ 或问:"君子时中,莫是随时否?"伊川曰:"是也。中字最难识,须是默识心通。且试言一厅,则中央为中,言一家,则厅中非中,推此类可见矣。且如初寒时则薄裘可矣,盛寒则薄裘不可,在盛寒而用初寒之裘非中也。更如三过其门而不入,在禹稷之世为中,若居陋巷则不中矣。居于陋巷,在颜子之世为中,若过门不入,则非中矣。"⑦ 龟山因取扇子以称之,曰:"以长短观之,则彼为中。以轻重等之,则此为中。"⑧善用中者,惟等其轻重,无过不及而已。[三]刘元城曰:"处事须权轻重,务合道理,毋使偏重,是之谓中。"⑨吕氏又曰:"小人见君子之时中,惟变所适而不知当其可也,而欲肆其奸心,济其私欲,或言不必信、行不必果,则曰惟义所在而已,然实未尝知义所在,狷狂妄行,不谨先王之治,以欺惑流俗,此小人之乱德,先王之必诛也。"[四]⑩窃谓道无适而非中,一有偏倚,乖戾随应,万物失其所由矣。如四时之过不及则物灾,气血之过不及则身病故,人事之过不及则害生,政事之过不及则乱作,万化万事莫不皆然,悉由乎不中节也。伊川谓:"事事物物皆有自然之中。"⑪朱汉上谓:"中乃自然之理,非人能为之也。"⑫学者又岂只训释一"中"字而止乎?要须用而能中节斯可矣。[五]中节者,当其理而已,非理明义精、无人欲之私焉,乌能至是哉?[六]伊川谓:"杨墨本学仁义,但所学稍偏,故其流遂至于无父无君。"⑬可不审欤?大抵修身齐家治国平天下,未有偏倚而能立、不和而能行者。先大夫谓:"三百八十四爻,其用不出乎时中。"刘绚问:"读《春秋》,以何道为准?"伊川曰:"其中庸乎?"⑭杨龟山谓:"《书》五十九篇,一言以蔽之,曰:'中而已。'"⑮至哉中乎,诚天下之大本也。故系之篇终焉。

常病初学从事于末而昧乎本,鲜克有成,作《明本》书诸座右以自警云。本末初无二致,明乎一贯之理,尚何先后云哉?然初学不先知其本则末必紊,《明本》盖有不得已而作也，非敢语成德而淑诸人，姑以自训，遗之子孙，若同志之士，亦所不隐也。[七]至于先儒接人之端，学者进德之门，治道为政之要，莅事行己之方，至王霸之别，释老之辨，诸学之源，末学之弊，大略粗见[八]。子注尽其详者，亦有不得已焉尔。[九]⑯

子　注

[一] 谢上蔡辩老子先道而后德之说云："自然不可易底便唤做道，体在我身上便唤做德，有知觉识痛痒便唤做仁，运用处皆当便唤做义，大都只是一事。"⑰又曰："道之得名，以其人由之而不可离也。近在父子夫妇之间，视听食息之际，果可以离人乎？自二端起，或搥提⑱仁义，或绝灭伦类，然后人始疑道为虚无寂寞矣。"⑲濂溪曰："天以阳生万物，生仁也。"⑳伊川曰："恻隐之心，人之生道也。"㉑窃谓言仁亲切莫如二先生，始悟先儒或以爱、以元、以宽、以公恕、以知觉言仁者，亦生之属也。戕贼天性，暴殄天物，则为不仁矣。医家目草木实之穰㉒曰仁，以其有生道焉。杨龟山谓："《论语》言仁，皆仁之方也。"㉓

[二] 胡衡麓谓："情不违理者，性之正。"

[三] 张敬夫云："论其统体，中则一而已。分而万殊，而万殊之中，各有中焉。"㉔朱元晦谓："中无定体，随时而在，惟可与权者知之。"㉕盖皆推广上说也。

[四] 胡衡麓曰："道有常有变，常止乎正，变适于中，变而不正，斯乱矣。"㉖范太史曰："经者道之常。"㉗君子治国平天下，反其常道而已。常道者，尧舜之道，仁义是也。伊川云："庸只是常，乃定理也，天下不易之理也，是经也。孟子只言反经，中正其间。"㉘横渠云：

“学未至而好语变者，必知其终有患。盖变不可轻议，若骤然语变，则知操术已不正。”㉙胡文定公曰：“君子守其常，圣人尽其变。”㉚又谓：“《春秋》变例，非圣人莫能裁。”㉛苏东坡曰：“公山弗扰、佛肸之召㉜，南子之见㉝，皆非常道，惟孔子则可，故曰‘圣达节㉞’。”㉟谢上蔡论“佛肸召，子欲往”云：“圣人涉世，如善游不避深渊，使不善没者效之，岂不殆乎！”㊱因悟东学与温公之学，语常而罕及变，其旨微矣，子所雅言诗书执礼之意也。或议温公学有未至处，大概指此类而言。观诸用，又不然。在仁宗朝，极论国匮理财为急，以为食货，国之大政，宰相之职当领。在神宗朝，力争富国兴利为非，以谓宰相当以道佐人主，不当领制置三司条例，谓公昧于时中，可乎？

［五］温公谓韩持国曰：“某所以不好佛老者，正谓其不得中道。借使有人真能心如死灰，形如槁木，及有物欻然㊲来感之，未免出应之。则其喜怒哀乐，未必皆能中节也。”㊳

［六］胡衡麓曰：“中之难执也，自尧、舜、禹儆戒以相授，非至精至一，穷极道心，不足以得之。而世儒多易其言，唐杨嗣复㊴所谓事贵得中者，譬之盗跖欲杀十人，而劝之曰：‘盍杀五人可尔。’以是为中，不亦悖乎？”㊵

［七］吾子孙读经史之外，苟能玩味是书，穷则以之修身，达则以之从政，庶逃乎虚诞之讥、腐儒之诮矣。若以类书观之，非予志也。

［八］末学之弊，昔胡文定公论程氏学疏，今朱元晦《中庸集解叙》㊶盖言其略矣。大概惊高远，事空妙，喜同而恶异，好名而尚言，谈体而遗用，语变而厌常，析学问政事为两途，离修身治国为二道，殊非圣贤诲人之本旨。此风寖长，其弊将有不可胜言者。吾子孙勿袭其轨可也。横渠谓：“以道学、政术为二事，此政自古之可忧者。”㊷胡衡麓曰：“父子君臣之伦，礼乐刑政之具，以至取予之介，交际之言，加帚于箕㊸之仪，奉席如桥㊹之习，无非性与天道也。谓此非性与天道，则人所以行乎父子君臣、礼乐刑政者，是皆智巧伪设、土苴粃糠之

迹，而性与天道茫昧杳冥，无预乎人事，此岂五经所载、孔孟所教耶。"④⑤刘元城语马永卿曰："有暇可看条贯，不独可以治人，亦可以保身。"④⑥余尝以审于衡麓，答云："本朝宪章，在仕者不知，则为吏所欺矣。虽条法，先儒亦不令人废者，盖穷理之一事耳。"《明道事迹》云："尧、舜、三代帝王之治，所以博厚悠远，上下与天地同流者，先生固已默而识之；至于兴造礼乐，制度文为，下至行师用兵，战阵之法，无所不讲，皆造其极；外夷狄情状，山川道路险易，边鄙方戍城寨斥堠控带之要，靡不究知；其吏事操决，文法簿书，又皆精密详练。"④⑦窃谓学者能师法焉，庶可成通儒矣。

[九] 昔赵元考与温公论著述之体，当以正文举其要，子注尽其详④⑧。又温公与范太史论《长编》云："宁失于繁，无失于略。"④⑨况是书将欲晓初学欤？书中所纪圣贤言行，悉以意义为序，初无先后之别，或有意义同而详略异，或意虽不属而义难略者，具载子注云。

校　注

① 见《论语·雍也第六》。

② 见《皇极经世书·观物外篇下》。

③ 见《二程文集·与吕大临论中书》《二程粹言·论道篇》，文有节略。按此为伊川与吕大临《论中书》中语，两语本不相连。

④ 见《二程遗书·畅潜道录》，文有节略。

⑤ 吕大临此语不见《明本释》前之载籍。卫湜《礼记集说》引蓝田吕氏曰："此章明命中和，及言其效情之未发，乃其本心，原无过与不及……后世称善治天下者，无出乎尧、舜、禹，岂非执中而用之无所不中节乎？无过不及，民有不和，世有不治者乎？圣人之治天下犹不越乎执中，则治身之要舍是可乎？故苟得中而执之，则从欲以治，四方风动，精义入神，利用出入可也。故曰：'中者天下之大本。'自

中而发无不中节,莫非顺性命之理而已。"元无过不及,"元"通"原"。

⑥ 见《龟山集·答胡德辉问》。

⑦ 见《二程遗书·刘元承手编》,文有节略。又见《中庸辑略·第二章》。按此为程颐答苏昞问"君子时中"。

⑧ 见《上蔡语录》卷2:"君子而时中,无往而非中也,中无定体。因指所执扇曰:'以长短言之,则彼为中,以轻重言之,则此为中,须权轻重以取中。'"

⑨ 语见《童蒙训》卷上,乃刘安世谓吕本中语。又见《元城语录》附行录、《三朝名臣言行录·谏议刘公》、《仕学规范·涖官》。

⑩ 吕氏又曰:见《中庸辑略·第二章》,文有节略。按上条语出吕本中《童蒙训》,《直斋书录解题》著录《中庸集解》2卷,云该书"集录周敦颐、程颢、程颐、张载、吕大临、谢良佐、游酢、杨时、侯仲良、尹焞凡十家之说"。吕大临著有《中庸解》,《中庸辑略》系从《集解》删节而来,卫湜《礼记集说》卷125引用此语时说"蓝田吕氏曰",则此处"吕氏"当是吕大临。

⑪ 见《二程粹言·论道篇》。

⑫ 见《汉上易传·乾》:"见天则,则知中道乃固然之理,非人能为之也。"

⑬ 见《二程遗书·刘元承手编》:"杨朱本是学义,墨子本是学仁,但所学者稍偏,故其流遂至于无父无君。"

⑭ 见《二程粹言·论书篇》。

⑮ 见《龟山集·书义序》:"《书》者,记言之史也。上自唐、虞,下迄于周,更千有余年,圣贤之君继作,其流风善政,可传于后世者,具载于百篇之书。今其存者五十有九篇,予窃以一言蔽之,曰:'中而已矣。'"

⑯ 不得已焉尔:"尔"原误作小字注文,今改作大字正文。

⑰ 谢上蔡辩老子：按此语见于晚出之真德秀《读书记·吾道异端之辨下》所载谢良佐语："自然不可易底便唤做道，体在我身上便唤做德，有知觉识痛痒便唤做仁，运用处皆是当便唤做义，大都只是一事，那里有许多分别庄周如何！"

⑱ 搥提：抛弃。

⑲ 见《论孟精义·论语精义·雍也第六》。自二端起，"二"作"异"。

⑳ 见《周元公集·通书·顺化第十一》。原文作："天以阳生万物，以阴成万物。生，仁也；成，义也。"

㉑ 见《二程遗书·附师说后》。

㉒ 穰：通"瓤"，果实中的子。

㉓ 见《论孟精义·孟子精义·告子章句上》。

㉔ 见《南轩先生孟子说·尽心上》。

㉕ 朱熹此语本不相连。"中无定体，随时而在"见《四书章句集注·中庸章句》："盖中无定体，随时而在，是乃平常之理也。""唯可与权者知之"见《晦庵集·读虞隐之尊孟辨·温公疑孟上》："孟子达尊之义，愚谓达者，通也，三者不相值，则各伸其尊而无所屈，一或相值，则通视其重之所在而致隆焉……故曰：通视其重之所在而致隆焉，唯可与权者知之矣。"

㉖ 见《致堂读史管见·唐纪·则天皇后三年》。

㉗ 见《论孟精义·论语精义·子罕第九》引"范曰"。

㉘ 见《中庸辑略·篇目》《论孟精义·孟子精义·尽心章句下》，文有节略。又见《二程遗书·入关语录》。

㉙ 见《张子全书·经学理窟·义理》《近思录·论学》。

㉚ 见胡安国《春秋传·僖公上》、吕本中《春秋集解·僖公》。

㉛ 见《春秋传·明类例》："《春秋》之文，有事同则词同者，后人因谓之例。然有事同而词异，则其例变矣。是故正例非圣人莫能立，变例非圣人莫能裁。"

㉜ 公山弗扰、佛肸之召：语出《论语·阳货第十七》："公山不扰以费畔，召，子欲往。子路不说，曰：'未之也已，何必公山氏之之也。'子曰：'夫召我者，而岂徒哉？如有用我者，吾其为东周乎！'……佛肸召，子欲往。子路曰：'昔者由也闻诸夫子曰："亲于其身为不善者，君子不入也。"佛肸以中牟畔，子之往也，如之何？'子曰：'然，有是言也。不曰坚乎，磨而不磷；不曰白乎，涅而不缁。吾岂匏瓜也哉？焉能系而不食？'"

㉝ 南子之见：语出《论语·雍也第六》："子见南子，子路不说，夫子矢之曰：'予所否，天厌之，天厌之。'"

㉞ 圣达节：意谓圣人进退举止皆合乎节义。语出《左传·成公十五年》。诸侯将拥立子臧为曹国国君，子臧辞曰："《前志》有之曰：'圣达节，次守节，下失节。'为君非吾节也。虽不能圣，敢失守乎？"杜预注"圣达节"云："圣人应天命不拘常礼。"

㉟ 见《历代名贤确论·孔子下》："东坡曰：'孔子之事可疑者三：公山不狃，佛肸之召，南子之见。此三者，皆非常道，惟孔子则可，故曰"圣达节"'。"朱熹《论孟精义·论语精义·阳货第十七》认为："公山弗扰以费畔，佛肸以中牟畔，召之，皆欲往；南子当见，则见之，孔子之于恶人未尝绝也，如天地之于万物，无不欲其生，此圣人之德也。"

㊱ 见《论孟精义·论语精义·阳货第十七》。"善没者"作"善没水者"。

㊲ 欻(xū)然：忽然，突然。

㊳ 见《温国文正公文集·答韩秉国书》，文有节略。按司马光父亲名池，因与"持"音近，为避讳，所以司马光改"持"作"秉"。

㊴ 杨嗣复(783—848)：字继之，弘农(今河南灵宝)人。贞元年间进士，历任太常博士、户部侍郎等。文宗时拜相，与牛僧孺等结党。武宗时罢相，官终吏部尚书。卒，谥孝穆。《新唐书》和《旧唐书》皆有传。

㊵ 见《致堂读史管见·唐纪·文宗三年》，文有节略。

㊶ 见《晦庵先生朱文公文集》卷75《中庸集解序》。

㊷ 见《近思录·治本》《张子全书·文集佚存·答范巽之书》。此正自古之可忧:"正"原作"政",据上两书改。

㊸ 加帚于箕之仪:中国古代扫席时的礼仪。《礼记集解·曲礼上》:"凡为长者粪之礼,必加帚于箕上。以袂拘而退,其尘不及长者。以箕自乡而扱之。"古人席地而坐前,先要扫席。前往扫席时,要双手捧着簸箕,把扫帚放在上面,以示恭敬。在打扫时,用一只手的衣袖遮蔽在扫帚前,退着扫,不使灰尘飞扬污及长者。在搓垃圾时,让簸箕朝向自己,表示对长者的尊重。粪:扫除。

㊹ 奉席如桥之习:中国古代铺设席位的习俗。《礼记·曲礼上》:"奉席如桥衡,请席何乡,请衽何趾。席南乡北乡,以西方为上;东乡西乡,以南方为上。"古人席地而坐,扫席后铺设坐席时,在拿卷席时要双手捧着,就像井上的桔槔那样左高右低,如同有首有尾。为尊者铺设坐席,要问面向何处,脚朝何方。席南北向铺设,以西方为尊位;东西向铺设,南方为尊位。

㊺ 见《致堂读史管见·汉纪·世祖光武二十八年》。

㊻ 见《元城语录》卷上。

㊼ 见《近思录·治道》《伊洛渊源录·门人朋友叙述并序》《二程遗书·附录·门人朋友叙述并序》。固已默而识之:"已"原作"以",据上诸书改。

㊽ 赵元考:即赵彦若(约 1033—1095)。字元考,青州临淄(今山东淄博益都)人。宋皇室宗亲。以荫入仕,哲宗元祐时累官至兵部侍郎、礼部尚书。

㊾ 见《温国文正公文集·答范梦得》。

附录:

《明本释》作者刘苟家世仕履述考

《明本释》为治宋学的重要参考书,书中从以何为本立论,引用孙复、石介、范仲淹、周敦颐、张载、邵雍、程颢、程颐、王安石、司马光、范祖禹、刘挚、杨时、胡安国、胡宏、张九成、朱熹、吕祖谦等的言论,对"先儒接人之端、学者进德之门、治道为政之要、莅事行己之方",以及"王霸之别、释老之辨、诸学之源、末学之弊"①进行阐释,并论及东学、洛学、关学、荆公新学、苏学、胡学等两宋主要的学派源流和人物传略,具有重要的学术史价值。其作者刘苟为元祐党人领袖刘挚的后人,《宋元学案》卷四一将其列入以胡寅为首的《衡麓学案》,清四库馆臣在著录《明本释》时,说刘苟的事迹不可考,仅知他曾师从著名学者胡寅和张九成。今人有关研究涉及刘苟时,虽对其生平有所考订,但多有讹误。本文参稽史籍,对刘苟的家世和仕履进行较全面的考证,不妥之处,还望方家不吝赐教。

一、刘苟的世系

四库馆臣在《四库全书总目》中著录《明本释》时说:

> 宋刘苟撰。苟,东平人,尚书左仆射挚之孙,书中所称先文肃公即

---

① [宋]刘苟:《明本释》卷上,丛书集成初编本,中华书局,1985 年,第 62 页。

谓挚也。孝宗时尝知盱眙军,其事迹则不可考矣。①

在不足 50 个字的介绍中,四库馆臣出现了两个明显的错误,一是刘挚(1030—1098)的谥号为"忠肃",应称"忠肃公";二是刘荀不是刘挚的"孙子"而是曾孙。李学勤、吕文郁主编的《四库大辞典》袭用四库馆臣的说法②。刘挚为北宋名臣,字莘老,永静军东光(今河北东光县)人,嘉祐四年(1059)中进士甲科,历仕宋仁宗、英宗、神宗、哲宗四朝,官至尚书右仆射兼中书侍郎,简称右相,是元祐年间蜀、洛、朔党争时期朔党的领袖人物。哲宗亲政后,章惇为相,绍述新政,严酷打击元祐党人,绍圣四年(1098),刘挚被贬为鼎州(治今湖南常德)团练副使,后卒于新州(治今广东新兴县),宋高宗绍兴元年(1131),赠少师,谥曰忠肃③,《宋史》卷三四〇有其传记。刘荀在《明本释》中引刘挚的言论、事迹时,皆称其为"先忠肃公"④。周必大在《终慕堂记》中说:"元祐名相忠肃刘公之曾孙讳荀,字子卿,博学笃志,切问近思。"⑤则刘挚乃刘荀的曾祖父而非祖父,刘荀是刘挚的曾孙而非孙子。

刘荀的祖父辈,即刘挚的儿子们有 4 人:刘跂、刘蹈、刘迹、刘路⑥。

刘跂,字斯立,为刘挚长子,生于皇祐五年(1053),元丰二年(1079)进士及第,曾任亳州(今属安徽)州学教授、曹州(今山东菏泽)州学教授、雄州(今河北雄县)军事推官、彭泽(今属江苏)知县、管城(今河南郑州辖区)知县、蕲水(今河北浠水)知县等,晚年作学易堂,乡人称其为学易先生,有文集

① [清]永瑢《四库全书总目》卷九二《明本释》,中华书局,1965 年,页 782。陈韵竹 2014 年台湾省"清华大学中国文学研究所"硕士论文《〈明本释〉研究》,是首篇对刘荀的著作进行专门研究的论文,其中对刘荀的家世和生平多有考证,姚惠兰《宋南渡词人群与多元地域文化》、聂立申《金代文士刘长言家世生平考》、韩志会《刘跂及其〈学易集〉研究》等对刘荀的家世也有涉猎,但缺乏深入系统的考证,故多有错谬。
② 李学勤、吕文郁:《四库大辞典》,吉林大学出版社,1996 年,第 1550 页。
③ 关于刘挚的研究,可参看张欣《刘挚与北宋中后期的党争研究》,河北大学 2006 年硕士论文。
④ 分见《明本释》第 11、22、25、29—30、34、46—47、49—50 页。
⑤ [宋]周必大:《平园续稿》卷一九《终慕堂记》,《周必大集校证》,上海古籍出版社,2020 年,第 886 页。
⑥ [宋]苏颂:《苏魏公文集》卷五四《秘书丞赠太师刘君神道碑》,中华书局,1988 年,第 823 页。有关刘跂、刘蹈、刘迹、刘路的生平,可参考韩志会《刘跂及其〈学易集〉研究》,吉林大学 2017 年硕士论文。

《学易集》传世,政和八年(1118)以朝奉郎卒①。

刘蹈,字公允,为刘挚仲子,与兄刘跂同年考中进士,刘挚曾作"祖门倚子又诒孙,善庆儒科燕后人。雁塔继题三世字,桂林仍见两枝春"②诗以志贺。刘蹈以文学知名,官至奉议郎,绍圣四年(1097)卒,其兄刘跂作《祭弟法曹文》以致祭,可知其最后的职任是司法参军。

刘迹是刘挚的第三子,曾任越州会稽县(今浙江绍兴)主簿、国子监书库官,官至仪真(今属江苏)县令,年三十五卒于任。刘迹工诗能文,著有《南荣集》二卷③,已佚。

刘路,字斯川,为刘挚最小的儿子④,初官承务郎,宣和四年(1122)八月,刘路请刘安世为其父刘挚文集作序时,官为宣教郎、开德府临河县(今河南浚县)丞⑤。

刘荀的祖父辈四个人当中,哪一个是其祖父呢?《宋元学案》称:"刘长福,学易之子,而芗林向侍郎之婿也。尝官右宣教郎。子荀。"⑥也即认为刘跂是刘荀的祖父,今人或沿袭此说⑦。但刘荀在《明本释》中却明确地说:"先忠肃公送伯祖父学易先生宰蕲水诗,有云:'锄强洗恶勿著意,鱼逃至清人忌洁。化以诚心磨以久,教而后刑不怨杀。'"⑧可知,刘跂并不是刘荀的祖父而是伯祖父。刘荀的父亲刘长福当然也就不是刘跂的儿子。《宋元学案》出现这样的说法,可能出于刘跂建有学易堂和著有《学易集》,而刘荀的父亲刘长福又研治《易》学,故而把二者关联在了一起。其实刘跂的学易不是治《易》学,而是一种生活态度。刘跂自己在《学易堂记》中即说:"刘子行

① 《四库全书总目》卷一五五《学易集》,第1336页。
② [宋]刘挚:《忠肃集》卷一八《喜跂蹈登科注官》,中华书局,2002年,第413页。
③ [金]元好问:《中州壬集》卷九《刘右相长言》,《中州集校注》,中华书局,2018年,第2335页。
④ [宋]陈与义:《陈与义集校笺》卷一《题刘路宣义风月堂》,浙江古籍出版社,2014年,第26页。
⑤ [宋]刘安世:《忠肃集》附录三《原序》,中华书局,2002年,第666页。刘安世是应刘路的邀请为刘挚文集作序,《刘跂及其〈学易集〉研究》将刘路误作刘跂,见第13页。
⑥ [明]黄宗羲:《宋元学案》卷二《泰山学案》,中华书局,1986年,第127页。
⑦ 姚惠兰:《宋南渡词人群与多元地域文化》,东方出版社,2011年,第95页;聂立申《金代文士刘长言家世生平考》,《泰山学院学报》2016年第4期。
⑧ 《明本释》,第29页。又见《忠肃集》,第236页。

年六十有一，身虽未病，气已向衰。性不能事，老而弥甚。生理付子侄，靳靳便足，非大改革勿关白。榜所居堂曰'学易'……有客升堂问：'易卦六十有四，今子所记乃如此。谓之学《易》，是学何卦？'刘子举手推曰：'去！汝非我同学。'"①而刘挚的其他3个儿子中，究竟谁是刘荀的祖父，因文献不足，只能存疑待考。

刘荀的父辈，兄弟较多，仅苏颂在《秘书丞赠太师刘君神道碑》中提到的就有7人：刘长吉、刘长庚、刘长守、刘长历、刘长言、刘长广、刘长书。刘跂在祭悼刘蹈的文章中说："又弟三子，长策崇宝，后汝九日，亦复夭化，袝于室隅，同就安厝。"②可知刘蹈有3个儿子，而名长策、字崇宝者是其第三个儿子，在刘蹈死后的第九天也不幸早逝。相关研究摘取"又弟三子，长策崇宝"之文，认为刘蹈3个儿子分别是长策、长崇、长宝，乃属断章取义之解③。苏颂曾应刘挚的请求为其父刘居正撰写碑文，在碑文中，苏颂称刘挚做过"中书门下侍郎、尚书右仆射，今为观文殿学士知郓州"，据李焘《续资治通鉴长编》卷四六八和卷四六九的记载，元祐六年（1091）十一月一日，刘挚以太中大夫、守尚书右仆射、兼中书侍郎为观文殿学士知郓州（今山东东平），次年正月二十四日改知大名府（今河北大名）。可知苏颂撰写碑文的时间在元祐六年（1091）末七年初，碑文中既未言及刘蹈的季子刘长策，也未言及刘荀的父亲刘长福，当是二人尚未出生。

刘荀的7个伯父中，刘长守、刘长历为刘跂的儿子，刘挚作有《次长守长历两孙自汶寄读诗韵》："阿守似其父，丰姿仍秀疏。别翁犹数月，书驿且渠渠。历也驹千里，新诗慰远思。霜秋鱼酒美，来趁寿觞时。"④刘长历在绍兴元年（1131）时曾知开州（今重庆市辖区），后又任浔州（今广西桂平）知

---

① ［宋］刘跂：《学易堂记》，载吕祖谦《观塘集注》甲集卷二二，清嘉庆宛委别藏本。
② ［宋］刘跂：《学易集》卷八《祭弟法曹文》，《丛书集成初编》，中华书局，1985年，第112页。
③ 韩志会：《刘跂及其〈学易集〉研究》，第11页。
④ 《忠肃集》，第453页。刘跂在《朝请郎致仕蔡君墓志铭》中说："珮嫁宣义郎刘长历……而珮复归我嗣子"（《学易集》卷八，第96页），故知刘长历为刘跂的儿子。

州①。刘挚还作有《寄长吉孙二首》，诗中有"世科思汝父，即已御祥琴"②之语。古代丧祭礼，亲丧大祥祭日为节哀而弹奏素琴，谓之"祥琴"。刘蹈早于刘挚而亡，可知刘长吉是刘蹈的儿子。而刘长言则是刘迹的儿子，后在金朝官至宰相③，其他仁人的生父为谁，因文献缺失，无从考证。

刘荀的父亲刘长福，字曼容，曾经在朱震门下学习《易》学，刘荀在《明本释》中说："武阳朱汉上，名震，字子发，学者称汉上先生。其学宗程氏，先大夫受其易学。"④刘长福在绍兴初徙居清江（今江西樟树），娶宋真宗朝宰相向敏中五世孙向子諲（1085—1152）的长女为妻，是为刘荀生母，故史籍或称刘荀为清江人。汪应辰为向子諲作墓志铭，说向子諲有孙女六人，"长适进士韩吁，次适右迪功郎刘荀，次适将仕郎韦相。余幼"⑤。则刘荀成年后又娶了自己舅舅的二女儿为妻，刘荀既是向子諲的外孙，又是向子諲的二孙女婿。

刘长福的出仕情况不详。据《建炎以来系年要录》卷一九一和《宋史》卷三二《高宗本纪》载，宋高宗绍兴三十一年（1130）七月，军士凌铁等在雷州（治今广东海康）、化州（今属广东）境内啸聚作乱，知化州廖颙建言将雷州改由武臣担任知州，宋廷以修武郎、东南第十二将高居弁知雷州，平定兵变。兵变平定后，因报功请赏不均，参与平乱的数千茶商愤然起而为乱。汪应辰在给张栻的信中，提到此次变乱"屠将官高居弁，执郡守刘长福，破高、雷、化三州"⑥，则刘长福可能在宋高宗绍兴末年、宋孝宗隆兴初年出任过高州（今广东茂名）知州。获释后，刘长福复官任永州（今属湖南）知州，宋孝

① ［宋］李心传：《建炎以来系年要录》卷四六，绍兴元年七月辛酉，上海古籍出版社，2018年，第849页。［清］金鉷（雍正）：《广西通志》卷五一，文渊阁四库全书本。

② 《忠肃集》，第368页。

③ 聂立申：《金代文士刘长言家世生平考》，《泰山学院学报》2016年第4期，第85—90页。

④ 《明本释》，第16页。

⑤ ［宋］汪应辰：《文定集》卷二一《徽猷阁直学士右大中大夫向公墓志铭》，学林出版社，2009年，第234页。

⑥ 汪应辰：《文定集》，第147页。张栻是张浚之子，据《宋史》卷三三《孝宗本纪》，张浚为右仆射、同中书门下平章事兼枢密使在隆兴元年十二月丁丑，而汪应辰给张栻的信写于张浚出任此职之后，可知此时廖颙为化州知州，高居弁为雷州知州，刘长福可能为高州知州。

宗乾道五年（1169）正月，因贪污、不理郡事，遭到殿中侍御史徐良能的论列被放罢①。

刘荀的同辈兄弟，名字可考者有两人：刘著和刘芮。刘芮（1108—1178），字子驹，刘长历的儿子②，刘跂的孙子，年长于刘荀，为刘荀堂兄，曾任永州司理参军、大理寺司直、国子监丞，后官至刑部员外郎、荆湖南路提点刑狱。刘芮早年曾先后问学于孙伟、尹焞、胡安国③，晚年则与张栻、朱熹有来往，朱熹称他"多闻强记，清贫苦节，少仕州县，遇熙丰故家子孙，辄引避。饘粥不或，恚卧终日，而处之泰然。相见时已老，尚能谈说往事，滚滚不休，气貌醇古，自然有前辈风度"④。刘芮著有《顺宁集》20卷，《宋元学案》将其列入《元城学案》。刘著，生平不详，仅知曾官成都（今属四川）漕幕⑤，即转运司属官。

刘荀的子侄辈，名字可考者有5人：刘无愧、刘无欲、刘无咎、刘无玷和刘甲。刘无愧是刘荀的儿子，曾任长林（今湖北荆门）主簿⑥。刘无欲、刘无咎、刘无玷为刘荀堂侄，刘芮的子侄。朱熹说刘芮卒后，"刘氏子姓无欲、无咎独能闭门忍穷，谨守家法，又足令人感慨太息"⑦，而其弟侄刘无玷，则将其遗著编为《顺宁集》20卷，并请杨万里作序⑧。

刘荀侄辈中仕宦最有成就者当是刘著的儿子刘甲（1142—1214）。刘甲于孝宗淳熙二年（1175）进士及第，历任度支郎中、枢密院检详兼国史院编修官、实录院检讨官、司农少卿、知江陵府（今湖北荆州）、湖北安抚使、知庐州（今安徽合肥）、知兴元府（今陕西汉中）、利州路安抚使等，官至大中大夫、

①《宋会要辑稿》职官七一《黜降官》八，上海古籍出版社，2014年，第4959页。
② 据胡宏《刘开州墓表》："元祐丞相刘忠肃公曾孙芮，葬其皇考开州太守、皇妣孺人蔡氏于潭州湘西谷山之原"（《胡宏集》，中华书局，1987年，第181—182页），知刘芮为刘长历之子。
③ ［宋］杨万里：《杨万里集笺校》卷八一《顺宁文集序》，中华书局，2007年，第3286—3287页。
④ ［宋］朱熹：《晦庵先生朱文公文集》卷八四《跋泰山秦篆谱》，《朱子全书》，上海古籍出版社、安徽教育出版社，2002年，第24册，第3982页。
⑤ ［元］脱脱等：《宋史》卷三九七，中华书局，1977年，第12093页。
⑥《周必大集校证》卷五九，第886页。
⑦《朱子全书》，第24册，第3982页。
⑧《杨万里集笺校》，第3286—3287页。

宝谟阁学士,《宋史》卷三九七有传。

二、刘荀的仕履

刘荀的事迹也并非如四库馆臣所说的那样全无所考,通过对现存史志典籍进行稽考,仍可勾勒出其一生大致的轮廓。

刘荀的生年无明文记载。明代嘉靖年间编纂的《江西通志》,说刘荀"弱冠,尝从胡公寅于新州,又从张公九成于南安,凡有得二公绪言,皆笔之,名曰《思问记》"①。根据胡寅居新州、张九成谪南安的时间,刘荀师从胡寅、张九成在绍兴二十年至二十五年(1150—1155)之间②,推测刘荀当生于绍兴元年至绍兴五年(1131—1135)间。

刘荀的为官经历,有研究者认为最早可追溯到绍兴二十三年(1153),其时官任右迪功郎③。这种说法是对文献的误解。向子諲卒于绍兴二十二年(1152)三月,葬于七月,胡宏作《向侍郎行状》,说向子諲的长女嫁右宣教郎刘长福,亦即刘荀的父亲,次女嫁右从事郎吴敦谦,三女嫁右迪功郎黄揆④。胡宏与向氏祖孙交往密切,而在行状中未提及向子諲孙子的官身和孙女的婚嫁情况,可能当时向子諲的孙子、孙婿尚未出仕,仍是白身。若他们有官身,对向氏家族来说是种荣耀,胡宏不可能不载。宋孝宗隆兴元年(1163),汪应辰受托为向子諲撰墓志铭,此时距离向子諲安葬已经过去了10年,向子諲的孙辈已有官诰在身,所以汪应辰在向子諲的墓志铭中,才有了长孙士伯、仲孙士虎皆为将仕郎,长孙女嫁进士韩吁,二孙女嫁右迪功郎刘荀,三孙

---

① [明]林庭㮁:(嘉靖)《江西通志》卷二三,嘉靖刻本。
② 因反对秦桧主持和议,绍兴十三年(1143)五月,张九成被贬谪南安军(今江西大庾),绍兴二十年(1150)三月,胡寅被责授果州团练副使,安置新州(今广东新兴)。秦桧死后,绍兴二十六年(1156)正月张九成官复秘阁修撰、知温州,胡寅官复徽猷阁直学士致仕,闰十月即卒于衡州(今湖南衡阳)。分别见《建炎以来系年要录》(中国史学基本典籍丛刊),中华书局,2013年,第6册,页2811;第7册,第3045、3244、3253、3354页。
③ 陈韵竹:《〈明本释〉研究》,第21页。
④ [宋]胡宏:《五峰集·向侍郎行状》,中华书局,1987年,第180页。

女嫁将仕郎韦向的记述。通过上述考证可知，刘荀在隆兴元年（1163）时官任右迪功郎，为从九品第37阶，是文散官的最低品阶。此后，刘荀可能做了一段时间的州县基层官员，江西诗派的代表人物赵蕃与刘荀有往来，刘荀将往镇江任官时，赵蕃作了三首诗以赠别，其一云：

> 幕府江宁日，校书元祐时。堂堂公可作，岌岌我何衰。孰有入门冠，而淹笔库卑。用长宜顾问，谁与荐天墀。①

南宋在扬州、江宁、镇江分别设置有三个榷货务都茶场，因三个务场互争课赏，朝廷禁止镇江务场的钞引发行到都城临安。镇江为总领淮东财赋军马钱粮所的置司地，淳熙十年（1183），朱伫出任淮东总领，"遣属吏刘荀诉诸朝"②，请求朝廷解除此禁，得到朝廷应允。可知淳熙十年（1183）前，刘荀曾在江宁（今南京）任幕僚，淳熙十年（1183）到镇江作淮东总领朱伫的属吏，参与管理库务。

刘荀此后的仕履，当地方志有简略记述，说刘荀"淳熙中，知余干县，未满，适周必大登相，以先生为首荐，改判德安。知盱眙军，后为黠商谤罢"③。此段记载，年代均不详明，研究者鲜有考订，以下略作疏证。

宋代知县，一般以三年为一任。淳熙十四年（1187）二月，周必大从枢密使升为右丞相，方志说此时刘荀知余干县（今属江西）未满任，即被刚登上相位的周必大荐任德安（今湖北安陆）通判，可知刘荀知余干县当在淳熙十一年或十二年。而淳熙十二年二月，朱熹在给刘荀舅父向滈的书信中，说及"子卿官期必不远，未及为书，极怀想也"④。宋代，官员所言的"官期"有两个不同的含义：一是指任职的期限，如苏辙所赋"官期未满许宁亲，平日宦游

---

① ［宋］赵蕃：《淳熙稿》卷八《赠刘子卿时刘将赴官镇江并以道别三首》，中华书局，1985年，第172页。

② ［宋］李心传：《建炎以来朝野杂记》甲集卷一七《榷货务都茶场》，中华书局，2000年，第388—389页。

③ （嘉靖）《江西通志》卷二三，第3683页。

④ 该书信书写年代，据陈来《朱子书信编年考证》，生活·读书·新知三联书店，2007年，第245页；顾宏义《朱熹师友门人往还书札汇编》，上海古籍出版社，第2837页。

无此恩"①，朱熹所说"官期遽满，当复西归"②，其中的"官期"即是指任职的年限；二是指赴官上任的日期，如文同诗中所吟"待阙官期远，侨居客思多"③，刘克庄在书信中所说"族戚喜官期之近，交游夸廪入之优"④，其中的"官期"即是指官员上任的日期。朱熹此处所言的"官期"是指后者而言。由此推断，刘荀出任余干知县当在淳熙十二年（1185）。

方志说刘荀经周必大推荐在淳熙十四年改判德安也是不正确的，后来的研究者则不加考证地袭用⑤。元丰七年（1084），范仲淹胞兄范仲温曾在德安的府邸筑建桂堂，宣和元年（1119），周必大的祖父周诜又在其遗址旁新建芰堂。芰堂圮毁后，刘荀出任德安通判时又进行了重建。周必大在绍熙三年（1192）三月写的《重立芰堂记》中说：

> 安陆距京师千一百里，其土风醇厚，其士多秀杰，其民多隐德，承平时宦游者乐焉。元丰甲子，方城范公掌书记于此。官舍西偏有桂，甚茂，诸子弦诵其下，榜曰'桂堂'……逮宣和己亥，某之大父太师潭国公来为司录，问堂已圮，视桂已悴，乃为增葺而封植之，又创草堂于其西。长乐郑昂命名曰'芰'，实为之铭……今盖七十余年，堂虽亡而碑故存。绍熙改元，元祐名相刘忠肃公曾孙荀来佐府事，访求遗址，适在廨之别圃，始议修复。太守李侯棣欣然助之，不日告成……书来请记岁月。⑥

由上可知，刘荀出任德安府通判的时间当为绍熙元年（1190）而非淳熙十四年（1187），同时也说明，周必大推荐刘荀出任的不是德安通判。

周必大推荐刘荀并非出判德安军，那又是什么职任呢？据周必大说，他任宰相后首次举荐官员，只举荐了程大昌、王谦、刘荀、陈士楚四人，但并没有得到宋孝宗的及时回应，于是，四月七日，他又向宋孝宗上了《催荐士降

① ［宋］苏辙：《栾城三集》卷二《逊自淮康酒官归觐逾旬而归二绝句》，《苏辙集》，中华书局，1990 年，第 1174 页。
② 《朱子全书》，第 2542 页。
③ ［宋］文同：《文同全集编年校注》卷一八《景逊以诗招棋因答》，巴蜀书社，1999 年，第 585 页。
④ ［宋］刘克庄：《刘克庄集笺校》卷一一七《除潮倅谢丞相》，中华书局，2011 年，第 4821 页。
⑤ 陈韵竹《〈明本释〉研究》也持此观点，见此书第 148 页。
⑥ 《周必大集校证》卷二八，第 432 页。

旨》札子：

> 兹因除拜，朝士皆援例迫臣，谓难但已，踌躇久之，方敢以四人姓名荐闻……今既累日未奉处分，往往私相指议，在臣委实汗颜。盖以受任之初，观听甚有所损。欲望圣慈，曲赐矜念。如程大昌、王谦曾在班列，圣意或有所疑，只乞将刘苟、陈士楚两人特降收召指挥。①

为避免引起臣僚的进一步议论，周必大在奏札中乞请孝宗，如果对任用程大昌、王谦有疑虑，可仅对"刘苟、陈士楚两人特降收召指挥"而以任用。周必大的担心并非多余，他举荐的王谦不出意外地遭到臣僚的论列。同年五月，周必大又上奏说：

> 臣叨被恩擢之初，辄循旧例荐引王谦，岂谓弗协公议，致有论列。在臣不能旁招俊义，仰误召命，无所逃刑。昔元祐宰臣因荐馆职失当，具奏自劾。辄援斯谊，仰渎圣明，亦不敢居家待罪以动观听。伏望出自睿断，特赐贬降，少惩谬举，尚图后效，以赎前愆。②

从目前所见现存文献中，我们无从知晓周必大推荐程大昌、王谦、刘苟、陈士楚出任什么官职，但周必大在此条札子中引"元祐宰臣因荐馆职失当，具奏自劾"之事比附自己荐人失当，可推知当是举荐四人到朝中任职。据《氏族类稿》，陈士楚在到福州侯官县任职的中途，"周益公当国，荐之，以国子监簿召。孝宗奖其诚实，寻差枢密院编修官"③。而刘苟的新职任，从淳熙十四年(1187)赵蕃的《呈刘子卿四首》诗中也可寻其蛛丝马迹，该诗的第四首云：

> 往自清江别，于今近十年。依僧聊避暑，拥节会朝天。我愧不如昔，公乎真过前。《政规》期断手，《明本》已终篇。④

周必大在《终慕堂记》中评价刘苟，说道：

> 平居隆师友，著书累数万言；从宦则考古证今，见诸行事。故小试

---

① 《周必大集校证》卷一四五，第 2201 页。
② 《周必大集校证》卷一二八《因陈贾论王谦待罪札子》，第 2004 页。
③ 《永乐大典》卷三一五五，明钞本。
④ 《淳熙稿》卷七，第 149 页。

理财,钱流地上;出守边城,南北形胜尽在目中,而于立朝事君讲之尤详。向时得位与时,庶续先烈。①

由赵蕃的诗句"拥节会朝天"、周必大的赞赏词"立朝事君讲之尤详"可推知,淳熙十四年(1187),经周必大推荐,刘荀也可能到朝廷中担任了官职,直到绍熙元年(1190)出任德安军通判。

那刘荀知盱眙军(今属江苏)又在何时呢?

盱眙处于南宋与金朝的交界地,为南宋军事重镇。其境内有都梁山,刘荀知盱眙军时,撰有《都梁纪闻》。据楼钥所撰《宝谟阁待制致仕特赠龙图阁学士忠肃彭公神道碑》,绍熙五年(1194),宋孝宗驾崩,北方金国派使臣前往南宋吊祭,彭龟年以吏部尚书的身份充"金国吊祭接送伴使",到盱眙边境迎接金朝使节②。而早此一年,刘荀即出任了盱眙知州。彭龟年在《刘子卿都梁纪后跋》中说,"侯至郡之明年,某被命迓客于境,从侯问北事,辄随事应,如其家事,无巨细久近,不待忖臆"③,记载的就是其此次的出行。由此可知,刘荀出任盱眙知军在宋光宗绍熙四年(1193),而这也正好契合宋代知州、通判三年为一任的规定。

在刘荀从德安通判升任知盱眙军的次年,盱眙境内发生了严重的旱灾,为逃避灾荒,老百姓纷纷流入金朝境内,而刘荀此时仍以盱眙是丰收之年上报朝廷,因而遭到臣僚的论列,在庆元元年(1195)三月被免官④。对刘荀被免官的原因,(崇祯)《清江县志》的说法却有所不同。南宋在盱眙军设有榷场,以便宋金贸易,《清江县志》说刘荀是因查究禁榷货物,触及了商人的利益,被奸商中伤而被罢官奉祠。后起复知沅州(今湖南芷江),卒于沅州任内⑤。

刘荀何时起复知沅州,卒于何年,史无明文记载。但据周必大说,刘荀

① 《周必大集校证》卷五九,第886页。

② [宋]楼钥:《攻媿集》卷一○二,浙江古籍出版社,2010年,第1766页;[元]脱脱等:《宋史》卷三九三《刘挚传》,第11998页。

③ [宋]彭龟年:《止堂集》卷一○《刘子卿都梁纪后跋》,中华书局,1985年,第127页。

④ 《宋会要辑稿》职官七三《黜降官》一○,第5036页。

⑤ [明]秦镛:(崇祯)《清江县志》卷八《清江县人物志》,明崇祯刻本。

亡后，"其子新长林簿无愧既葬君清江之新城，复取'大孝终身慕父母'之语揭名冢舍之堂，屡求一言"，多次向周必大求记。嘉泰三年（1203）三月，周必大作成《终慕堂记》，考虑到刘荀卒后，其灵柩从湖南沅州护送回江西清江安葬，以及墓冢堂舍的建造有一个过程，推测刘荀卒年当在嘉泰二年（1202）或之前。

三、结　语

通过以上考证，大致厘清了刘荀的世系和仕履脉络：刘荀的曾祖刘挚，北宋哲宗时官至尚书右仆射兼中书侍郎；祖不详；父刘长福，南宋高宗、孝宗时曾任高州、永州知州；子刘无愧，宁宗嘉泰三年（1203）曾任荆门军长林县主簿。刘荀生于绍兴元年（1131）至绍兴五年（1135年）间，宋孝宗隆兴元年（1163）官为右迪功郎，后为江宁幕府，淳熙十年（1183）为淮东总领所属吏，十二年（1185）知余干县，十四年（1187）经周必大推荐入朝供职；光宗绍熙元年（1190）出任德安军通判，四年（1193）知盱眙军；宁宗庆元元年（1195）罢官奉祠，后起复知沅州，嘉泰二年（1202）或之前卒于任。需要指出的是，刘荀生前与理学家朱熹有学术交往，其所著《明本释》即得到过朱熹的指正，对此笔者将另文考论。

（原载《中国典籍与文化》2021 年第 2 期）

朱熹《答或人》书信考

　　近年来,名人书信在历史、文学、思想史等研究领域的史料价值日益受到重视。宋代理学集大成者朱熹(1130—1200)终生勤于治学,除留下有宏富的理学著作外,还写有海量的诗文和书信。与其他文献相比,书信更能反映朱熹一生的政治态度、学术思想、人际交往等变化的情况,是研究朱子学重要的参考文献。但因历时久远、时局变动、学派纷争等种种因素,朱熹的有些书信在编辑文集时就已散佚失传,被收入文集而流传下来的也存在系年无序、收信人身份不明等诸多尚未解决的问题。目前存世的朱熹书信有二千多封,其中收信人不明的,在文集中多被冠名为《答或人》《答某人书》或《与或人书》《与某人书》等。因此,辨识朱熹书信的写作年代和收信人也是朱子学研究中的难点之一。当代学者钩沉索隐,对朱熹书信进行整理研究,取得了丰硕成果,但仍存在需进一步探讨的问题①。现仅就《晦庵先生朱文公文集》卷六四的一封《答或人》书所答何人、讨论何事、作于何时三个方面进行考辨,以期推进对朱熹人际交往和学术交流活动的研究,丰富对宋代思想文化的认知。

---

　　① 关于朱熹文集的编刻和书信收录情况,可参考尹波、郭齐《朱熹文集版本源流考》,载《西南民族大学学报·人文社科版》2004 年第 3 期;汤元宋《〈朱文公文集〉未收书信原因考释——以宋元两朝文集所见朱熹书信真迹题跋为线索》,载《中华文史论丛》2018 年第 2 期。关于朱熹书信考订研究的成果,有束景南《朱熹年谱长编》、陈来《朱子书信编年考证》、顾宏义《朱熹师友门人往还书札汇编》和朱叶楠《〈朱子书信编年考证〉补考》(《朱子学刊》2015 年第 2 辑)。本文所考朱熹此封《答或人》书,陈来、朱叶楠先生缺考,顾宏义先生有考证但也有失考之处。

一、所答何人

《晦庵先生朱文公文集》卷六十四所收以《答或人》题名的书信共有 12 封，其中以"谢、游、杨、尹、侯、郭、张，皆门人也"起笔的书信，被认为是朱熹答自己女婿黄榦（1152—1221）的仲兄黄东的①，实际上这封书信所答之人并非黄东，而是北宋名臣、元祐党人领袖刘挚（1030—1098）的曾孙刘荀（约1131—1202）。

刘荀，字子卿，南宋孝宗朝，曾在多地担任地方州县官员。孝宗淳熙十四年（1187），刘荀曾被周必大（1126—1204）推荐入朝供职；宋宁宗庆元元年（1195），他在知盱眙军（治今江苏盱眙县）任上被弹劾罢官，后又起复知沅州（治今湖南芷江侗族自治县），嘉泰初卒于任上。刘荀青年时代师从著名学者胡寅（1098—1156）和张九成（1092—1159），《宋元学案》卷 41 将其列入以张九成为首的《衡麓学案》，并把刘荀误当是刘挚长子刘跂的孙子②。事实上刘跂是刘荀的伯祖父，而其祖父到底是刘挚的哪个儿子，因文献不足，尚难以考证③。刘荀的父亲刘长福，字曼容，曾师从名儒朱震研习《易》学，南宋建立后定居于江西清江县（治今江西省樟树市西南临江镇），娶宋真宗朝宰相向敏中（949—1020）五世孙向子諲（1085—1152）的长女为妻，高宗绍兴初年刘荀即出生于此，故史称刘荀为清江人。刘荀成年后又娶了向子諲的孙女为妻，所以，他既是向子諲的外孙又是孙女婿。向子諲辞官后赋闲清江，建有芗林堂，自号芗林居士，现存向子諲的《酒边词》即是通过刘荀再经胡寅而流传下来的④。

---

① 顾宏义：《朱熹师友门人往还书札汇编》（二），上海古籍出版社，2017 年，第 961 页。
② ［清］黄宗羲撰，全祖望补修，陈金生、梁运华点校：《宋元学案》卷二《泰山学案》，中华书局，1986 年，第 127 页。
③ 关于刘荀的世系和仕履，参见陈广胜：《〈明本释〉作者刘荀家世仕履述考》，《中国典籍与文化》2021 年第 2 期。
④ ［宋］胡寅撰，荣肇祖点校：《斐然集》卷一九《向芗林〈酒边集〉后序》，《崇正辩·斐然集》，中华书局，1993 年，第 403 页。

作为北宋末年向皇后的亲族和南宋前期的著名词人,向子諲在清江营造的芗林园闻名海内,"士大夫未至者,必问向氏芗林如何"①。因此,当时的显宦名士胡安国(1074—1138)父子、张九成、杨万里(1127—1206)、周必大、赵蕃(1143—1229)等与向氏家族成员多有往来。朱熹也曾慕名到访芗林,他的《芗林》诗描述了此次访问芗林的心情和受到向家热情款待的情景:"纷吾千里游,发轫南山岑。过门得佳赏,慰此夙昔心"。"相见无杂语,晤言写胸襟。怀旧复惘怅,命酒聊同斟。饮罢我当去,握手清江浔。"②朱熹与刘荀的舅父、向子諲的仲子向浯(字伯元,又作"伯源")往来的书信很多,现存朱熹文集中还保留有17封写给向浯的信,其中多次提及刘荀。淳熙七年(1180)末,朱熹在写给向浯的一封信中说:"子卿一见倾倒,留款三日而行,识趣议论,今亦少得也。"③从中可知,通过向浯介绍,刘荀首次相识朱熹,识见志趣就极得朱熹的赏识。淳熙十二年(1185)二月,朱熹受向浯之托给向子諲的文集作序,序写成后,向浯写信表达赞赏和谢意,朱熹回信说:"昨以所撰先公文集序稿本拜呈,未蒙镌改,方此悚仄。今奉教帖,反得褒赏之词,此岂所望也,恐亦未为不易之论。"此时刘荀待阙在家,等待赴任知余干县,朱熹在回信中说及"子卿官期必不远,未及为书,极怀想也"④,反映出朱熹对刘荀的想念之情。庆元元年(1195)三月,刘荀因处理灾民不当遭同僚弹劾,被罢知盱眙军⑤。罢官后刘荀回到清江,同年六月,朱熹在给向浯的书

---

① [宋]周必大撰,王瑞来校证:《周必大集校证》卷一八《省斋文稿十八·跋临江军任诏盘园高凤堂记》,上海古籍出版社,2020年,第253页。

② [宋]朱熹:《晦庵先生朱文公文集》卷五《芗林》,朱杰人、严佐之、刘永翔主编:《朱子全书》(修订本),第20册,上海古籍出版社,安徽教育出版社,2010年,第398页。

③ 《晦庵先生朱文公别集》卷一《向伯元》,《朱子全书》(修订本),第25册,第4841页。该书信的系年,据陈来《朱子书信编年考证》,生活·读书·新知三联书店,2007年,第196页;顾宏义《朱熹师友门人往还书札汇编》(五),第2834页。

④ 《晦庵先生朱文公别集》卷四《向伯元》,《朱子全书》(修订本),第25册,第4907—4908页。

⑤ 刘琳、刁忠民、舒大刚、尹波等点校:《宋会要辑稿》职官七三《黜降官》一,第5036页;[明]秦镛:(崇祯)《清江县志》卷八《清江县人物志》,明崇祯刻本,第260页。

信中写到"子卿想归久矣"①，再次表达了对刘荀的关切。

以上是从仅存的朱熹书信中所能确切了解到的朱熹与刘荀交往的情况。刘荀没有文集传世，无从知晓他与朱熹有无书信往来；朱熹虽有文集传世，但目前存世的二千余通书信中并没有载明朱熹有与刘荀的书信。但是，从朱熹给向浯的上述书信中有"子卿官期必不远，未及为书，极怀想也"之语判断，朱熹与刘荀之间当有书信来往，而下文的考证则足以证明，这封《答或人》就是朱熹写给刘荀的书信。

二、所答何事

周必大在《终慕堂记》中评价刘荀，说其"平居隆师友，著书累数万言"②，刘荀著书近十种，《明本释》是其中之一。《四库全书》称该书是刘荀的讲学之语，原名《明本》，因采用"正文举其要，子注尽其详"③的编纂体例，注释较多，后人遂改称为《明本释》。全书从"以何为本"立论，列举了 33 个条目来阐释"先儒接人之端，学者进德之门，治道为政之要，莅事行己之方"以及"王霸之别、释老之辨，诸学之源、末学之弊"④，其中较多引用了北宋以来的儒学名家如孙复、石介、范仲淹、周敦颐、张载、邵雍、程颢、程颐、王安石、司马光、范祖禹、刘挚、杨时、胡安国、胡宏、张九成、朱熹、吕祖谦等的言论，并对东学、洛学、关学、荆公新学、苏学、胡学等两宋的学派源流和人物传略进行讨论和评述，是研究宋代儒学思想的重要参考文献⑤。通过比对发现，朱熹这封《答或人》就是针对《明本释》所写的审读意见书。二者无论所论问题的

---

① 《晦庵先生朱文公别集》卷一《向伯元》，《朱子全书》(修订本)，第 25 册，第 4842 页。该信的书写时间，据顾宏义《朱熹师友门人往还书札汇编》五，第 2847 页。

② 《周必大集校证》卷五九《平园续稿十九·终慕堂记》，第 886 页。

③ ［宋］刘荀:《明本释》卷下，《丛书集成初编》，中华书局，1985 年，第 63 页。

④ 《明本释》卷下，第 62 页。

⑤ 陈韵竹《〈明本释〉研究》(台湾新竹清华大学硕士论文，2014 年)是第一篇对《明本释》及其作者进行较为全面研究的论文，对《明本释》的思想及时代意义均有考论，但未论及朱熹此封《答或人》与《明本释》的关系，文中对刘荀生平仕履的研究亦多有失考误考之处。

条目数量,还是问题标目和排列顺序,甚至内容都有极强的关联性。

其一,两者所论问题的条目数量相当。朱熹在此封《答或人》中说:"大凡尽此而可以推及其余者,本也,一事而有首尾之名也;了此而可以次及其余者,要也,众事而有缓急之名也。以此推之,则三十条者之得失略可见矣。"①可知他所看的文稿有30个条目,与《明本释》所论条目在数量上大致相符。其些微差别,或朱熹所言是概数,或刘荀收到朱熹书信后重新修改了《明本释》,调整了条目。

其二,朱熹书信中所论列的问题与《明本释》所论条目在顺序上具有一致性。如:在书信中,朱熹所列的第1个问题"谢、游、杨、尹、侯、郭、张,皆门人也"②,在《明本释》中是开篇第一段中的文字;所论的第2个问题"四端、五典者,穷理之本"③,在《明本释》中是第2段文字的标目;所论倒数第2个问题"东学温公语常不及变",是《明本释》倒数第2段总论"若夫统论道之大本,曰中而已"中的文字——"东学与温公之学,语常而罕及变"④。朱熹在信中所列论的其他问题与《明本释》所论其他条目在顺序上也若合符契。

其三,《明本释》标目有受朱熹书信影响后改动的明显痕迹。如朱熹在书信中讨论第13个问题"致用者,穷经之本"时指出:"今以致用为穷经之本,恐未安也。若曰'求实用者,穷经之本',其庶几乎。"⑤今本《明本释》第7条标目即作"求实用者,穷经之本"⑥;在讨论第14个问题"推己及人者,治道之本;恕者,待人之本"时,朱熹指出:"推己及人即所谓恕。此两条不惟重复,而别出'恕'字,恐有流于姑息之病。"⑦现本《明本释》第8条标目作"推己及物者,治道之本"⑧,当是采纳朱熹的意见进行了删改合并。又如朱

① 《晦庵先生朱文公文集》卷六四《答或人》,《朱子全书》(修订本),第23册,第3135页。
② 《晦庵先生朱文公文集》卷六四《答或人》,《朱子全书》(修订本),第23册,第3134页。
③ 《晦庵先生朱文公文集》卷六四《答或人》,《朱子全书》(修订本),第23册,第3135页。
④ 《明本释》卷下,第61页。
⑤ 《晦庵先生朱文公文集》卷六四《答或人》,《朱子全书》(修订本),第23册,第3137页。
⑥ 《明本释》卷上,第12页。
⑦ 《晦庵先生朱文公文集》卷六四《答或人》,《朱子全书》(修订本),第23册,第3138页。
⑧ 《明本释》卷上,第14页。

熹书信中所论的第 20 个问题"弘毅者,任重之本"①,今本《明本释》作"弘毅者,任重致远之本"②,是第 24 条的标目,当是遵从朱熹"据曾子说,弘主任重,毅主致远"的说法,合并"弘""毅"二字的指义而来。

其四,《明本释》在修改时直接采用了朱熹书信中的语言内容。如:《明本释》在论"明四端、察五典者,穷理之本"条目中论"何为学"时,原稿本有"格物以穷之,多识前言往行以择之,就有道以正之,归诸心以居之"之语,朱熹在信中指出:"窃恐此语不能无病。若论为学之序,则《中庸》所谓博学、审问、谨思、明辨、笃行者尽之,故程子以为五者废其一则非学。"③今存《明本释》采用朱熹之语,删去原文,改为:"何谓学?《中庸》所谓博学、审问、慎思、明辨、笃行,伊川所谓五者废其一则非学。"④针对《明本释》稿本中刘荀引用的张九成"当恻隐时体其仁"之语,朱熹在书信中指出:"无垢此言犹是禅学意思,只要想象认得此个精灵,而不求之践履之实。"⑤《明本释》第 7 条在注文中直接引用朱熹此语,称:"朱元晦谓余曰:'释氏只要认得此个精灵,便休歇去,而不求诸践履之实也。'"⑥

现存《明本释》不是朱熹审读时的稿本,其在流传中已有缺讹倒衍⑦,但以上比对,足可确认这封《答或人》书是朱熹针对《明本释》而写的审读意见书。

三、作于何时

关于朱熹给刘荀的这封信的写作时间,清人王懋竑说:"此《答或人》

---

① 《晦庵先生朱文公文集》卷六四《答或人》,《朱子全书》(修订本),第 23 册,第 3138 页。
② 《明本释》卷下,第 42 页。
③ 《晦庵先生朱文公文集》卷六四《答或人》,《朱子全书》(修订本),第 23 册,第 3136 页。
④ 《明本释》卷上,第 5 页。
⑤ 《晦庵先生朱文公文集》卷六四《答或人》,《朱子全书》(修订本),第 23 册,第 3136 页。
⑥ 《明本释》卷上,第 13 页。
⑦ 《明本释》中即有"此篇错误甚多""杨龟山论侵官数句缺文""东坡守维扬句下有缺文"等四库馆臣的按语,见该书第 49 页、第 52 页。

书,不详何时,疑是早年语。"①现代学者认为"其撰时未详,疑在淳熙间,姑系于淳熙十年(1183)。待考"②。以下试通过考证《明本释》的成书年代来确定该信的写作时间。

在《明本释》中,刘荀明确注明引用了朱熹作于乾道九年(1173)的《中庸集解序》及淳熙二年(1175)朱熹与吕祖谦(1137—1181)合编成的《近思录》③。此外,《明本释》对同时代吕祖谦的著述也多有引用。如卷下"知止者,保身之本"条中注文引:"吕伯恭(吕祖谦的字)云:'保身乃己事,岂为治乱而增损哉? 身体发肤受之父母,不敢毁伤,本非末节也。至于偷生徇私,养小失大,如是而全身远害,则君子贱之耳。'"此文见于吕祖谦《吕氏家塾读诗记》④。吕祖谦初编《读诗记》始于淳熙元年(1174),后不断增补订修,直至辞世仍未定稿。后经其弟吕祖俭(1146—1200)整理,淳熙九年由朱熹撰序,尤袤题跋,丘宗卿刻于江西转运司,则《明本释》成书当在淳熙九年后。

《明本释》卷中"刑赏者,制师之本"条的释文中还引用了如下一段吕祖谦的文字:

> 禹伐有苗,止曰"尔尚一乃心力,其克有勋",至启乃曰"用命赏于祖,不用命戮于社,予则孥戮汝",已与禹不同。今汤誓师之辞虽与启相似,而又曰"朕不食言""罔有攸赦"。此世变风移,圣人不得不然。⑤

该段文字见于吕祖谦《书说》卷七,是吕祖谦对《汤誓》"尔尚辅予一人,致天之罚,予其大赉汝。尔无不信,朕不食言。尔不从誓言,予则孥戮汝,罔有攸赦"的解说,但与今存时澜整理的《增修东莱书说》三十五卷本和巩丰整理的《东莱书说》九卷本,在语体特色和字句上均存在不同之处:"禹伐有苗",时本和巩本皆作"禹伐苗";"不用命戮于社",时本和巩本皆作"弗用命戮于社";"已与禹不同",时本作"已不同矣",巩本作"盖已不同";"今汤誓师之

---

① [清]王懋竑:《白田杂著》卷六《玉山讲义考》,文渊阁《四库全书》,第81页。
② 《朱熹师友门人往还书札汇编》(二),第961页。
③ 束景南:《朱熹年谱长编》卷上,华东师范大学出版社,2001年,第496页、第527页。
④ 《明本释》卷下,第56页;吕祖谦:《吕氏家塾读诗记》卷二七,《吕祖谦全集》第4册,浙江古籍出版社,2008年,第693页。
⑤ 《明本释》卷中,第34页。

辞虽与启相似"，时本和巩本作"汤誓师之辞与启相若"；"此世变风移"，时本无"此"字。①《书说》为吕祖谦的讲学稿，其定本在绍熙三年(1192)由其内弟曾致虚刊刻于南康军。吕祖谦身前对《书说》多有刊订，在南康刻本之前就已有坊刻本流行②。刘荀引用的文字与时本、巩本均有不同，所据本当在定本之前，《明本释》成书当在绍熙三年前。

江西诗派的重要人物赵蕃(1143—1229)与向子諲家族有着密切交往，与刘荀也有诗文相赠，赵蕃有《呈刘子卿四首》，其前二首云：

> 南渡六十载，况谈元祐时。故家垂欲尽，遗事莽难知。文字既多舛，传闻宁破疑。唯公有源委，万折必东之。

> 近喜周公相，初传荐士章。非才孰为治，与国倍生光。故国异乔木，白驹空食场。弹冠与结绶，吾道不其昌。③

从建炎元年(1127)南宋建立，即通常所说的宋室南渡，到淳熙十四年(1187)恰为60年，周必大为相在淳熙十四年二月，其举荐刘荀的奏札《催荐士降旨》所署日期为淳熙十四年四月七日④，则赵蕃此诗应作于淳熙十四年。赵蕃在该诗第四首中又写道：

> 往自清江别，于今近十年。依僧聊避暑，拥节会朝天。我愧不如昔，公乎真过前。《政规》期断手，《明本》已终篇。

从中可知，此时刘荀的另一部著作《政规》还处于未脱稿状态，而《明本释》则已著成书。由此断定朱熹致刘荀的这封书信写于淳熙十四年。

结　语

综上所考，可以得出这样的结论：朱熹的这封《答或人》书是朱熹写给元

---

①　时本《增修东莱书说》和巩本《东莱书说》的此段文字，分见《吕祖谦全集》第3册，第115页、第576页。

②　参见陈良中：《吕祖谦〈书说〉成书及其坊本考》，《古籍研究》2003年第1期。

③　赵蕃：《淳熙稿》卷七《呈刘子卿四首》，《丛书集成初编》，中华书局，1985年，第149页。

④　《周必大集校证》卷一四五《奏议十二·催荐士降旨》，第2201页。

祐党人刘挚的后人刘荀的。淳熙十四年刘荀著成《明本释》后,曾将书稿呈送朱熹指教,朱熹认真审读了书稿,从标目到内容逐条指出存在的问题,并提出自己的看法,然后把信发送给了刘荀。从现在编辑出版的角度讲,这封《答或人》就是审稿意见书,朱熹的审读意见对《明本释》的最终成书产生了重大影响。按照朱熹相关书信命名惯例,这封《答或人》书,应依据刘荀的字,更名为《答刘子卿》。厘清这些问题,可以扩大我们研究朱熹人际交往和学术交流的认知范围。可惜的是,朱熹与刘荀之间交往的更多痕迹已埋没于历史的尘埃中,朱熹文集中的其他《答或人》是否还有答刘荀的,有待于文献史料的进一步挖掘。

（原载《中国史研究》2021 年第 3 期）

答或人

谢、游、杨、尹、侯、郭、张,皆门人也。

程门高第,不止此数人,如刘质夫、李端伯、吕与叔诸公所造尤深,所得尤粹。

四端、五典者,穷理之本。

恐当云:"明四端,察五典者,穷理之要。"大凡尽此而可以推及其余者,本也,一事而有首尾之名也;了此而可以次及其余者,要也,众事而有缓急之名也。以此推之,则三十条者之得失,略可见矣。

或以"仁"训"觉"、训"公"者。

此二训,程子已尝明其不然,恐不必更著于此。

蓝田吕侍讲。

吕终于正字,未尝作讲官。

张无垢。

此书深辟释氏,而所引之言以此为号,终不稳当,请更详之。又诸公称号,合立一条例差等,如泰山、海陵、徂徕、濂溪、明道、伊川、横渠、康节称"先生",如云泰山孙先生。公卿称谥,如云王文正公。无谥称爵,如云王荆公。无爵称官。如云范太史。程、张门人及近世前辈亦如之。其无官者称字,如云张思叔。或兼以号举。如上蔡、龟山、衡麓、横浦之类。今人称郡、姓名。如东莱吕某。凡奸邪则直书姓名。如云章惇。

当恻隐时体其仁。

孟子论四端只欲人扩而充之,则仁、义、礼、智不可胜用,不言当此之时别起一念,以体其为何物也。无垢此言犹是禅学意思,只要想象认得此个精灵，而不求之践履之实。若曰一面充扩，一面体认，则是一心而两用之，亦不胜其烦且扰矣。疑此不足引以为证。又云"一处通透，四处廓然"，此亦禅学意思，正前章所讥初学躐等之病，尤不当引以为证也。

复何言哉。

当云：然《世本》岂得而出哉！

格物以穷之，多识前言往行以择之，就有道以正之，归诸心以居之。

多识而择之，乃所以格物，不当分格物、多识为二事，而反以格物为先，多识为后也。格物、就正固皆心之所为，不待更归诸心而后可居也。且归诸心者，亦想象之而已矣，未见其践履之实，亦若之何而能居乎？窃恐此语不能无病。若论为学之序，则《中庸》所谓博学、审问、谨思、明辨、笃行者尽之，故程子以为五者废其一则非学，而蓝田吕氏解释甚详，其语皆殷实而有味也。

察於天行止乐循理也。

穷理者，欲知事物之所以然，与其所当然者而已。知其所以然，故志不惑；知其所当然，故行不谬。非谓取彼之理而归诸此也。程子所谓"物我一理，才明彼，即晓此，不必言观物而反诸身"者，盖已说破此病，况又加所谓宛转者焉，则其支离间隔之病益已甚矣。

吕氏谓诚者理之实然。

诚之为言实也，然经传用之，各有所指，不可一概论也。如吕氏此说，即周子所谓"诚者，圣人之本"，盖指实理而言之者也。如周子所谓"圣，诚而已矣"，即《中庸》所谓"天下至诚"者，指人之实有此理者而言也。温公所谓诚，即《大学》所谓"诚其意"者，指人之实其心而不自欺者言也。此条"诚"字援引不一，使学者不能晓，当稍分别之。

吕侍讲论寡欲。

此乃吕原明侍讲。

安人、安百姓，则又扩而大之也。

修己以安人，以安百姓，盖其积愈盛而其效益广尔，广非有扩而大之之意也。

致用者,穷经之本。

程子曰:"穷经,将以致用也。"则其本末先后固有在矣。今以致用为穷经之本,恐未安也。若曰"求实用者,穷经之本",其庶几乎。

推己及人者,治道之本;恕者,待人之本。

推己及人即所谓恕。此两条不惟重复,而别出"恕"字,恐有流于姑息之病。

程明道立门庭以"慎独"两字。

前贤据实理以教人,初无立门庭之意。慎独固操存之要,然明道教人,本末具备,亦非独此二字而已。

审势者,平天下之本。

此语未安,下文亦多此类。唯澄源、节用、立志、守正四语为最稳耳。

顺人情。

人情不能皆正,故古人治世,以大德不以小惠,然则固有不必皆顺之人情者。若曰顺人心,则气象差正当耳。井田、肉刑二事尽有曲折,恐亦未可遽以为非。

知良心者,去恶之本。

此段意思未安。封建之说,与井田、肉刑相类,皆未易轻论也。

赏罚者,行师之本。又曰:师之道,又贵乎以正耳。

此二语似倒置。

弘毅者,任重之本。

据曾子说,弘主任重,毅主致远。

伊川论守令云云。康节论新法。

此二事恐不类上下文意。

原思为宰。

衡麓之说,其文义恐未安。

知止。

详下文所引云云至"物我俱败矣",是量力之事。伊川、元城及《易》三节,是防微虑远之事,陈希夷以下,乃为知止之事。今概以知止目之,恐未尽也。

和靖论《语录》云云。

此语恐非通论。孔门之教,未尝专恃《春秋》而直废《论语》也。

道之大本。

程子论未发之中,与无过不及之中不同,恐更当详考。

吕氏、杨氏"中"字之说。

此二说恐有未安处。

东学温公语常不及变。

此语甚佳,然终恐难持,不若不论之为愈。

学者于已发处用工,此却不枉费心力。

程子言存养于未发之前则可,求中于未发之前则不可。然则未发之前,固有平日存养之功矣,不必须待已发然后用工也。

（录自《晦庵先生朱文公文集》卷六十四）